统计学教程

主　编　张少杰
副主编　赵素杰　王　鸷

科学出版社
北　京

内 容 简 介

统计学是一门搜集、整理和分析统计数据的方法论科学，其目的是探索数据内在的数量规律性，以达到对客观事物的科学认识。本书共分十章来介绍统计学的基本知识和应用方法，具有简明扼要、难易适度等特点。为了培养学生动手能力，提高学生学习兴趣，我们对SPSS这一广泛使用的统计软件进行了详细介绍，并将案例教学贯穿始终。

本书配有多媒体教学课件，可作为高等院校经济管理专业学生的教材，也可供对统计学感兴趣的社会人士学习、参考。

图书在版编目(CIP)数据

统计学教程/张少杰主编. —北京：科学出版社，2009

ISBN 978-7-03-023271-7

Ⅰ. 统…　Ⅱ. 张…　Ⅲ. 统计学-教材　Ⅳ. C8

中国版本图书馆CIP数据核字(2008)第167855号

责任编辑：王京苏 / 责任校对：鲁　素

责任印制：吴兆东 / 封面设计：耕者设计工作室

科学出版社出版

北京东黄城根北街16号

邮政编码：100717

http://www.sciencep.com

北京凌奇印刷有限责任公司印刷

科学出版社发行　各地新华书店经销

*

2009年2月第　一　版　开本：B5（720×1000）

2024年3月第十四次印刷　印张：18 1/4

字数：346 000

定价：52.00元

（如有印装质量问题，我社负责调换）

前 言

随着社会的不断发展与进步，人们对数据信息的需求不断增加，大量繁杂的信息让我们既感到高兴，又感到头痛。高兴的是，我们在分析决策时有了可靠的依据，不至于判断失误；头痛的是，大量的数据信息让我们无从着手，看不到数据信息背后所蕴藏的更深层次的规律。如果不对信息进行处理、分析和挖掘，就会使丰富的数据信息资源白白浪费。统计方法在数据信息处理与分析中的重要地位越来越被人们认可。鉴于此，同时也为了适应普通高等院校经济管理类人才培养的发展趋势，结合地方高等院校教育教学现状，依据教育部高等学校数学与统计学教学指导委员会关于统计教育教学的基本要求，在充分吸收国内外统计经典教材优点的基础上，我们编写了本书。

目前，高等院校经济管理专业基本都开设统计学，目的是让学生掌握处理数据、分析问题的基本方法，从大量的数据信息中探寻事物发展变化的规律，并利用这些规律进行决策。本书编写的特点主要表现在以下两个方面：一是拨冗去繁，简单明了。作为教材，应以适用为主，如果过于繁杂，将会对所需介绍的主要内容有所冲击，同时影响课堂教学效果。如若讲全，可能课时不足；如若有些问题不讲，又会让学生心存疑问，交给学生自学，又有一定难度。总之，教材过繁是目前教材编写中的通病。我们力求精简，将统计学中的一些基本原理与方法加以概述，简明扼要。二是难易适度。我们在教材的编写过程中始终牢记应用的对象是非统计专业的经济管理类学生，同时也考虑到目前多数地方高等院校课程设置情况及统计学开课的学时数。我们将一些易于理解或学习难度较大的问题排除在外，同时对一些性质、公式的证明也进行了取舍，教师在授课过程中可以根据实际情况进行适当调整。此外，我们对教材的结构也进行了微调，增加了一章——SPSS 统计软件的简单应用，目的是让学生在学习统计学的过程中减少繁重的计算，并增强学习乐趣。同时，删除了假设检验、方差分析等有关内容。

本书各章的执笔人是：黑龙江大学张少杰（第一章、第六章、第七章第二、三、四节及部分习题和附录1～附录3）、黑龙江大学赵素杰（第二章、第九章及部分习题）、东北林业大学王志伟（第三章及部分习题和图）、东北农业大学刘晓丽（第四章及部分习题）、大连大学王爽（第五章、第七章第一节及部分习题）、黑龙江大学王鸷（第八章、第十章）。全书由张少杰任主编，赵素杰、王鸷任副主编。张少杰负责全书大纲的设计、书稿的组织和总编纂，张少杰、赵素杰负责全书的校对工作。

在本书编写过程中，我们借鉴和引用了一些教材，在此，我们向其作者深表感谢！

总之，我们在本书编写中力求实用，但由于水平有限，难免会出现许多不足或问题，请相关专业的老师和同学们谅解，并提出宝贵的意见和建议。

张少杰

2009年1月于哈尔滨

目 录

第一章 绪论

第一节 统计与统计学

统计的应用可以说无处不在。例如，一家公司在招收职员时要通过两项能力测试：在 A 测试中，其平均分数是 100 分，标准差是 15 分；在 B 测试中，其平均分数是 400 分，标准差是 50 分。一位应试者在 A 测试中得了 115 分，在 B 测试中得了 425 分，与平均分数相比，该位应试者哪一项测试更为理想？又如，一家销售音箱设备的商店，在过去两个月中通过媒体电视广告促销它的产品，我们如何分析通过媒体电视广告的数量与下个月的销售量是否存在相关关系？

其实，这些都是统计应用中常遇到的例子，这样的例子很多，我们无法一一列举，因为统计可以应用于几乎所有的领域，包括工业、农业、水利、医学、地理、地质、军事、气象科学、金融、物理学、政治学、社会学、质量控制、宗教研究等。那么，究竟何为统计？

一、什么是统计

（一）统计的含义

在日常生活中，我们经常会接触到“统计”这一术语，在有关媒体中也经常会看见一些报道使用一些统计数据、图表等。根据《统计法实施细则》第二条的规定：“《统计法》所指的统计，是指运用各种统计方法对国民经济和社会发展情况进行统计调查、统计分析，提供统计资料和统计咨询意见，实行统计监督等统计活动的总称。”

统计是一种具有悠久历史的社会实践活动。随着人类文明的出现，可以说，自从有了国家，就有了统计实践活动。远在原始社会初期的氏族部落在安排狩猎、分配事物时，就已经有了最初的计数活动，通过打绳结、堆石子等办法来做简单的计数，已经孕育着统计实践的萌芽。统计实践活动随着国家的产生而不断得到加强和完善，早在公元前3000多年前，古埃及为了建造金字塔征集运费、劳力，对全国的财产、人口等进行了数次的普查。我国在春秋战国时期，管仲就明确指出，“不明于计数，而欲举大事，犹无舟楫而欲径于水，险也”；商鞅也曾提出，强国知十三数，系统论述了治理国家必须了解的13项指标，包括粮食、人口、牲畜等。因此，最初的统计活动是为统治者管理国家的需要而进行的搜集资料的工作，涉及计算国家的人力、物力和财力等活动。在数千年的统计实践活动中，人们对统计规律的认识逐步加深，目前，统计已经发展成为各行各业开展活动时必不可少的一项基础工作，所有搜集信息和处理信息的活动，都可以归结为统计工作。通常，我们可以把“统计”一词归结为以下三种含义：

一是统计工作，指统计数据的收集活动。我们的各级政府机构基本上都有统计部门(如统计局)它们的职能主要是从事统计数据的收集。大多数企业也都有专门从事统计工作的人员，负责企业生产和销售数据的记录、积累以及向上级部门报送数据的任务。如果你要问一个从事统计工作的人，他所提到的“统计”一词往往是指统计工作。

二是统计数据，指统计工作的结果。我们经常会看到专门出版统计数据的出版物，如各类统计年鉴，这些数据就是统计工作成果的体现。当你看到或听到“根据统计……”这样的说法时，这里的“统计”一词就是指统计数据。

三是统计学，指分析统计数据的方法和技术。一个从事统计研究或统计教学的人，他心目中的“统计”一词多数是指统计学。他们在日常表达中，习惯将统计学简略为统计。

统计的三种含义是有机联系的。统计工作是统计的实践过程，统计资料是统计工作的成果，统计学则是对统计实践活动的理论概括，是用来指导统计实践活动的原则和方法。可见，统计工作与统计资料是工作过程和工作成果的关系，统计学与统计工作是理论与实践的关系。只有在科学的理论指导下，通过卓有成效的统计工作，才能收集到并整理出有价值的统计资料。

(二) 统计的作用

《统计法》第二条明确规定：统计的基本任务是对国民经济和社会发展情况进行统计调查、统计分析，提供统计资料和统计咨询意见，实行统计监督。

按照现代管理科学的理论，国家管理系统应由灵敏的信息系统、完备的咨询系统、科学的决策系统、高效的执行系统和严密的监督系统所组成。统计部门作为国家系统的重要组成部分，在基本任务的指导下，究竟应该发挥哪些重要职能呢？1988年在全国统计工作会议上制订的《全国统计改革和统计建设规划纲要》中指出："统计系统在国家管理系统中同时兼有信息、咨询、监督等三种职能。"我国统计发展的战略目标是要建设全国强有力的，集中统一的，具有信息、咨询、监督等多功能的现代化统计系统，充分有效地发挥统计反馈信息、提供咨询、实施监督、支持决策的作用。

1. 反馈信息

统计信息是社会经济信息的主体，是国家决策和宏观管理所必需的基本依据。反馈信息，是指统计具有一整套科学统一的指标体系和统计调查方法，能够灵敏地、系统地为决策和管理搜集、处理、传递、储存和提供大量综合反映客观事物数量特征的社会经济信息。

2. 提供咨询

统计咨询，是指利用已经掌握的丰富的统计信息资料，运用科学的分析方法和先进的技术手段，深入开展综合分析和专题研究，为科学决策和管理提供咨询服务。咨询是由统计自身的特点所决定的，它要求以系统分析为基础，以预测技术为手段，以可行性研究为核心，综合运用统计学、运筹学、计量经济学等现代科学知识和电子计算机等现代技术手段，对资料进行分析、精加工和深加工，提供高智力型的信息产品或咨询建议，当好促进我国社会经济发展的思想库和智囊库。

3. 实施监督

统计监督，是指根据统计调查和统计分析，及时、准确地从总体上反映经济、社会和科技的运行状态，并对其实行全面、系统的定量检查、监督和预警，以促进国民经济按照客观规律的要求持续、稳定、协调发展。统计监督在国家宏观调控与微观管理中的重要作用，主要体现在两个方面：一是决策不断修正、不断调整的重要依据；二是判断和检验决策方案正确与否的重要尺度。在实施监督的形式上，概括起来主要有两种：一是对内实行统计报告制度，即根据统计调查和分析，客观如实地反映本地区、本部门、本单位经济、社会和科技发展中的情况和问题，监督检查国家政策、法律和计划的贯彻执行情况；二是对外推进统计信息社会化。由此可见，要建立、健全国家的宏观调控体系，要保证国家决策、宏观管理和宏观监督真正建立在科学的基础上，就必须强化统计监督职能，充分发挥统计的监督作用。

4. 支持决策

为了保证决策的现代化、民主化、科学化，统计部门利用已经搜集整理的信息资料进行归纳、推理、评价和判断，并提出可供选择的咨询建议和对策方案。

二、统计学及其发展历程

(一) 统计学的发展历程

在数千年的统计实践活动中,人们对统计规律的认识逐步加深,通过对统计实践活动的长期总结和逐步归纳,将其系统地转化为一门规范的科学体系——统计学。统计学作为一门独立的科学,至今已有300多年的历史。各流派在不断争论、融合的进程中,共同促进了统计学的发展和完善。一般来说,统计学的产生发展大体分为三个阶段。

1. 17世纪中叶至18世纪末——古典统计学时期

17世纪中叶欧洲各国相继进入了资本主义经济发展阶段,处于思想活跃的社会变革时期,各国不约而同地从不同领域展开了统计学的奠基工作,并相继形成了统计学的三大来源,即政治算术学派、国势学派以及古典概率理论,为近代统计学奠定了理论基础,这一阶段是统计学的萌芽阶段。

政治算术学派产生于英国,创始人是英国的经济学家威廉・配第(William Petty,1623～1687)和约翰・格朗特(John Grant,1620～1674)。英国古典政治经济学创始人配第的《政治算术》一书,采用了"数字、重量、尺度"等定量分析工具,用数量比较的方法,进行了经济政治研究。在该书中,配第以一系列的分析手段和大量的计算手段清晰地描述了英格兰、荷兰、法国和爱尔兰等地的经济、军事和政治等方面的情况,为英国称霸世界提供了各种有说服力的实证性分析。配第的《政治算术》的问世标志着统计学的创立。而政治算术学派的另一创始人约翰・格朗特在1662年发表了《关于死亡率的自然观察与政治观察》,这是一本关于人口数量变动规律以及如何处理人口统计分析生命表,并且建立了最初的人口增长模型,对伦敦市的人口现象进行了统计研究,提出了"大量恒静"这一著名的格言。

政治算术学派以后还出现了一系列的统计学家和统计学著作,但一直未正式采用"统计学"这一科学命名。因此,它被认为是有统计学之实而无统计学之名。

国势学派简称记述学派,产生于17世纪的德国,这个学派把统计学理解为国家重要事实的记述,国势学派的创始人是德国著名学者海尔曼・康令(Hermann Coring,1606～1681),在1660年康令把国势学从法学、史学、地理学等学科中独立出来,在大学中讲授"实际政治家所必需的知识"。在《康令国势学著作集》中,他第一次把国家论述上升到系统化和理论化的高度,以至后来逐步形成了以国家为研究对象、以记载国家重大事项来形成新知识为目的的国势学。

国势学派的继承者主要有高尔费里德・阿亨华尔(Cottfried Achenwall,1719～1772),他对于统计学的研究对象和研究方法,继承和发展了康令的观点,认为统计学是研究"关于国家组织、人口、军队、领土、财产、地面以及地下资源等事实的学问”。他在1749年出版的《欧洲最主要各国新国势学概要》中，首创了一个新的德文词汇 atatistik，即统计学，并用这个名称代替了国势学。国势学对统计学的创立和发展所做出的贡献有：为统计学这门学科起了至今仍为世界上公认的名词“统计学”；国势学派认为对比乃统计方法之母，即只有在对比分析中才能更清楚地看出事物的规模、结构以及发展变动等。但是，这个学派始终没有把数量对比分析作为这门科学的基本特征，而主要是以文字来记述国家的显著事项。正因为如此，国势学派也被认为有统计学之名而无统计学之实。这个学派也就逐步成为历史的一个概念而传于后世。

古典概率论的研究始于16世纪的意大利，直到17世纪中叶由法国数学家、统计学家拉普拉斯在总结前人成果的基础上，出版了著名的《概率论分析理论》一书，从而形成完整的应用理论体系。

2. 19世纪初至20世纪初——近代统计学时期

近代统计学的主要贡献是建设和完善了统计学的理论体系，并逐步形成了以随机现象的推断统计为主要内容的数理统计学和以传统的政治经济现象的描述统计为主要内容的社会统计学两大派。

数理统计学派的创始人是比利时的统计学家、数学家和天文学家阿道夫·凯特勒(Adolphe Jacques Quetelet，1796～1894)。他一生的著作很多，其中有关统计方面的就有65种之多，而流传最广、影响最大的有4部，即《论人类》、《关于概率论》、《论社会制度》和《社会物理学》。其中，《社会物理学》是他的代表作，指出统计学或社会物理学的任务，就在于显现与研究这些规律性，也就是要探索在纷纭杂乱的大量偶然现象背后所隐藏着的必然规律。

凯特勒在统计学中最重要的贡献就是把法国的古典概率引入了统计学，提高了统计计量上的准确性，使统计学产生了质的飞跃，为近代统计学奠定了基础。他运用这一统计方法既研究自然又研究社会，使统计方法发展为既可应用于自然现象研究又可应用于社会现象研究的通用方法。他是第一个明确提出研究规律性问题的人，他把德国的国势学、英国的政治算术和法国的古典概率论加以统一，改造和融合成具有近代意义的统计学，促使统计学向新的境界发展。到了凯特勒时代，“统计”一词才由国家统计资料的含义，扩充为近代的统计工作、统计资料和统计理论三种意义的“统计”。在凯特勒的基础上，后经高尔顿(F. Calton，1822～1911)、卡尔·皮尔逊(K. Pearson，1857～1936)等统计学家的不断丰富和发展，逐步形成了一门独立的应用数学。高尔顿受凯特勒的影响，进行了许多的研究，相关和回归的概念就是他首先提出来的，皮尔逊发展了相关和回归的理论，又提出了假设检验等。在1867年，威特斯坦(T. Wittstein)发表了题为《关于数理统计学及其在政治经济学和保险学中的应用》的论文，把既是数学又是统计学的新型科学定名为统计学，也就是我们所说的数理统计学。

社会统计学派的代表人物有克尼斯、梅尔和恩格尔等。社会统计学派继承和发展了“政治算术学派”的理论体系，完善了统计有关描述性的分析方法，建立了较为完整的统计指标体系和社会统计学科体系，对当时的政府统计工作和统计学理论的推广产生了积极的促进作用。

3. 20世纪初到现在——现代统计学的发展时期

20世纪初到50年代是数理统计学派迅速发展的时期。由费歇尔、皮尔逊等为代表的一代统计学大师，共同完成了现代统计学的理论发展，使统计学成为一门严谨的学科，同时数理统计学逐渐成为了主流统计学。

皮尔逊定义了相关系数ρ的联合正态分布、估计误差的联合分布；费歇尔确立了统计推测理论、样本分布理论、试验计划法及F分布理论；特别是1921年奈曼发表了关于置信区间的奠基性论文，1950年瓦尔德发表“统计决策函数”。至此，数理统计学已经形成了一个统一的理论框架，并一直沿用至今。1950年以后，受计算机和新兴学科的影响，这一时期的统计学的研究和应用范围越来越广，如科克伦的实验设计和抽样理论、安得森的复变数分析等。

20世纪中期，统计学在社会经济领域里的应用首推1953年创立的SNA核算体系以及1968年发表的新SNA体系和1993年经过再次改进的SNA体系。在这一领域中，著名的统计学家理查德·斯通和瓦西里·列昂惕夫两位诺贝尔经济学奖得主做出了杰出的贡献。

统计学在我国也有悠久的历史，但发展缓慢，没有发展成为一门系统的统计科学。主要原因是中国封建社会历史较长且闭关自守，同时中国没有经过资本主义商品经济和社会化大生产，对统计科学没有迫切要求。新中国成立前，我国统计学主要是照搬西方数理统计学的一套，统计理论与统计实践完全脱节。新中国成立后，照搬了苏联社会经济统计学，批判了数理统计学，这时我国统计体系的建立对社会主义建设起到了积极的促进作用，但忽视了对数理统计学的改进和应用。另外，对统计学的性质也有两种观点：一种认为，统计学是从数量上研究社会发展规律的实证性科学，即规律派；另一种认为，统计学是研究如何搜集资料、整理资料和进行分析的方法论科学，即方法论派。党的十一届三中全会后，在改革开放中，我国统计学有了较大的发展，“百家争鸣，百花齐放”，各种观点也纷纷活跃起来。有人提出只有数理统计才是唯一正确的统计学，其他统计学不过是工作经验而已。统计界大多数人认为统计学是一门方法论科学，它应该吸收数理统计学的优点，为我所用，促进社会经济统计学的发展和完善。

目前，我国统计学界一些有识之士已将数理统计和社会经济统计进行了一些整合，形成了大统计学科。

（二）统计学的含义

从统计实践和统计学的产生和发展可以看出，统计学是一种应用领域宽广、分支众多、学派林立的大学科。为此，简单地对统计学给出一个普遍赞同的定义也是困难的，《大不列颠百科全书》给出的定义是：用以收集数据、分析数据和由数据得出结论的一组概念、原则和方法。

具体地说，统计学(statistics)是研究如何搜集、整理、分析反映事物总体信息的数字资料，并以此为依据，对总体特征进行推断的原理和方法。用统计来认识事物的步骤是：研究设计→抽样调查→统计推断→结论。这里，研究设计就是制定调查研究和实验研究的计划，抽样调查是搜集资料的过程，统计推断是分析资料的过程。显然统计的主要功能是推断，而推断的方法是一种不完全归纳法，因为是用部分资料来推断总体。

针对统计学的定义，我们可以将统计研究的过程做以下描述。如图 1-1 所示。

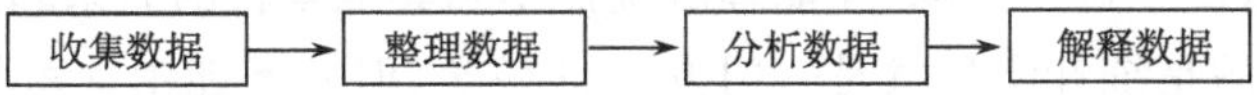

图 1-1　统计研究的过程

收集数据是取得统计数据的过程，它是进行统计分析的基础。离开了统计数据，统计分析就失去了用武之地。如何取得较为可靠的统计数据是统计学研究的内容之一。数据的收集方法大体可归纳为两类：一是观察法，二是实验法。观察法是通过调查或观测而收集数据，实验法是在实验中控制实验对象而收集数据。

整理数据是对统计数据的加工处理过程，目的是使统计数据系统化、条理化，符合统计分析的需要。整理数据是数据收集与数据分析之间的一个必要环节，包括数据的筛选、纠正数据中的错误、找出符合分析需要的数据；数据分组是将数据按需要进行分门别类；数据的表达是将数据用图表等形式展示出来，以便找出数据的初步特征，或者是方便别人看懂数据所要表达的问题。

分析数据是统计学的核心内容，它是通过统计方法探索数据内在规律的过程，这也是统计研究的目的所在。分析数据所用的方法可分为描述统计方法和推断统计方法。描述统计研究如何取得反映客观现象的数据，并通过图表形式对所收集的数据进行加工处理和显示，进而通过综合、概括与分析得出反映客观现象的规律性特征，其内容包括统计数据与分析方法等；推断统计主要研究如何根据样本信息来推断总体的特征。

解释数据就是在统计分析的基础上，得出一般性结论的过程，它往往涉及如何依据样本观察，对同类大量现象作出估计、检验、预测等问题，其实质就是进行统计推断活动。

一个完整的统计活动过程就是由数据的收集、整理、分析和解释这四个部分组成，它们虽然各有各的任务和作用，但又存在密切的联系，只有同时做好各项工作，才能圆满完成统计活动的任务。

第二节 统计学的性质

一、统计学的研究对象及特点

（一）统计学的研究对象

统计学是一门研究客观事物数量方面的方法论科学，其研究对象是客观现象总体的数量方面，即现象总体的数量特征和数量关系。正确地确定统计学的研究对象，是一切统计研究的起点，对统计学的研究对象有了明确的认识，才能进一步认识统计学的性质、统计学研究领域、统计学所特有的规律以及研究这个规律的方法等，也只有解决了这一问题，才能理解统计学和其他学科的联系和区别。

需要注意的是统计学显然是一门方法论科学，但并不能由此就认为统计学的研究对象是统计方法。统计对象的客观性决定着统计方法的客观性，脱离了统计对象，统计方法也就无从产生，一门科学的成立首先必须有它的研究对象，然后相对应的有研究这个对象的专门方法，统计学也是如此。

一切事物不但有质的方面，而且有量的方面，事物的质和量共同构成事物的规律性。现象总体的数量方面是我们认识现实生活的重要方面，作为统计学研究对象的现象总体数量方面，如人口数及其构成和变化情况等、社会财富和自然资源及其利用情况、社会生产和建设过程及结果、人民群众的物质文化生活水平等，它们的历史、现状和发展情况，构成了我们对社会的基本认识。

（二）统计研究对象的特点

对统计学研究对象的认识，既决定着统计研究所采用的方法，也划清了统计学与其他科学的区别。统计研究对象的特点包括数量性、总体性、客观性和具体性。

1. 数量性

统计的研究对象是现象总体的数量方面，包括数量多少、现象之间的数量关系、质量互变的数量界限，目的就是要反映这些数量方面的现状和它们的发展变化过程。这是统计作为调查研究方法而区别于其他调查研究方法的一个重要特点。统计属于对现象总体定量认识的范围，但统计是在现象的质与量的辩证统一中研究其数量方面。统计学也需要运算，但统计研究决不是纯数量的运算。

2. 总体性

统计是从整体的观点出发，研究大量现象总体的综合数量。这就是说，统计的数量研究要对大量普遍存在的事实进行综合研究，对大量单位的调查资料加以综合汇总，得出反映现象总体的数量特征，说明现象变化的规律性。统计研究是从调查个别事实开始的，但观察、登记个别单位的标志表现，目的不在于研究个别事实的具体状况，而是要集合大量的事实，加以汇总和分析，来研究现象总体的规律性。现象总体具有复杂和广泛的联系，而它的规律性只有在这种多样的联系中表现出来，所以，现象总体的规律性总是带有总体的性质。个别现象虽然表现为复杂多样性，但总体现象却是相对稳定，表现出某种共同的性质，是有规律可循的。例如，研究居民的消费水平，每个居民的消费水平可能差异很大，变化情况各不相同，但全体居民的消费水平的变化却是具有规律性的。由此可见，对现象的研究是离不开总体的，是以总体的数量特征作为现象总体的规律性在具体时间、地点条件下的反映。

统计也不是一概不研究个别事实，以大量观察为依据的综合数量特征形式来研究总体发展过程，不可避免地趋于一般化、抽象化。因此，需要有选择地抽取个别单位，深入研究现象的具体联系和生动情况，使得我们对现象总体的发展过程的认识更加深刻和丰富，但统计对个别事实的研究都是为了更有效地掌握现象总体的规律性。

3. 客观性

统计数据是客观事物的反映，表现客观现象在具体时间、空间条件作用下，实际已经达到的水平和程度。它独立存在于外部世界，不是意志所能转移的，统计资料虽然经过了人们有意识的调查、整理、汇总、加工，但都不能改变它的客观性。统计资料的客观性是统计质量的基础，基于此，统计资料不但确凿而且雄辩，统计工作只唯“实”，不唯“上”，维护统计资料客观性和真实性，是统计的基本传统。

然而，在统计实践中，“掺水”统计由来已久。最突出的是 20 世纪 50 年代后期“大跃进”那几年，为求“卫星上天”乱报产量，虚假的统计数字造成了严重后果。改革开放 30 年来，统计工作大有改进，但在新的历史条件下，由于利益格局变动等原因，有些地方或单位在统计数字里“掺水”的现象又有所抬头。这种现象既违背了统计对象的客观性，又是一种不法的行为，我们必须坚决抵制。

4. 具体性

统计数字不是抽象的数字，它是现象总体在具体时间、地点、条件下所表现出来的数量。正因为其具体性，所以统计数字必须准确，公布和使用的资料要注明出处、来源。

二、统计学研究的基本方法与应用领域

(一) 统计学研究的基本方法

1. 大量观察法

由于统计研究的是现象的数量特征及其规律性，这就决定了对现象的观察分析必须是对总体中所有的个体或足够多的个体进行研究，这就是所谓的大量观察法(large number of observation)。对个别现象的观察结果总是具有偶然性、特殊性，而当我们观察了足够多的个别现象以后，就会越来越发现偶然的、特殊的那些方面在逐渐消失、相互抵消，而必然性的、一般性的特征则越来越明显，逐渐呈现出总体的数量特征及其规律性，这实际上就是所谓的大数法则。社会经济现象的总体是复杂的，是受多种因素影响的，而且总体各单位的特征和数量表现也有很大的差异，不能任意地抽取个别或少数单位进行观察，必须观察全部或者足够多的调查单位，借以认识客观现象的总体情况。

2. 统计分组法

统计分组法是对所研究的社会经济现象数量进行本质分析，找出反映现象的基本特征的标志，把研究现象划分为若干组，用以区分社会现象的各种类型和形式，正确反映具体社会经济现象的规模和数量的对比关系，以达到对事物本质的认识。统计调查必须对社会经济现象进行科学的分组，才能确定调查对象和范围，才能搜集必要的统计资料，对于原始资料也必须进行分组、加工和整理。

3. 综合分析法

统计对现象总体数量特征及规律性的描述要借助于具有综合性特点的统计指标，并对统计指标进行分解和对比分析，这就是所谓的综合分析法。统计指标是对通过大量观察所获得的资料进行整理、汇总和计算而获得的，是综合的结果，常用的有总量指标、相对指标、平均指标和变异指标。这些指标分别从数量规模、数量关系、集中趋势、离散趋势等方面揭示了总体的数量特征及其规律性。在综合的基础上，进一步使用各种分析方法，如动态分析、结构分析、趋势及季节变动分析、指数分析、因素分析、平衡分析、预测决策分析、综合评价等方法，对统计指标进行加工和再加工，加深对总体的认识。分析是综合的继续，是综合的延伸，是综合的扩展，综合指标本身也是一种分析，而分析不仅是指标的运用，同时也会产生新的指标，综合分析贯穿统计的始终，所以，它是一种基本的统计方法。

4. 统计推断法

对于总体数量特征及其规律性的认识，在很多情况下，是通过由已知推断未知，由过去推断未来，由部分推断全部，由此现象推断相关的彼现象的方法达到的，这就是所谓的统计推断法。我们知道，统计是研究总体现象数量特征及其规律性

的，但是，在实践中由于各方面条件的约束，我们不可能也没有必要去全面系统地查证总体中的全部个体，而只可能或只需要从现在已掌握的信息资料，对总体的状况进行推断和估计，如此亦是一种很有效又很经济的方法，所以，统计推断法在统计研究中占有非常重要的地位，成为现代统计学的基本方法。

统计推断法中最主要的内容是抽样推断法和假设检验法。抽样推断法是根据样本调查的结果推断总体，包括对总体数量特征的点估计和区间估计(这个问题将在第六章中讨论)；假设检验法是推断两个不同工艺方法所生产的产品在质量上是否具有明显的差异，两个地区农民的人均纯收入是否在质量上存在明显的不同等。这些都需要通过样本给出的信息进行推断，从某种意义上说，我们所获得的资料都是一种样本资料，因而，统计推断广泛地应用于统计研究的各个领域。

(二) 统计学研究与应用领域

随着科学技术的飞速发展，统计方法的应用越来越重要。19世纪，统计方法为基因学说奠定了理论基础，在现今，科学技术对统计方法的依赖越来越强。世界上许多国家尤其是发达国家都非常重视统计学理论的研究和发展。根据国际统计学会(ISI)近几年的会刊及统计学方面的著名杂志，可将近几年国际统计学界研究的主要问题概括如下：

(1) 统计学基本理论研究有：概率极限理论及其在统计中的应用、树形概率、Banach空间概率、随机偏微分方程(partial differential equation，PDE)、泊松逼近、随机网络、马尔科夫过程及场论、马尔科夫收敛率、布朗运动与偏微分方程、空间分支总体的极限、大的偏差与随机中数、序贯分析和时序分析中的交叉界限问题、马尔科夫过程与狄利克雷表的一一对应关系、函数估计中的中心极限定理、极限定理的稳定性问题、因果关系与统计推断、预测推断、网络推断、参数模型中的精确逼近、非参数估计中的自适应方法、多元分析中的新内容、时间序列理论与应用、非线性时间序列、时间序列中确定模型与随机模型比较、极值统计、贝叶斯计算、变点分析、对随机 PDE 的估计、测度值的处理、函数数据统计分析等。

(2) 统计学主要应用领域有：社会发展与评价、可持续发展与环境保护、资源保护与利用、电子商务、保险精算、金融业数据库建设与风险管理、宏观经济监测与预测、政府统计数据收集与质量保证、分子生物学中的统计方法、高科技农业研究中的统计方法、生物制药技术中的统计方法、流行病规律研究与探索的统计方法、人类染色体工程研究中的统计方法、质量与可靠性工程等。

我国统计研究的领域主要包括政府统计数据质量的研究，风险管理和保险精算的研究，统计学在金融、证券领域的应用研究，统计综合评价理论与应用的研究，国民经济核算理论与应用研究，空间统计与地理信息系统的应用研究等。

（三）统计学与其他学科的关系

1. 统计学与数学的关系

统计学与数学既有密切的关系，又有本质的区别。由于现代统计学用到了较多的数学知识，研究理论统计学的人需要有较深的数学功底，应用统计方法的人也要具备良好的数学基础，这就给人造成了一种错觉，似乎统计学是数学的一个分支，这种理解是不妥当的。实际上，数学只是为统计理论和统计方法的发展提供了数学基础，而统计学的主要特征是研究数据；另一方面，统计方法与数学方法一样，并不能独立地直接研究和探索客观现象的规律，而是给各学科提供了一种研究和探索客观规律的数量方法。首先，虽然表面上看统计学与数学都是研究数量规律的，都是与数字打交道的，但实际上却有着明显的差别。数学研究的是抽象的数量规律，而统计学则是研究具体的、实际现象的数量规律；数学研究的是没有量纲或单位的抽象的数，而统计学研究的是有具体实物或计量单位的数据。其次，统计学和数学研究中所使用的逻辑方法也是不同的，数学研究所使用的是纯粹的演绎，而统计学则是演绎与归纳相结合，占主导地位的是归纳。数学家可以坐在屋里，凭借聪明的大脑从假设命题出发推导出结果，而统计学家则需要深入实际搜集数据，并与具体的实际问题相结合，经过科学的归纳才能得出有益的结论。

2. 统计学与其他学科的关系

统计学是一门应用性很强的学科。由于几乎所有的学科都要研究和分析数据，因而，统计学与这些学科领域都有着或多或少的联系。这种联系表现为，统计方法可以帮助其他学科探索学科内在的数量规律性，而对这种数量规律性的解释并进而研究各学科内在的规律，只能由各学科的研究来完成。例如，大量观察法已经发现了新生婴儿的性别比是 107∶100，但为什么会是这样的比例？形成这一比例的原因应由人类遗传学或医学来研究和解释，而非统计方法所能解决的。又如，利用统计方法对吸烟和不吸烟者患肺癌的数据进行分析，得出吸烟是导致肺癌的原因之一的结论，但为什么吸烟能导致肺癌就需要医学进行解释了。由此我们看出，统计学能做什么，不能做什么。可以这样说，统计方法仅仅是一种有用的定量分析工具，它不是万能的，不能解决你想要解决的所有问题。能否用统计方法解决各学科的具体问题，首先要看使用统计工具的人是否能正确选择统计方法，其次还要在定量分析的同时进行必要的定性分析，也就是要在用统计方法进行定量分析的基础上，应用各学科的专业知识对统计分析的结果做出合理的解释和分析，才能得出令人满意的结论。尽管各学科所需要的统计知识不同，所使用的统计方法的复杂程度不同，统计学也不能解决各学科的所有问题，但统计方法在各学科的研究中仍会发挥越来越重要的作用。

三、统计学的性质

统计学是一门什么性质的科学？统计方法有哪些特点？了解这些东西，有助于我们正确掌握统计的基本原理，提高统计问题的认识能力。在统计学的发展过程中，各流派对统计学本质的认识，在不同的国家和不同时期是有明显区别的。

从统计学的发展史中我们可以看出，每一历史阶段的争论结果，都是对统计学性质的进一步确定和完善，因此，现代统计学的性质可归纳为如下几个方面：

(1) 统计学是研究数量问题的学问。统计的语言是数字。没有数字，不从数量方面入手进行认识，就谈不上统计。无论是社会科学还是自然科学，只要出现大量数据的地方，统计方法就能发挥作用。统计研究客观事物的数量，主要包括数量状态、数量关系和数量变化规律等。

(2) 统计学研究的是客观现象总体的数量。数量有个体数量与总体数量之别，统计学主要研究后者，它要对大量同类现象的数量方面进行综合反映，单个数字不能称为统计，只有对大量现象进行观察，才有可能找到统计关系和统计规律。统计虽然研究总体数量，但必须从个体数量的调查入手，遵循由个体数量到总体数量的认识逻辑。

(3) 统计学是方法论科学，而不是实质性科学。即它研究的是事物普遍存在的数量关系的计量和数量分析的方法，并通过数量分析来认识特定事物的内在规律性，但不是研究规律本身。

(4) 统计学的应用范围不局限于社会科学，也不局限于自然科学。由于其方法来自于社会科学也来自于自然科学，所以，它可以用于社会现象也可以用于自然现象，即统计学是一种通用的方法论科学。同时，统计学也不是依附于实质性科学而存在的方法论，它是独立的方法论科学。

(5) 统计学的研究对象既包括确定性现象的总体数量关系，也包括随机现象的总体数量关系，即统计学是研究各类事物总体数据的方法论科学，统计学主要研究的是不确定的现象。所谓不确定是指由于受到偶然的随机因素的作用，使得客观事物的实际数量表现存在一定程度的“不可确知性”。在现代统计学中，处理不确定性问题，是统计学的主要课题和任务。

(6) 统计方法带有归纳推断的特点。统计认识事物有两条途径：一是对构成研究对象的全部事物逐一地进行调查，取得全面的资料；二是从全部研究对象中抽取部分事物组成样本，然后依据样本观察结果对总体进行推断。至于前者，运用算术方法和统计描述手段就可以达到目的，而后者相对比较复杂，需要运用概率论知识和统计学方法。统计方法的归纳推断性质，主要是相对推断统计而言的，同逻辑学意义上的归纳推断有明显的区别。统计推断不是从假设、命题出发，按严格的逻辑推理程序进行推断，而是基于观察到的样本情况，对总体的可能情况作出判断。

第三节 统计学基本要素

在这一节里我们主要介绍统计学中的一些基本要素，即统计学中的基本概念。任何一门科学理论都是运用概念进行判断推理的过程。而在判断和推理过程中所使用的要素毫无例外地区分为本门科学所特有的和多门科学所共有的两大类，在本门科学所特有的要素中还区分为具有普遍意义和只具有特殊意义的要素。在这里，我们所说的基本要素就是指统计理论所特有的，而且在整个统计理论体系中又具有普遍意义的概念。掌握这些基本概念是掌握统计科学理论的前提和基础。

一、统计总体与总体单位

（一）统计总体与总体单位的概念

统计学是以社会与自然现象总体的数量特征与相互关系为研究对象，因此，总体在统计学中是一个非常重要的概念。

总体，全称叫做统计总体(statistical population)，是根据一定的目的和要求所确定的被研究事物的全体，是由客观存在的同一性质的许多个别事物结合而成的，也即统计所要研究的社会现象的总体。构成总体的每个个别事物称为总体单位，也叫个体。总体和个体是一个事物的两个方面，总体对事物的整体而言，个体对事物的个体而言。例如，研究一个工业企业的职工收入水平，统计总体是工业企业的全部职工，而企业的每一名职工就是个体；全国人口普查登记时，全国人口是一个总体，而每一个人就是个体。由于人们研究的角度不同，统计总体与个体有时可以相互转换。例如，研究全国的工业企业情况，全国所有工业企业构成统计总体，每一个工业企业则是个体。

总体是由个体构成的，要认识总体也必须从个体开始。由个别现象开始，但认识不能停留在个别现象上面，必须由个别过渡到一般，由个体过渡到总体。现象的数量特征，只有通过大量个体的综合才能充分显现出来，因此，总体是统计认识的对象，构成总体的所有单位，在主要属性上必须相同，这是构成一个总体的必要条件，也简称为总体的同质性。例如，为研究工厂工人的工资水平，则总体中的所有单位必须都是工厂工人，而不能包括任何其他成分的人员，否则，研究结果就不能反映工厂工人的工资状况。同质性是构成统计总体的基础。

但是，总体的同质性基础并不是固定不变的，根据研究目的不同，同质性也会因之而变化。按某一种属性划分，总体可能是同质的，而按另外一种属性划分，又可能是不同质的。例如，某地区全部国有工业企业，若按经济类型划分是同质性的，但若按行业划分就不能看成是同质的。另外，总体的同质性可以看成是广义的概念，也可以看成是狭义的概念，例如，当研究的目的是为了分析工业劳动生产率水平与工资水平的关系时，就以工人为研究总体，可是当研究的课题改变了，不是要研究工人，而是要研究整个国家人口的特征，这时的总体就是国家人口，而工人则不过是国家人口中的一部分。从另一方面看，在工人总体中又包括冶金工人、机械工人、建筑工人、纺织工人等，如果目的是要研究纺织工人的某种特征，这时就要以纺织工人为研究总体。

对于以事物形态存在的总体来说，可以分为有限总体与无限总体、大总体与小总体、可加总体和不可加总体等。如果总体包括的单位数是有限的，称为有限总体；而总体包括的单位数是无限的，则称为无限总体。在自然现象中，存在大量的单位数是无限的总体。社会经济现象从理论上来说，都是有限总体，但倘若其总体数量在某一有效的时间内不能一一列举出来，也可视为无限总体，如电子元件产量、粮食产量等。有限总体与无限总体的划分有助于选择合适的调查方法和计量方法。大总体和小总体是相对而言的，大总体的各个组成部分即为小总体。例如，全国人口为大总体，各省人口则为小总体，这样划分总体，有助于对指标和标志的理解。如果个体可以合计在一起，其总体称为可加总体，如人口、播种面积等；如果个体不能合计在一起，其总体称为不可加总体，如产品产量、固定资产等。不可加总体不能计算个体数，只能计算各种标志总量。

（二）统计总体的特征

经过对总体概念的剖析，我们可以将总体的特征归纳为大量性、同质性和变异性。

1. 大量性

统计总体是由许多单位组成的，仅仅由个别或少数单位不能形成总体。因为研究总体数量特征的目的主要是揭露现象的本质、探求其规律性。而事物的规律，特别是社会经济现象的规律性只有在大量综合汇总中才能显示出来。因为个别现象的具体表现有偶然性，而大量现象构成的统计总体的表现是比较稳定的，能体现出规律性。所以，统计总体应该包含足够多的单位。

2. 同质性

构成总体的各个个体都具有某一共同的属性和特征。统计总体同质性是一切统计研究的前提。

3. 变异性

构成统计总体的单位在某一方面是同质的，但在其他方面又必须有差异。总体的同质性是研究问题的前提，而总体的变异性也就是研究问题的先决条件。如果总体单位各方面都完全相同，就没有必要进行统计研究了，因为随便了解一个个体的情况就可以掌握总体情况了，事实上这是不可能的，统计总体实际是同质性和变异性的矛盾统一体。例如，在企业工人总体中，社会成分这一标志各单位的表现相同，即大家都是“工人”，但其他标志，如年龄、性别、工龄、工资等都有差异。总体的同质性和变异性也是相对的，在一些场合，可以把变异性视为同质，也可以从同质性中探讨变异性。例如，在研究女工生活问题时，男工和女工不是一个总体，是有差异的，但在研究工人与公务员的收入分配时，男女职工又有了同质性，属于同质总体了。

二、标志与指标

（一）标志

在统计中，总体单位所具有的属性或特征的名称成为标志。例如，每个工人都具有性别、工种、文化程度以及年龄、工龄、工资等属性或特征，这些就是工人总体中各个单位的标志。就工业企业来说，企业的经济类型、主管部门、产品产量、固定资产原值等也是工业企业总体中各个单位的标志。

由此可见，总体是由总体单位构成的，而总体单位是标志的载体或承担者，统计研究是从登记标志开始的，并通过对标志的综合来反映总体的数量特征。因此，标志是统计研究的起点。

标志可分为品质标志与数量标志两种，工人的性别、工种、文化程度，企业的经济类型、主管部门等，是以品质的差别来表现的，一般不能用数量来表现，这类标志称为品质标志；而工人的工龄、工资，企业的工人数、产品产量、固定资产原值等，则是以数量的多少来表现的，当然只能用数量来表示，这类标志称为数量标志。在一般情况下，同一总体中的各个单位存在着许多标志。其中，有的标志在各单位之间的表现是共同的，根据这样的标志将所有单位结合在一起构成总体同质性的基础。例如，在国有工业企业总体中，在经济类型这一标志的表现上，各个企业都是相同的，这样的标志称为不变标志。除此之外，大多数的标志是在各单位之间变化其性质和数值的，这样的标志称为变异标志。在统计中，变异是普遍的、大量的，这是由客观事物所具有的属性决定的。标志在各单位之间的变化称为变异，变异也是统计中一个重要的概念。

统计研究的是总体的数量特征，这种研究总是从个体开始、从认识个体的标志开始。如果标志不存在变异，那么只要抽取其中的一个单位也就可以代表整个总体。但由于存在变异，因而，在单位之间表现出复杂多样的表现形态。统计要认识事物只有通过对大量个体的综合才能做到。

变异标志的各种不同的值称为标志值。对于数量标志，标志值可直接用数值表现。例如，某工人的工龄为 5 年，工资为 1 500 元。其中，5 年、1 500 元就是标志值。对于品质标志有时也可以数量化，如用 1 表示产品中的合格品，0 表示不合格品等，这类标志称为交替标志（或称为是非标志）。数量标志也可以转化为非标志。例如，月工资额在 1 500 元以上的职工用 1 表示，非 1 500 元以上的职工用 0 表示。

在统计中，大量的研究是就数量标志进行的，为了便于从数量上进行分析，将数量标志又称为变量，而变量的各种不同的取值称为变量值，这里变量值也就是标志值。

（二）统计指标

统计指标（statistical indicator）是说明总体数量特征的概念，简称指标，它是用来反映事物的规定性与量的确定性。关于指标的概念有两种不同的解释：一是指数量化的科学概念，二是指概念加数值。指标是将总体的单位数或标志值加总起来的结果，或是两个指标对比的结果，前者称为总量指标，也称为绝对数指标，后者称为相对指标。指标必须用数值表示。例如，某市 2007 年底有工业企业单位数 19 万个，全年地区生产总值 130 亿元，职工人数 40 万人。

对于只反应概念的指标是由指标名称、计量单位和计算方法三个要素构成；而对于一个既反映概念又反映数值的统计指标而言，则是由指标名称、计量单位、计算方法、时间限制、空间限制和指标数值这六个要素构成。例如，我国第五次人口普查公布结果，2000 年 11 月 1 日 0 时，某市总人口 826 万人，其中市区人口 218 万人。

标志与指标既有联系又有区别，其主要的联系：一是有许多统计指标的数值是从所属的总体单位的数量标志值汇总而来的，没有总体单位的数量标志值，也就不可能有总体的指标值；二是统计指标与数量标志之间存在着互换关系，根据研究的任务和目的的不同，原来的统计总体如果变成了总体单位，则相应的统计指标也就变成了数量标志，反之亦然。例如，如果我们的任务是研究全国或一个地区的全部工业企业情况，每个企业的总产值、职工人数、设备台数等则为总体单位的数量标志；如果现在的研究任务改变了，只研究某个大型企业的职工素质情况，了解职工的文化水平、技术结构、年龄结构、工资结构、性别结构等，以便制定某项政策，这时该企业的职工人数就由原来的标志变成了统计指标，而每个职工的年龄、性别、文化程度、工资、技术等级等就成了标志。

标志与指标的区别也有两点，一是标志是说明总体单位特征的，而指标是说明总体的；二是标志有能用数值表现的数量标志和不能用数值表现的品质标志之分，而统计指标都能用数值表现。

（三）统计指标的特点

为了全面研究统计指标，首先需要研究一下统计指标究竟有哪些特点。而衡量统计指标的特点必须有一个标准或者依据，最主要的依据就是统计研究的对象，也就是统计研究的客体，以此为依据，确定统计指标有以下几个特点。

1. 数量性

统计指标是数量范畴，不存在没有数量的指标，统计指标是说明现象总体的量的特征的，并且都可以用数值表现，不存在不能用数值表现的统计指标。即使按照第一种理解处于理论研究和设计上使用的统计指标的概念，也仍然具有这种性质。统计指标数量性的特点是以其可量化为前提，计算其数量，体现统计指标质与量的辩证统一。统计指标的数量性前提，使统计工作利用现代计算技术有了巨大的可能性。

2. 综合性

统计指标是对总体数量特征的综合说明，是由个体数量综合而来的，统计指标说明的对象是总体而不是个体，统计指标的这个特征反映了统计的对象是一个由大量单位所构成的现象总体。统计指标既是同质总体大量个别单位的总计，又是大量个别单位标志值的差异综合。当我们确定了统计总体、总体单位和单位标志之后，就根据一定的统计方法对各单位和各单位标志的标志值进行登记、分组、汇总而形成各种说明总体数量特征的统计指标。例如，某地区的企业组成统计总体时，可以汇总得出全地区的企业数、职工人数和总产值等指标；又如，某县的村庄组成统计总体时，可以汇总得出全县的村庄数、总播种面积和总收获量等指标。拿地区总产值来说，各个企业产值大小的差异不见了，各种不同产品的差异、同一产品不同品种的差异不见了，显示出的是该地区总产值的一般水平。可见，统计指标的形成往往经过从个别到一般的过程，通过对个别单位数量差异的抽象化，来体现总体的综合数量特征，所以，任何统计指标都是综合指标。

3. 具体性

统计指标不是抽象的概念和数值，它是总体在具体时间、地点和条件下的数量特征的反映。不存在脱离质的内容的统计指标，统计指标又是客观存在的事实的反映。这样就把统计指标与数学抽象的数量区别开了，也把统计指标与计划指标区别开了。

（四）统计指标的种类

1. 统计指标按照其说明的现象总体的内容不同，可以分为数量指标和质量指标

数量指标是说明现象总的规模、总的水平和工作总量的指标。它用绝对数的形式来表现，并有计量单位，如国民生产总值、人口数、工业企业数、工资总额、商品

销售额、货物运输量等。数量指标的数值随着总体外延范围的大小而增减，它是认识总体的起点。数量指标又称总量指标，有两种表现形式：有的表现为总体单位总量，即表明构成总体的单位数，如企业数、商店数等；有的表现为总体标志总量，即反映总体中各单位标志值的总和，如商品销售额、工资总额等。数量指标是计算质量指标和进行分析研究的基础。数量指标根据计量单位的不同可以划分为实物指标、价值指标和劳动指标。

质量指标是说明总体相对规模、相对水平、工作质量和一般水平的统计指标，如人均国内生产总值、人口密度、第三产业产值比重、平均年龄、平均收入等。质量指标反映的是总体内外部的数量关系或总体的一般水平，因此，它的数值不随总体范围的大小而增减。质量指标是数量指标派生的，是以相对数或平均数形式表现的。

2. 统计指标按其表现形式的不同，可分为总量指标、相对指标和平均指标

总量指标即数量指标，是说明总体的广度的，它表明总体发展的结果。它可以反映一个国家国情国力的基本情况，是制定政策、编制计划的基本数据，如人口数、土地面积、钢铁产量、国民收入等。相对指标是两个有联系的总量指标相比较的结果。例如，用总体的部分数值和总体的全部数值相比较说明总体结构的指标，用人口数与国土面积之比说明人口密度的指标。相对指标主要有六类，分别是计划完成程度相对指标、结构相对指标、比较相对指标、比例相对指标、动态相对指标和强度相对指标。平均指标是按某个数量标志说明总体单位一般水平的统计指标，如平均成本、平均工资等。

3. 总量指标按时间特征不同，分为时期指标和时点指标

反映总体在一段时期内发展过程中累积总量的指标，称为时期指标，如国民生产总值、产品产量、人口出生数等；反映总体在某一时刻上状况的总量指标，称为时点指标，如年末人口数、机器设备台数、商品库存量等。时期指标和时点指标各有不同的特点，表现在两个方面：第一，时期指标具有可加性，不同时间的时期指标数值相加表明现象在较长的时期发展过程的累积总量。例如，2005～2007 年，某种产品的产量相加表示该种产品三年产量之和。时点指标则不具有可加性。例如，年末设备台数只表明年末这一具体时点设备的拥有量，2005～2007 年各年年末设备台数相加无实际经济意义。第二，时期指标数值的大小直接受现象活动过程时期长短的制约，现象经历的时间愈长，指标数值就愈大，反之，愈小。而时点指标数值的大小与时间间隔的长短无直接关系，不存在时间间隔愈长，数值愈大，反之愈小的情况。

4. 统计指标按照其作用功能不同，可分为描述指标、评价指标和预警指标

描述指标是用于反映总体现实状况、活动过程和结果的统计指标。例如，社会经济统计中反映社会经济条件的指标，如自然资源拥有量、土地面积、社会财富、人

口、劳动资源、科技力量等指标;反映生产经营过程和结果的指标,如国民生产总值、国民收入、固定资产、流动资金、利润总额、财政收入与支出、物资库存量、进出口贸易额等指标;反映社会物质文化生活情况的指标,如居民收入与支出水平、居民文化程度、在校生人数、医疗床位数、文化娱乐设施数等指标都是描述指标。这类指标提供对总体的基本认识,也是统计信息的主体。

评价指标是用于对总体行为的结果进行比较、评估、考核,以检查其工作质量和效益的统计指标。评价指标包括企业经济活动的评价指标,如劳动生产率、出勤率、利用率、流动资金周转速度、生产设备完好率、生产能力利用率、单位产品成本、资金利润率等指标;也包括国民经济评价指标,如国民生产总值增长速度、国民收入增长速度、社会劳动生产率、社会积累率、固定资产交付使用率等指标。统计评价指标通常要与计划、预算或定额指标相比,才能确定其优劣程度。

预警指标主要用于对宏观经济运行的监测,并根据指标数值的变化,预报国民经济即将出现的不平衡状态、突变事件以及某些结构性障碍等。通常利用国民经济关键性指标或敏感性指标建立监测指标体系,以发挥预测警报的作用。宏观经济监测的对象有经济增长、经济周期波动、失业与通货膨胀、国家财政收支、进出口贸易和国际收支等。预警指标有国内生产总值与增长率、就业率与失业率、社会消费与积累率、储蓄与投资率、物价水平、汇率与利率等指标。

➢思考与练习

1. 什么是统计学?其性质有哪些?
2. 如何理解“统计”一词?
3. 举例说明总体和个体的基本概念。
4. 举例说明统计指标与标志的区别和联系。
5. 统计学研究的对象是什么?如何认识统计研究对象的特点?

第二章

数据的获得与整理

第一节　数据类型

如前所述，统计学是收集、整理、显示与分析数据的一门科学。这里的数据是指人们对客观现象调查研究得到的事实和数字，是对客观现象进行计量的结果。统计数据既可以用文字表示，也可以用数字表示。

一、数据的计量尺度

统计数据是统计标志或统计指标的具体数量表现。要对客观现象进行计量，首先必须了解数据的计量尺度。根据对现象计量的不同精确程度，人们将计量尺度由低到高、由粗略到精确分为四个层次：定类尺度、定序尺度、定距尺度和定比尺度。

（一）定类尺度

定类尺度(nominal scale)也称类别尺度或列名尺度，是按照客观现象的某种属性对其进行分类，各类之间并无优劣、大小或顺序之分，每类均用文字表示。例如，人口按性别分为男、女，或按常住地分为城镇人口与农村人口。为了便于统计整理，各类可以用数字代码表示。

定类尺度是其他计量尺度的基础，其基本特征主要表现为：只能区分事物的类别，但无法比较各类别的大小；各类别的顺序可以改变；对事物的区分必须符合穷尽和互斥的要求；对其进行分析的统计量主要是频数及频率。

（二）定序尺度

定序尺度（ordinal scale）也称顺序尺度，是对客观现象的各个类别按等级或顺序进行排列。利用定序尺度不仅可以将研究对象分成不同的类别，而且可以反映各类的优劣、大小或顺序。例如，居民按生活水平可以分为贫困、温饱、小康、富裕等四个层次；学生按学历分为小学、初中、高中、大学等不同层次。

定序尺度的统计量除了频数及频率之外，还可以计算累计频数及累计频率。

（三）定距尺度

定距尺度（interval scale）也称间隔尺度，是对现象类别或次序之间的间距进行测度，它可以用确切的数值反映现象之间在数量方面的差异，通常使用自然或度量衡单位作为计量尺度。定距尺度的计量结果表现为数值，且数值可以为零，因此一般只进行加、减运算，不进行乘、除计算。如甲地区温度 30℃，乙地区温度 15℃，二者相差 15℃，而不是 1 倍。

定距尺度的主要特征是，不仅能区分事物的类别、进行排序、比较大小，而且可以利用加减法精确地计量数据大小的差异。

（四）定比尺度

定比尺度（ratio scale）也称比例尺度，具有定距尺度的特征属性，但其数值不能为零，因此，可以在定距尺度的基础上将两个相关的数据进行对比形成相对数或平均数，反映现象的结构、比例、速度、密度等数量关系。例如，甲企业职工人数 1 000人，乙企业职工人数 500 人，甲企业职工人数是乙企业的 2 倍。

在计量尺度的应用中，需要注意的是，同类事物使用不同的计量尺度去量化会得到不同的分析效果。例如，学生的成绩按及格、不及格去量化，属于定类尺度；按优、良、中、及格、不及格去量化，属于定序尺度；按具体分数去量化，属于定距尺度；按平均成绩去量化，则属于定比尺度。

二、数据的类型

（一）数据按计量尺度分为品质数据和数量数据

统计数据是采用某种计量尺度对现象进行计量的结果，采用不同的计量尺度会得到不同类型的数据。从上述四种计量尺度计量的结果来看，可以将统计数据分为以下四种类型：

定类数据：表现为类别，不分顺序，是由定类尺度计量形成的。

定序数据：表现为类别，但有顺序，是由定序尺度计量形成的。

定距数据:表现为数值,可进行加、减运算,是由定距尺度计量形成的。

定比数据:表现为数值,可进行加、减、乘、除运算,是由定比尺度计量形成的。

定类数据与定序数据说明现象的品质特征,一般用文字表示,其结果均表现为类别,也称为定性数据或品质数据(qualitative data);定距数据与定比数据说明现象的数量特征,一般用数值表示,因此称为定量数据或数量数据(quantitative data)。

区分数据的计量层次和数据类型是十分重要的,因为对不同类型的数据应采用不同的统计方法处理和分析。例如,对定类数据,通常计算出各组的频数和频率、众数和异众比率,可进行列联表分析和 χ^2 检验等;对定序数据,可以计算中位数、四分位数、计算等级相关系数等非参数分析;对数量数据,则可以利用更多的统计方法进行处理,如计算各种统计量、进行参数估计和检验等。统计学中应用较多的是数量数据。

由于统计数据是变量的具体表现,因此与数据的分类相似,变量也可以分为定类变量、定序变量、定距变量和定比变量,后两种统称为数值变量,包括离散变量和连续变量。

(二) 数据按时间状况分为静态数据和动态数据

静态数据又称为截面数据,是指在同一时间内对现象进行计量获得的数据。动态数据又称时间序列数据,是指在不同时间对现象进行计量而获得的数据。例如,2007 年全国各企业产值、利润等数据即为静态数据;企业历年来的产值、利润等数据即为动态数据。

(三) 数据按获得方式分为观察数据和实验数据

观察数据是指在没有对现象进行人为控制的条件下,通过调查或观测获得的数据;实验数据是通过在实验中控制实验对象而获得的数据。一般的社会经济统计数据均为观察数据,而自然科学特别是医学的很多数据则属于实验数据。

(四) 数据按来源渠道分为直接数据和间接数据

直接数据即直接对研究对象进行调查所获得的数据,也称为原始数据;间接数据即根据研究目的而搜集的已经公开发表过的数据。例如,通过设计问卷对调查者收集的数据是直接数据;从各类报刊引用的数据是间接数据。

第二节 数据的搜集与问卷设计

一、统计数据搜集的含义和要求

所谓统计数据搜集,就是按照统计研究的目的和任务,运用各种科学有效的调查方式和方法，搜集反映客观现实的统计数据的过程。统计数据搜集是整个统计活动的基础阶段，通常也称为统计调查阶段。

准确性、及时性和完整性是统计数据搜集的基本要求，其中准确性是统计数据搜集的核心，及时性是统计数据信息价值的体现，完整性则是统计指标计算和统计分析的需要。

二、统计调查方式

统计调查方式就是运用调查或观察的方式来获取统计数据。常用的统计调查方式主要有以下几种。

（一）普查

普查(general investigation)是根据特定的统计研究目的而专门组织的一次性的全面调查，用以搜集所研究现象总体的全面资料。一般而言，普查所要搜集的资料大多是处于一定时点上的社会经济现象的总量及分类数，如全国人口总数及分类数等。但有时，普查也可用来反映一定时期现象的总量，如某年的出生人口总数及性别分类数等。

普查的组织形式有两种：一种是通过组织普查机构，配备一定数量的调查人员，对调查单位直接进行登记。例如，我国人口普查即采用这种形式。另一种是利用调查单位的原始记录和核算资料，结合清库盘点，由调查单位自行填报调查表。例如，我国物资库存普查即采用这种形式。

普查是一个国家或地区用于定期掌握国情国力(如人口、经济发展状况等)的统计调查方式，为政府制定社会经济发展战略和方针政策提供依据。此外，普查所取得的资料，还可以为经常性的抽样调查提供抽样框和各种辅助资料，提高抽样调查的效果。我国目前主要有人口普查、工业普查、农业普查、第三产业普查、经济普查、基本单位普查等。

由于普查一般在全国范围内进行，涉及面广，工作量大，需要动员大量的人力、物力和财力，对数据的准确性、时效性和完整性要求高，因此必须统一领导、统一要求和统一行动。进行普查时必须遵循以下几项原则：一是必须统一规定数据所属的标准时点，以避免因现象的变化而产生重复登记或遗漏登记。例如，我国第五次人口普查以 2000 年 11 月 1 日零时为标准时间。二是在普查范围内各调查点要统一行动，在方法、步调上保持一致，并力求在最短的期限内完成登记工作。三是普查项目要统一规定，一经确定就不能任意增减更改，同一种普查的各次普查项目要力求保持一致和稳定，以便对比分析。四是要选择最合适的普查工作时间，尽量减少乃至避免普查对其他各项正常工作的影响。五是要实现普查的周期化，按固定的周期进行。例如，我国的人口普查、农业普查、工业普查等均为每十年进行一次，经济普查每五年进行一次。

（二）抽样调查

抽样调查（sampling investigation）是一种非全面调查，它是按照随机原则从总体中抽取一部分单位作为样本，通过对样本的观察和描述来推断总体的特征。

由于抽样调查具有经济节省、时效性强、准确度高、灵活方便等优点，其在各个领域得到了广泛应用。一是用于认识那些不可能或不必要进行全面调查的总体现象，如无限总体、范围过大的有限总体等以及具有破坏性的产品质量检测等。二是用于认识那些发展变化比较稳定，有规律性而不必进行全面调查的现象总体的数量特征，如人的身高、男女性别比，食盐的消费量等。三是用于搜集灵敏度高、时效性强或时间要求紧迫的统计数据，如市场需求信息、生产过程中的产品质量状况、易变化现象的波动情况如物价等。四是用于与其他数据搜集方式相结合、相互补充和核对。例如，与普查相结合，既可以取得普查未能取得的数据，还可以对普查的质量进行抽查验证。又如，与重点调查相结合，可以形成目录抽样，更全面地认识总体的数量特征。五是用于对总体特征的某种假设进行检验，判断这种假设的真伪，决定方案的取舍，为行动决策提供依据。社会经济领域中常见的抽样调查有人口抽样调查、居民家计抽样调查、市场抽样调查、社会问题抽样调查和民意抽样调查等。

（三）统计报表

统计报表（statistical statements）是按照国家有关法规自上而下地统一布置，以一定的原始记录为依据，按照统一的表式、统一报送时间和报送程序，自下而上地提供统计资料的一种调查方式。我国的统计报表，由国家统计报表、业务部门统计报表和地方统计报表组成。统计报表按其报送周期长短不同，分为日报、月报、季报、半年报、年报等。

统计报表的主要特点有：第一，报表资料的来源建立在各个基层单位的原始记录基础上，基层单位也可以利用报表资料对生产经营活动进行监督管理；第二，由于统计报表是逐级上报汇总的，便于各级领导部门了解本地区、本部门的经济和社会发展状况；第三，由于统计报表属于经常性调查，调查项目相对稳定，有利于积累资料，进行动态比较分析。

统计报表曾经是我国计划经济时期搜集统计数据的主要方式。在目前的市场经济体制下，统计调查方法与调查体系日益完善，我国已经形成了以周期性普查为基础、以经常性的抽样调查为主体、多种调查方法综合运用的统计调查体系。目前主要有国有企业和规模以上的非国有企业定期填报统计报表。

（四）重点调查

重点调查(key-point investigation)也是一种非全面调查，是对总体中的一部分重点单位进行观测来获得统计数据。

重点调查的关键是确定重点单位。根据调查目的不同，要依具体问题和调查对象来确定重点单位。所谓重点单位，是就现象的数量特征而言，是在某项指标总量中占有绝大部分比重的少数单位。这些重点单位，虽然只是总体全部单位中的一小部分，但就调查标志或指标而言却有举足轻重的作用。通过对重点单位的调查，能够从数量上反映总体的基本情况。例如，我国的钢铁企业众多，钢铁产量的差别很大。其中，首钢、鞍钢、包钢、攀钢等大型钢铁企业虽然在企业数量上只是少数，但在全国钢铁总产量中却占有绝对大的比重，只要对这些重点企业进行调查，就可以基本了解全国钢铁生产的基本情况。又如，要了解棉花、木材等的生产情况，也只要对主产区进行调查就可以掌握大致的总量情况。

重点调查具有投入少、速度快的优点，可以调查较多的项目，但在推断总体指标时，如果数据搜集的任务只要求掌握现象的基本情况，而总体中又确实存在少数集中的重点单位时，才可以采用重点调查方式。

（五）典型调查

典型调查(typical investigation)是一种专门组织的非全面调查，它是根据调查目的，在对所研究的现象进行初步分析的基础上，有意识地选取若干具有代表性的单位进行调查和研究，以认识现象发展变化的规律。显然，典型调查单位的确定与其他非全面调查相比较，与调查者的主观判断与决策有关。

典型调查的主要作用在于通过典型单位的深入研究，观察与揭示事物的发展过程，具体了解现象发生的原因，并掌握现象各个方面的联系。当所选取的典型单位具有一般代表性时，典型调查的数据资料也可以成为科学推算的依据。

三、数据搜集方法

常用的数据搜集方法包括访谈法、电话调查法、网上调查法、观察法等。

1. 访谈法

访谈法(personal interview)是调查者与被调查者通过面对面交谈获得统计数据。包括室内访谈(in-house interview)、商场拦截调查(mall-intercept personal interview)等，也可以借助电脑进行访谈(computer-assisted personal interview)。

2. 电话调查法

电话调查法(telephone interview)是利用电话与被调查者进行沟通，获得资料。由于计算机的普及，通常使用电脑辅助电话访谈的方法(computer-assisted telephone interview,CATI),即通过计算机拨号,接通被调查者,再按照计算机中的问卷,向被调查者询问,并在计算机上记录答案。

3. 网上调查法

网上调查法(internet interview)是利用网络交流获得统计数据。网上调查法可以采用多种方式:一是电子邮件访谈法,即通过发送电子邮件与被调查者沟通,获得相应的调查资料;二是借助网站设置调查问卷,由被调查者自愿参与,填写问卷;三是借助各种网上聊天的方式进行访谈。

4. 观察法

观察法(observation methods)大致分为两类:一种是借助仪器的观察方法。有时不需要被调查者配合参与。例如,通过摄像设备观察被调查者的行为。有时需要被调查者参与。例如,给被调查者装上某种仪器,然后提出某些问题,观察其反映状态。另一种是不借助仪器的直接观察法。例如,对于销售商品的质量,调查者直接到达销售现场,接触商品,辨别优劣。

四、问卷设计

(一) 问卷的概念与结构

问卷是依据统计研究的目的和要求,按照一定的理论设计出来的,由一系列问题、项目、备选答案及填表说明所组成的,向被调查者搜集资料的一种调查工具。通过问卷搜集统计数据,可以使调查内容标准化、系统化,便于统计处理和分析。

问卷一般由引言、被调查者的基本情况、问题和答案、结语四个部分组成。

引言一般作为问卷的开头或说明,用以说明调查的目的和意义、调查组织者的身份和调查的主要内容等,力求引起被调查者的重视与兴趣,取得其支持与合作。引言要态度诚恳、口吻亲切,并对被调查者表示真诚的感谢。有时还要向被调查者说明问卷填写的方法和要求以及需要注意的有关事项。

被调查者的基本情况用以了解个人或企事业单位的有关基本特征,如个人的性别、年龄、婚姻、文化程度、职业、工作单位、职务或技术职称、民族等,企事业单位的行业类别、经济类型、单位规模、所在地区等。掌握这些基本情况,便于进行各种构成分析。

问题和答案是问卷的主要组成部分,包括所要了解的各个问题和相对应的备选答案。这一部分设计得如何,直接关系到问卷调查能否取得有研究价值的资料。

结语是在问卷末尾对被调查者再次表示感谢,或用以征询其对问卷设计和问卷调查的意见和感受。有的问卷也可以没有结语。

此外,如果利用计算机进行数据处理,问卷中还应该有便于计算机处理的编码。若是访问问卷,还应有工作证明的记载,即填写访问人员姓名、访问日期和被调查者合作情况等。

（二）问卷中问题的设计

问题的设计直接涉及问卷设计的质量。问题即问句，是调查者与被调查者沟通信息的直接渠道，问题设计是否准确、科学、简明易懂，将直接影响数据搜集的质量，因此问题设计是问卷设计的关键。

1. 问题的种类

(1) 根据调查内容不同，可分为事实性问题、意见性问题和解释性问题。

事实性问题要求被调查者依据现有事实来做出回答，不必提出主观看法。如“您使用什么品牌的电视机？”“您的职业是什么？”等。

意见性问题用于了解被调查者的意见、看法、评价、态度、要求和打算等，如“您喜欢××牌电视机吗？”“您对目前的职业是否满意？”等。

解释性问题用于了解被调查者的行为、意见、看法等所产生的原因，了解其真实的动机。如“您为什么要购买××牌电视机？”，“您为什么要报考××专业？”等。

事实性问题回答比较简单，统计处理比较容易，但搜集到的资料不够深入。意见性问题和解释性问题则在回答难度和统计处理难度上逐步加重，但所搜集的资料能比较深入地说明研究的问题。

(2) 根据回答方式不同，可分为开放式问题和封闭式问题。

开放式问题也称为自由回答式问题，是指不提供备选答案而需要被调查者自由做出回答的问题。例如，“您对我国目前高考制度有什么看法？”这类问题适用于事先无法列出答案或无法知道所有可能答案的情况，有利于被调查者给出不受限制或富有启发性的回答，增大回答的信息量。但这类问题回答结果的统计处理比较难，并可能掺杂不太有价值的信息，若被调查者的文化程度偏低就会难以做出回答。

封闭式问题是指已经列出所有可能答案以供选择的问题。例如，“您家现在住房面积是多少？A. $50m^2$ 以下；B. $50 \sim 80m^2$；C. $80 \sim 100m^2$；D. $100 \sim 150m^2$；E. $150m^2$以上”。这类问题适用于能一一列举全部可能答案且答案个数不多的情况，回答简单，统计处理和分析比较容易。但这类问题使回答带有一定的强迫性，得出的信息有时比较粗略（如某居民家庭住房面积 $68m^2$，在开放式回答中能给出准确回答，而在封闭式回答中只能选择答案 B，区间幅度为 $30m^2$）。有时，在问卷中还设计半封闭半开放式的问题，以取得更充分的信息。例如，“您家有数码相机吗？A. 有；B. 无；C. 若有，是什么牌子（　　）”。又如，“您的职业是：A. 教师；B. 公务员；C. 军人；D. 企业管理人员；E. 职工；F. 个体户；G. 其他（　　）”……

2. 问题设计的原则

(1) 问卷中提出的问题必须符合客观实际,即问题符合当前社会经济发展状况和科学发展水平,符合大多数人的思想意识、文化素质、语言习惯、生活水平和生活方式等。例如,我国城镇居民家庭耐用消费品在20世纪70年代以手表、自行车、缝纫机为代表;20世纪80年代以电视机、冰箱、洗衣机为代表;20世纪90年代则以空调、照相机、音响设备、电脑等为代表;进入21世纪则以各种数码产品、家用轿车等为代表,并且不同的年代对耐用消费品的理解也不一样,如果不考虑经济发展的客观实际情况,现在仍以手表、自行车等为内容来设计问题,显然不切实际。

(2) 问题不能太多。一份问卷包括多少问题,应根据调查目的、分析需要、调查对象的特点、财力物力及时间要求等综合考虑。在满足需求的情况下,问题要尽量精简,最大限度地减轻被调查者的负担,避免其产生厌烦情绪,以提高问卷的回收率和有效率。

(3) 问题必须是被调查者有能力回答的。应该避免出现难以理解和回答的问题,尤其要避免出现理论性或专业性很强的问题。例如,向普通居民提问"您认为加强国际合作有何重要意义?"或者"您认为我国物价指数的编制方法是否科学?"等问题,就有可能超出被调查者回答能力的范围。又如,向未使用家用轿车者询问每月私家车汽油消费量多少,或者需要回忆很长时间才能勉强回答的问题,都会使被调查者感到手足无措。

(4) 不要直接提敏感性或隐私性问题。由于风俗或民族习惯的不同,有些问题可能引起误会,甚至会产生民族纠纷,因此要加以避免。对于涉及个人利益和声誉的一些问题,则具有很强的敏感性和隐私性,如"您有多少存款"、"您逃过税吗"等,可能会由于被调查者的自我防卫心理或反感情绪而拒绝回答。

如果确实需要了解一些敏感性问题,就要用一些特殊的技巧方法来处理。一是释疑法,即在问题前面写上一段消除疑虑的文字,并承诺绝对保密。二是假定法,即用一个假定性条件句作为问题的前提。例如,"假定有机会重新选择职业,您是否愿意尝试?"比直接问"您想调离现在的岗位吗?"要好得多。三是转移法,即把本应由被调查者自己根据实际情况回答的问题转移成根据他人情况来回答的问题。例如,"对于学校的早操规定,有的同学认为合理,有的同学认为不合理,您同意哪一种看法?"这比直接问"您是否愿意参加早操?"要好得多。四是模糊法,即用一个答案适当模糊的问题来代替追求精确答案的问题。例如,"您每个月的收入属于下列哪一档? A. 1 000 元以下;B. 1 000～1 500 元;C. 1 500～2 000 元;D. 2 000～3 000元;E. 3 000～5 000 元;F. 5 000 元以上",这比直接提问"您每个月的收入是______元?"要好一些。

(5) 问题不能带有诱导性和倾向性,要保持客观中立。即问题不能流露出调查者本人的倾向或暗示,以免左右被调查者的回答意愿。例如,"绝大多数人认为

××同志工作做得很好，你认为呢？”这样的问题就带有明显的倾向性。在问题中应避免出现“多数人认为”、“某权威机构认为”、“专家认为”等词语。

(6) 避免提出复合性问题。一个问题只能包含一个内容，否则就会使被调查者难以回答。例如，“您喜欢广播、电视、报纸吗？”这一问题就有明显的缺陷，因为有些人可能喜欢其中的某一种或两种，这就使被调查者不知该回答“是”还是回答“否”。因此，对于复合性问题，要按询问内容进行分解。

(7) 问题的语言要通俗易懂、标准规范。一个问题对每个被调查者而言都只能有一种解释，问题中用语的含义必须清楚明确。例如，“您是否经常看电视？”这一问题中，“经常”的标准是什么？对于不同的被调查者可能引起歧义。因此，设计问题时要避免含义不明确、概念不清楚、容易引起不同理解或过于抽象的词语，也不能随意使用缩略语。

(8) 问题的排列要有逻辑性。一般而言，问题的排列应该先易后难；先事实性问题，再意见性问题和解释性问题；先封闭式问题，再开放式问题。在调查内容的时间上，应该先过去，再现在，后未来。问题与问题之间要注意内在联系，要有严密的逻辑性。

3. 问题答案的设计

(1) 问题答案的设计形式。

问题答案的设计是针对封闭式问题而言，是问卷设计的另一个主要内容。常用的问题答案的设计形式有以下几种：

第一，是否式。即问题只有两个相对立的答案可供选择，如“是”与“否”；“有”与“无”；“同意”与“否定”等。被调查者只需从中选择其一即可。例如，“您家有电脑吗？A. 有；B. 无”。这种设计回答容易、统计处理方便，但不能表达出被调查者行为或意见的程度差别。例如，对于回答有电脑的家庭，有的有一台，有的则可能有两台或更多台，电脑的品牌、规格、型号等也不一样。这些差异在是否式设计中难以体现。这种设计只适合于询问简单的事实或看法。

第二，多项式。即该问题有三个及三个以上的答案可供选择，由被调查者从中选择一个或几个作为回答。例如，“您夏天喜欢喝什么饮料？A. 开水；B. 矿泉水；C. 纯净水；D. 碳酸饮料；E. 果汁；F. 茶水；G. 其他______”，备选答案有七个，由被调查者从中选择一个或多个。多项式设计的回答和统计处理都比较容易，但要列出所有可能的备选答案往往有一定困难(不能太多)。因此，常把分散的、选择概率小的一些选项合并为“其他”来处理。

第三，顺序式。即要求被调查者对问题的备选答案，按照重要程度或喜爱程度排出先后顺序，做出比较性回答。举例如下：“请您对下列不正之风按严重程度以1，2，3…的顺序加以排列：□用公款满足个人消费；□公款送礼；□拉关系走后门；□官僚主义；□拉帮结派；□其他______。”这种设计便于被调查者进行衡量比较，排出先后顺序，比多项式能够了解到更多的信息。但它难以体现答案之间的差异大小，并且当备选答案较多时，各答案在问卷中的位置也会对被调查者产生一定影响。

第四，程度评价式。这是一种观念计量的方法，所得结果即为定类数据。一般说来，对间距列出几个不同程度的答案，并对每一个答案事先按顺序给分，相邻答案的分差相等，由被调查者从中选择一个答案来表达他对事物的感受程度。例如，“您对目前的工作环境是否满意？A. 很满意；B. 满意；C. 一般；D. 不满意；E. 很不满意”。

(2) 答案的设计原则。

第一，所列答案应包括所有可能的回答内容。只有将全部可能的答案列出，才能使每个被调查者有答案可选，不至于因为无合适答案而放弃回答。为防止答案遗漏，可用“其他”作为弥补选项。

第二，不同答案之间不能相互包含。一个问题所列出的各个答案必须互不相容，互不重叠，否则被调查者可能做出有重复内容的双重选择，影响调查效果。例如，“您喜欢阅读哪类图书？A. 文学艺术类；B. 自然科学类；C. 社会科学类；D. 经济管理类；E. 会计类；F. 统计类”，这一设计中，有关答案之间就相互包容了，因为会计类属于经济管理类或社会科学类，因此被调查者难以做出准确的回答。

第三，答案的表达必须简单易懂、标准规范。一是要尽可能简单明确；二是要用标准规范的语言，不使用晦涩难懂的词语；三是分类要符合通用标准和一般惯例，如职业分类、产业分类等。

（三）问卷中量表的设计

量表是用于测量被调查者对某些复杂问题的态度、看法的反映强度，它是设计问卷答案的常用方式。

1. 单问题量表

把单选问题的备选答案量化，就得到单问题量表，仅反映被调查者对一个问题的态度。例如，你认为大学扩招对大学生就业的影响：

非常大	大	一般	不大	几乎无影响
5	4	3	2	1

单问题量表也可以采用连续评分的形式，即采用 0 到 100 的刻度，评分更加详细，称为连续评分量表。

2. 分项评分量表

单问题量表只涉及一个单选问题，如果量表涉及多个关联的单选问题，就称为分项评分量表(itemized rating scale)，也称为 Likert 量表。其答案通常是 5 级，有时也用7级或9级，但通常不少于5级、不高于9级。分项评分量表的多个单选问题必须是有关联的。如表2-1所示。

表2-1 某宾馆关于顾客满意度调查的一个分项评分量表

问题	很满意	满意	一般	不满意	很不满意
您对本宾馆的住宿条件	5	4	3	2	1
您对本宾馆的餐饮质量	5	4	3	2	1
您对本宾馆的服务态度	5	4	3	2	1
您对本宾馆的环境设施	5	4	3	2	1

分项评分表的特点是所有的分项共同组成一个总项，分项的得分加总后就得到总项的得分，因此又称其为加总量表或求和量表。

3. 比较型量表

比较型量表一般是"两两比较量表"或"配对比较量表"(paired comparison scaling)，如表2-2所示。

表2-2 影响高校知名度的主要因素的两两比较量表

因素	历史传统	学术水平	师资力量	校园文化	学生素质
历史传统					
学术水平					
师资力量					
校园文化					
学生素质					

4. 等级顺序量表

如果答案不要求两两比较，而是要求对其重要性进行排序，就称为等级顺序量表(rank-order scaling)，如表2-3所示。

表2-3 影响高校知名度的主要因素的等级顺序量表

被比较因素	重要性等级
历史传统	
学术水平	
师资力量	
校园文化	
学生素质	

五、数据搜集方案的设计

统计数据的获得是一项复杂的工作，必须有计划、有组织地进行才能达到预期目标。因此在搜集数据之前，必须事先设计一个周密的调查方案。一般而言，统计数据搜集方案应包括以下一些内容。

（一）明确调查目的

调查目的是指所搜集的数据用以研究和解决什么问题，对所研究的现象需要达到什么样的认识。由于任何现象都可以从不同角度、不同方面搜集数据，因此，只有明确调查目的，才能确定需要搜集什么数据、向谁搜集数据以及如何搜集数据等问题。

调查目的一定要具体明确，不能过于笼统。例如，不能将调查目的笼统地表述为“调查中国农业问题”，农业问题包括的范畴较宽，涉及的方面很广，应该具体明确地表述出“农村经济结构”或者“农民收入问题”等，以便搜集资料和进行统计分析。

（二）确定调查对象和调查单位

有了明确的调查目的，可以据此确定调查对象。调查对象就是所要研究的现象总体。只有对象明确，才能使数据的搜集有明确的范围。调查单位则是指构成调查对象总体的每一个体。例如，要研究工业企业的经济效益，就需要取得工业企业的总产值、利润额、劳动生产率等有关资料，因此，一定地区范围内的所有工业企业就构成了调查对象，而每一个工业企业则是一个调查单位。但是，有时调查结果不必直接由调查单位本身提供。例如，要了解某市小学教师的福利分房状况，则各位教师的住房类型、住房面积等数据可由学校提供，而不必直接由教师本人来提供。因此，统计数据的调查单位与提供单位有时是不一致的，应该分别加以明确。

（三）确定调查项目

调查项目就是所要调查的具体内容，即调查单位的基本标志，由一系列品质标志和数量标志组成。调查项目可以设计成调查问卷或调查表。前面已经介绍了调查问卷的设计方法，这里主要介绍调查表的设计。

把所要调查的各个项目按一定顺序排列在相应的表格上，就称为调查表（或登记表、记录表）。利用调查表可以清晰有序地填写需要搜集的资料，以便进行汇总和整理。

在具体应用中，调查表有单一表和一览表两种形式。单一表是每个调查单位填写一份表，可容纳较多标志，一般用于调查项目较多的情况。一览表是把许多调查单位填写在一张表上，在调查项目不多时比较简便。选择单一表还是一览表，应从具体情况出发，根据研究目的、调查对象的特点和调查项目的多少而定。

也有人认为，调查问卷属于一种特殊的调查表，可归类于单一表，在统计数据的搜集中具有重要的作用，如前所述，如何设计一份好的问卷，既是技术性问题又是艺术性问题。

（四）确定数据搜集的方式与方法

采用什么样的数据搜集方式与方法，直接关系到能否及时、准确、完整地搜集到所需要的统计数据，还涉及所需投入的人力、物力和财力。因此，一定要根据研究目的、总体情况、相关条件和数据搜集的需要，选择最合适的搜集方式与方法。例如，某企业要想了解本企业产品的市场占有率和消费者的使用意见，可以采用抽样调查方式和问卷调查方法；若想了解不同包装对产品销售的影响，可以采用实验方式和直接观察法。

（五）确定数据所属的时间和调查期限

事物是发展变化的，在不同的时间有不同的数量表现，因此，在统计数据的搜集过程中，必须明确每一项数据所属的时间，这也是统计指标时间界限的体现。对于时期数据，要明确数据的起止日期；对于时点数据，要规定统一的标准时点。调查期限，则是指完成数据搜集活动的起止时限，对其加以明确的规定，是保证统计数据搜集及时性的需要。

第三节　获得数据的实验方式

一、实验方式的基本概念

（一）获得数据的实验方式的概念及优越性

获得数据的实验方式，是指为了获得特定数据，通过对参与者类型的合理设计、对数据产生条件的合理设计、对数据产生过程的合理设计而获得数据的方式。

通过实验方式获得数据有许多好处：

一是可以获得在真实状态下用调查方式无法获得的某些数据。由于调查方式不对数据产生的条件实施控制，因而只要某些条件在现实中尚未出现，用调查方式就无法得到这些条件下出现的数据，而用实验方式就可能得到这些数据。

二是可以在一定程度上直接观察到某些变量之间的相关关系，甚至因果关系。例如，不同汽油添加剂对增加汽车行程的作用，在被考察对象的自然状态下是难以准确获得的，因为使用汽油添加剂的汽车型号不同、行使的道路不同、路上的交通状况不同等因素都会影响观察汽油添加剂的效果。因此，在实验中将不同的汽油添加剂作为一个变量，汽车行程作为另一个变量，通过实验设计就可以直接观察到这两个变量之间的因果关系。类似地，我们还可以改变实验条件的控制方式，观察不同汽油添加剂最适用于哪些汽油型号。

三是可以获得在问卷调查中难以获得的诚实回答的数据。

（二）实验的原则

在实验中所考察因素的各种不同表现称为各种状态。对于非考察因素要加以控制，使之保持不变的状态。因此，实验方式是一种有控制的观测。例如，为了解改变商品的包装会对商品销售量产生什么影响(采用新包装前后的商品销售量有什么差异)，就需要保持价格、质量、功能等因素不变。运用实验方式搜集数据需要遵循下列两个原则。

1. 均衡分散性原则

均衡分散性原则是指所进行的实验应该能把所观测的因素及其状态均衡地分散在因素与状态的所有可能的配合之中，以保证实验结果具有较强的代表性。因为，若实验仅集中于部分状态的特定配合之上，那么实验结果就可能具有某种偏差，不能全面准确地反映所考察因素与所研究现象之间的因果关系。当所考察因素较少及每个因素的状态也不多时，可以对因素和状态的全部配合进行一次或若干次实验。当所考察因素很多及每个因素的状态也很多时，要对所有可能的因素与状态的配合都进行实验是不太可能的。例如，假设影响商品销售量的因素有价格、款式、包装、质量、替代品、售后服务等六个因素，每个因素又有三种状态(如价格有三种，款式有三种等)，则所有可能的配合种类有 $3^6=729$ 种，显然要进行 729 次实验是不太可能的。这时就需要在各个因素和状态的全部配合中随机抽取一部分配合进行实验，为保证实验的配合具有代表性，就需要进行巧妙的设计和安排，使所抽取的配合均衡地散布在全部配合之中。

2. 整齐可比性原则

整齐可比性原则是指实验考察某个因素的各个状态对所研究现象的影响时，其他因素应保持不变的状态，以便保证最大限度地排除其他因素的干扰，从而对所考察因素不同状态的效应进行比较。例如，上述例子中固定价格、质量、功能等因素，仅考察旧包装与新包装对商品销售量的影响，就是整齐可比性原则的体现。这时所考察的因素是包装，所考察的两种状态是旧包装和新包装。当所考察因素和状态较少时，容易满足整齐可比性原则；当所考察因素和状态较多时，就要通过巧妙设计和安排来达到整齐可比性要求。

二、常用的实验设计方式

在科学实验中，被实验者叫做实验观测个体，如学生心理实验中的被观测学生、商品销售量实验中的被观测商店等。如何确定所考察因素与状态的配合使所实验观测的个体(构成样本)具有代表性，是实验设计的基本问题。常用的实验设计有以下几种：完全随机实验、随机区组实验、拉丁方实验和正交实验。

(一) 完全随机实验

完全随机实验是采用纯随机抽样方式，将各实验观测个体随机地安排到所要实验的因素状态配合中。例如，某种饮料有 4 种包装方式：玻璃瓶、易拉罐、塑料瓶和方纸盒，现拟在某市的 20 个商店进行试销，以研究不同包装对销售量的影响，则可以把 20 家商店随机安排到 4 个不同的包装(4 种状态)上，即每种包装在 20 家商店中随机抽取 5 个商店进行试销观测。又如，某厂生产 A、B 两种配方的洗发精，每种配方又有香型与普通型两个款式，拟在某市 20 个商店进行试销，也可以采用纯随机抽样方式，这时所考察因素和状态都有 2 个，共有 A 配方香型、A 配方普通型、B 配方香型和 B 配方普通型四种配合，每种配合可以从 20 个商店中随机抽取 5 个商店进行实验。很显然，完全随机设计可满足上述的两个原则。

(二) 随机区组实验

随机区组实验是当各实验观测个体之间存在较大差异而将影响到实验结果时，先将实验观测个体进行分类，一个类作为一个区组，以便缩小类别内个体之间的差异。然后将区组中的各实验观测个体随机地分配到各个所要实验的因素状态配合之中。这样做的目的是为了客观判断所研究事物的变化是由因素状态的差异所引起，还是由实验观测个体本身的差异所引起。例如，若上述的 20 家商店在规模、格式、地理环境等方面相差甚大，那么用完全随机实验的结果就可能说明不了什么问题。这时，就应将这 20 家商店按规模大小等分成几个区组，如分成 5 个区组，每个区组 4 家商店，区组内的商店相似或相差不大，然后在每个区组随机确定一家商店试销某种包装的饮料或某种配合的洗发精，这样每种包装或配合的商品都有从大到小 5 家商店进行试销，从而排除了商店规模大小等因素对商品销售量的影响。特殊情况下，若所要考察的因素状态配合只有两种情形，则可将实验观测个体配成若干对由两个相近个体所组成的组合，每对组合随机抽取一个个体，用于实验一种因素状态配合，这种实验方法称为配对实验。由于配对实验时两个观测个体分别在进行一种因素状态配合实验，两者相互对照，因而能最大限度地排除实验观测个体之间差异的影响，保证实验数据的整齐可比性，给数据的分析也带来了极大的方便。

（三）拉丁方实验

所谓拉丁方，就是将一组元素编排成行与列相等且每个元素在各行各列都出现且只出现一次的正方形方格。由于主格中的元素常以拉丁字母表示，所以称为拉丁方。例如，四个元素的标准型拉丁方（第一行与第一列都以 A，B，C，D 的顺序排列）为

A B C D

B A D C

C D A B

D C B A

但在实验观测时，所能考察的因素只有三个，即一个要研究的因素，两个不可控的因素，并且要求每个因素的状态数必须相等（如都有三个状态或四个状态），各因素之间不存在相互影响。两个不可控因素的状态构成拉丁方的行与列，行与列的交叉点即为元素。在实际应用中，拉丁方实验通常用以研究人们真正关心的因素只有一个，但只存在其他两个不可控因素影响的情形。例如，国有资产管理部门拟在国有工业企业中实验三种企业管理模式，考虑到企业规模的大小和行业的不同，可能会对不同管理模式的效果产生不同的影响，将工业企业划分成轻工业、重工业和化学工业三种行业，每种行业再按企业规模划分成大、中、小三种类型，形成 3×3＝9 个区组，要在每个区组中抽取一个或若干企业作为实验观测个体，就可按 3×3 拉丁方来安排实验。设上述三种行业分别为 A_1、A_2、A_3，三种规模类型企业分别为 B_1、B_2、B_3，三种管理模式分别为 C_1、C_2、C_3，则各种企业管理模式在不同行业和规模企业中的配置，如表 2-4 所示。

表 2-4 企业管理模式的拉丁方实验

企业	A_1	A_2	A_3
B_1	C_1	C_2	C_3
B_2	C_2	C_3	C_1
B_3	C_3	C_1	C_2

表 2-4 中每一格相当于一个实验，共有 $A_1B_1C_1$，$A_1B_2C_2$，$A_1B_3C_3$，$A_2B_1C_2$，$A_2B_2C_3$，$A_2B_3C_1$，$A_3B_1C_3$，$A_3B_2C_1$，$A_3B_3C_2$ 这 9 种实验配合。每种实验配合可在一个企业中实验，也可在多个企业中实验。这种安排，使各种企业管理模式不仅在每个行业中都有一次搭配，而且在每种规模类型中也都有一次搭配，因而符合均衡分散性和整齐可比性原则。与完全随机实验相比，拉丁方实验可以减少实验次数，在本例中，最少只需实验 9 次（即每种实验配合实验一次），而完全随机实验至少要

实验 $3^3=27$ 次。

（四）正交实验

正交实验是利用正交表来安排实验。所谓正交表就是由 1,2,3,4 等字码元素构成的，任意两列的同行元素对都可以形成出现次数相同的完全对的矩阵表。例如，表 2-5 就是由 9 个横行、4 个纵列、3 个字码组成的正交表，表示为 $L_9(3^4)$。列数表示最多能安排的因素数，行数表示实验的次数或实验单位数，字码数表示每个因素的状态数。$L_9(3^4)$表示能考察 4 个因素，每个因素都有 3 种状态，共需实验 9 次。

表 2-5 正交表 $L_9(3^4)$

	1	2	3	4
1	1	1	3	2
2	2	1	1	1
3	3	1	2	3
4	1	2	2	1
5	2	2	3	3
6	3	2	1	2
7	1	3	1	3
8	2	3	2	2
9	3	3	3	1

正交表有两个特点：一是每一列中各种字码出现的次数相同。例如，$L_9(3^4)$中每列都有三个 1、三个 2 和三个 3。二是任意两列同行字码所组成的字码对都成为完全对且每对字码出现次数相同。例如，$L_9(3^4)$中任意两列都有(1,1)、(2,1)、(3,1)、(1,2)、(2,2)、(3,2)、(1,3)、(2,3)、(3,3)九对数码组合，且每对都只出现一次。这表明正交实验符合均衡分散性和整齐可比性的原则。

正交实验的优点是可以大大减少实验次数，节省实验时间和经费。例如，对于要考察 4 个因素，每个因素有 3 个状态的情况，采用正交实验只实验 9 次即可，即 $L_9(3^4)$，若采用完全随机实验，则至少要实验 $3^4=81$ 次。因此，正交实验在生产管理、科学实验和市场研究中都有十分广泛的应用。

第四节 统计数据的整理

一、统计数据整理的含义与步骤

(一) 统计数据整理的含义

所谓统计数据整理,是指根据统计研究目的,对搜集到的数据进行科学的加工处理,使之条理化、系统化,以便反映研究对象总体的数量特征,满足统计分析的需要。统计数据整理包括两个方面:一是对原始数据的整理,即通过分组和汇总,使大量的、零散的、反映个体特征的数据,转化为综合的、反映总体特征的数据;二是对二手数据的再整理,即通过新的分组、计算或各种必要的调整,使之满足新的需要。本节主要介绍第一种情况。

(二) 统计数据整理的步骤

在整个统计研究过程中,统计数据整理起着承上启下的作用,既是数据搜集的继续,又是数据分析的开始。统计数据整理包括以下几个步骤:统计数据预处理、统计分组和汇总、统计数据的显示。

1. 统计数据预处理

统计数据预处理是统计整理的先行步骤,是在统计分组、汇总前进行数据审核、数据筛选和数据排序等。

(1) 数据审核。数据审核对于原始数据来讲,主要是检查其完整性和准确性,确保数据的质量。其中完整性审核是检查所搜集的数据是否有遗漏,项目是否有缺失;准确性审核是检查所搜集的数据是否存在差错,是否符合客观实际,检查的方法有逻辑检查和计算检查等。对于二手数据的审核,除了检查其完整性和准确性外,还要检查其适用性和时效性,即弄清二手数据的来源、口径及相关背景,判断是否符合本次统计分析研究的需要,是否已经过时、是否需要再加工等。

(2) 数据筛选。数据筛选是指通过数据审核后,剔除那些明显不符合要求或有明显错误而又难以弥补、纠正的数据。

(3) 数据排序。数据排序是指为了发现所搜集数据中的某些特征或规律,寻找某些有用的线索,或检查纠正原始数据中的差错,而将原始数据按一定的顺序加以排列。例如,定性数据按英文字母顺序、拼音字母顺序、汉字笔画多少等排序,定量数据按数值大小顺序排列等。排序可以是升序,也可以是降序。

2. 统计分组和汇总

统计分组和汇总是统计整理的关键步骤,就是要根据统计研究的目的和研究对象的特点,通过科学选择分组标志和科学确定分组界限,将观测的个体及其原始数据进行归类，借助必要的数据处理方法和工具，汇总计算出有关的统计指标。在这一步骤，进行统计分组并形成频数分布是主要内容。

3. 统计数据的显示

统计数据的显示是表现统计整理的结果，即把统计分组和汇总后的数据，用适当的统计表、统计图显示出来，直观、准确、清楚地表达出现象总体的有关数量特征，便于进行统计分析。

二、统计分组

（一）统计分组的含义与性质

1. 统计分组的含义

统计分组就是根据统计研究的目的和现象本身的特点，选择一定的标志（一个或多个），将研究现象总体划分为若干性质不同的组或不同的类别。例如，研究人口总体，除了知道人口总数外，还经常按照性别、年龄、民族、文化程度、职业等标志进行分组，以便通过不同的人口结构对人口总体有更全面、更深入的了解和认识。

统计分组在揭示现象所属类型（如国民经济行业类型、企业所有制类型），了解总体内在结构（如人口结构、产业结构），分析现象之间关系（如居民收入与消费的关系、施肥量与农作物产量的关系）等方面，具有重要的作用。

2. 统计分组的性质

(1) 统计分组兼有分与合的双重功能，是分与合的对立统一。对总体而言是“分”，要把总体划分为若干性质不同的部分；对个体而言是“合”，要把性质相同的个体归入同一组中。

(2) 统计分组必须遵循“穷尽原则”和“互斥原则”。即现象总体中的每一个体都必须而且只能归属于某一个组，不能出现遗漏或重复。

(3) 统计分组的目的是要在同质性的基础上研究总体的内在差异性。分组时要尽量体现出分组标志的组间差异而缩小其组内差异，因此，统计分组无论体现的是空间差异、时间差异、数量差异还是属性差异，归根结底是要客观反映各组之间本质特征的差异。

(4) 统计分组在体现分组标志的组间差异的同时，却可能掩盖了其他标志的组间差异，任何一个统计分组都有一定的局限性。因此，对同一个总体应该按多个不同的标志进行分组。

(5) 统计分组的关键是分组标志的选择和分组界限的确定。如果分组标志选择不当或分组界限不合理，就会混淆事物的性质，难以客观反映现象总体的特征。因此，分组标志的选择是核心问题，必须根据研究目的，选择最能体现现象本质的标志作为分组的标志。

（二）统计分组的种类

1. 统计分组按照分组标志的多少，分为简单分组与复合分组

简单分组是指对总体只按一个标志进行分组，只反映总体某一方面的分布状况和内在结构。例如，人口总体只按性别标志，或只按年龄标志分组，就属于简单分组。若总体按若干个标志分别进行简单分组，就成为平行分组体系。

复合分组则是对总体同时按两个或两个以上的标志进行交叉层叠式的分组，即先按第一个标志进行分组，然后各组再按第二个标志分成小组，各小组再按第三个标志分成更小的组，如此下去，直至完成所有标志的分组。

复合分组有利于我们更深入、更具体地分析现象总体的内在关系，但分组标志也不宜过多，因为其组数是成倍增长的，会给分组结果的表达造成困难，有时也不利于形成总体的认识。例如，表 2-6 是两个标志的复合分组表。

表 2-6　某地区 100 个企业复合分组表

产值/万元	企业数/个				
	国有	私有	外商	其他	合计
500 以下	10	6	4	5	25
500～1 000	6	4	4	8	22
1 000～2 000	6	3	10	7	26
2 000 以上	8	2	12	5	27
合　计	30	15	30	25	100

2. 统计分组按分组标志的性质不同，分为品质分组和数量分组

品质分组是指总体按一个或几个品质标志进行分组，并在品质标志变异的范围内，划定各组的性质界限，根据每个个体的标志表现将其归入不同的组。

品质分组有的比较简单，因为分组标志一经确定，各组的名称、界限和组数也就随之确定。例如，人口总体按性别分组，高校教师按职称分组等。但有时品质分组也很复杂，主要是组的界限难以确定。例如，国民经济按部门(行业)划分，劳动者按职业划分，人口按城乡划分等，都比较复杂，具体分组要根据实际情况而定。对于这些比较复杂的品质分组，在政府统计中一般称为统计分类，并制定了统一的统计标准分类。

数量分组是指总体按一个或几个数量标志进行分组，并在数量标志变异的范围内，划定各组的数量界限，根据每个个体的标志表现(标志值或变量值)把它们分别归入不同的组中。数量分组是反映总体内部数量差异的重要方法之一，其难点是合理确定各组间的数量界限和分组数，在组距式分组中还要合理确定组距。数

量标志分组的结果可以形成变量数列。

三、频数分布

（一）频数分布的概念与种类

在统计分组的基础上，将总体中的所有个体按组归类排列，并计算出各组的汇总数，就形成频数分布，或称为频数分布数列。分配在各组的汇总数，称为频数或次数，各组频数或次数之和称为总频数或总次数，各组频数与总频数之比称为频率，一般称其为比例。

将各组的变量值按照一定顺序排列，并给出各组的频数、频率，就形成频数分布。频数分布是统计数据整理的重要工具，可以表现总体分布的特征。频数分布数列有两个构成要素：由变量值形成的各个组和各组的频数或频率。

频数分布按分组标志的性质不同可以分为两种，即按品质标志分组的品质分布数列和按数量标志分组的变量分布数列，后者简称变量数列。如表 2-7 即品质分布数列，表 2-8 即变量数列。

表 2-7　2007 年某高校在职教师职称分组表

按职称分组	人数/人	比例/%
助教	60	6
讲师	190	19
副教授	500	50
教授	250	25
合计	1 000	100

表 2-8　2007 年统计专业入学新生年龄分组表

按年龄分组	人数/人	比例/%
16	1	2
17	5	10
18	30	60
19	10	20
20	4	8
合计	50	100

（二）变量数列的编制

在统计研究中，变量数列是主要形式，根据各组变量值的表现形式不同，又分为单项数列和组距数列两种。

单项数列即在变量数列中，每组只用一个变量值表示。单项数列适合于表现变量值变动范围不大的离散型变量的分布特征。对于某些可以取整数的连续型变量（如年龄），如果变量值的变化范围不大（如高校学生年龄的变动范围一般不大），也可以编制单项数列，如表 2-8 所示。

组距数列是在变量数列中，每组用两个变量值即变动区间来表示。变量值处于同一个区间范围的个体属于同一个组，区间的长度就是组距。表 2-9 就是一个组距数列。组距数列适合于表现连续型变量，或变量值变动范围较大的离散型变量的分布特征，因为当变量值较多时，如果每一个变量值设为一组，那么组数便会很多，分组过于分散，难以体现总体的分布特征，给分析研究带来极大不便，因而需要编制组距数列。

编制组距数列时，要将所有个体按变量值大小顺序排列，根据需要划分为几个区间，确定各区间的最大值和最小值，然后列出各区间所包含的频数或比例。编制组距数列的具体步骤如下。

1. 确定组数与组距

在组距数列中，各组变量值区间的最大值称为上限，最小值称为下限，上限与下限之差就是组距。所划分的区间数，称为组数。

组距的大小与组数的多少成反比。组距大小与组数多少要能够体现各组之间的差异，并反映总体分布的特征和规律。在一般情况下，5～9 组比较适宜。美国学者斯特杰斯曾提出一个确定组距与组数的经验公式，即如果总体大致呈正态分布，那么就有

$$n = 1 + 3.322\log N \tag{2-1}$$

$$d = \frac{R}{n} \tag{2-2}$$

式中：n 为组数；N 为总体单位数（总频数）；d 为组距；R 为总体全距，即总体中最大变量值与最小变量值之差。式(2-1)是经验公式，在实际中比较常用的是式(2-2)。

在变量数列中，最大变量值、最小变量值的确定最好取包含全部数据的整数(5或 10 的倍数)，即确定的最小值要小于实际最小值，确定的最大值要大于实际最大值。

在组距数列中，如果各组的组距相等，称为等距数列。如果各组的组距不相等，则称为异距数列。一般而言，当变量值分布比较均匀时，可采用等距数列，因为等距数列简单明了，便于计算分析，也便于绘制统计图。当变量值分布很不均匀，

或者为了反映现象的特殊分布规律时，应该采用异距数列，以便客观反映总体的分布特征。例如，一个国家的人口总体按年龄分为0～14、15～64、65岁以上三组，分别表示少儿组、劳动力年龄组和老年组，该异距分组可以分析人口的社会负担状况，按此分组计算少儿人口与老年人口之和占全部人口的比例，称为社会负担系数。

2. 确定组限

在组距数列中，必须划定各组的数量界限即组限。组限的确定除了要区分现象的性质和体现总体分布特征外，还需要注意以下几点：

第一，最小组的下限应略低于总体的最小变量值，最大组的上限应略高于总体的最大变量值，使之成为整数构成的区间。

第二，连续型变量的各组组限必须重叠，以防分组时出现遗漏某些个体的现象。为了明确变量值正好等于组限的个体的归属问题，我们采用“上限不在本组内”的原则，即各组包含下限变量值的个体而不包含上限变量值的个体。对于离散型变量，习惯上也采用组限重叠的分组方法。

第三，有时最小组只有上限而没有下限，最大组只有下限而没有上限，这样的组称为开口组，表示为“××以下”或“××以上”。开口组的组距一般按相邻组的组距加以确定，并据此确定相应的下限或上限。

第四，组中值的计算。组中值是代表各组变量值一般水平、平均水平的数值，是各组上限与下限的平均数。组距数列在体现各组组间差异以及反映总体分布特征和结构的同时，也掩盖了各组内部的差异，所以组中值是在假定各组内均匀分布的一个近似平均值。开口组的组中值按照相邻组确定组距、组限后再加以计算。

3. 根据分组整理成频数分布表

下面举例说明组距数列的编制方法。例如，某车间60名工人生产产品数如下：

108	131	125	123	122	120	126	122	124	122
110	118	123	126	133	134	127	123	118	124
112	134	127	123	122	120	120	123	127	120
137	114	120	128	124	115	122	128	124	121
117	122	124	129	139	107	117	130	122	122
118	122	125	123	120	120	113	123	124	106

第1步，找出最小值与最大值，即106与139；

第2步，确定最小组下限与最大组上限，即105与140；

第3步，计算全距，$R=140-105=35$；

第4步，确定组数和组距，组距最好是5或10的倍数，按式(2-2)确定组距为5，组数为7；

第5步，汇总各组人数，编制统计表，如表2-9所示。

表 2-9　某车间 60 名工人生产产品数分组表

按产品数分组	频数/人	频率/%
105～110	3	5.00
110～115	4	6.67
115～120	6	10.00
120～125	30	50.00
125～130	10	16.67
130～135	5	8.33
135～140	2	3.33
合　计	60	100.00

四、数据结构的基本特征

（一）频数与频率

如上所述，对总体进行统计分组，按顺序列出各组的组别及频数，即频数分布，或称次数分布。根据频数计算出相应的频率，就形成频率分布，一般用百分比表示。频率分布有两个基本性质：一是各组频率都是介于 0～100%的百分数，即大于 0 而小于 100%；二是各组频率之和等于 100%。

频率分布可以比频数分布更好地体现出总体的分布特征。如表 2-9 中的频率分布显示，有 30 名工人生产的产品数为 120～125 件，占 50%；生产量最少的即 105～110 件的工人数只有 3 人，占 5%；生产量最多的即 135～140 件的工人数只有 2 人，占 3.33%。

（二）累计频数与累计频率

在频数分布的基础上，将各组频数依次累计相加，就形成累计频数分布。各组累计频数与总频数之比，或直接将各组频率依次累计相加，就形成累计频率分布。

累计分布有向下累计分布与向上累计分布两种。向下累计分布是将各组的频数或频率由变量值小的组向变量值大的组依次累计，累计结果分别说明各组上限以下的累计频数或累计频率的分布状况。当累计到最后一组时，其累计频数等于总频数，或累计频率等于 100%。如表 2-10 所示，生产产品数在 125 件以下有 43 人，占 71.67%。向上累计分布是将各组的频数或频率由变量值大的组向变量值小的组依次累计，累计结果分别说明各组下限以上的累计频数或累计频率的分布状况。在表 2-10 中，生产产品数在 125 件以上有 17 人，占 28.33%。

表 2-10 某车间 60 名工人生产产品数分组表

零件数分组	频数/人	频率/%	累计频数		累计频率	
			向下累计	向上累计	向下累计	向上累计
105～110	3	5.00	3	60	5.00	100.00
110～115	4	6.67	7	57	11.67	95.00
115～120	6	10.00	13	53	21.67	88.33
120～125	30	50.00	43	47	71.67	78.33
125～130	10	16.67	53	17	88.34	28.33
130～135	5	8.33	58	7	96.67	11.66
135～140	2	3.33	60	2	100.00	3.33
合　计	60	100.00				

第五节　统计数据的显示

当统计数据整理完成后，就要将数据显示出来，常用的统计数据显示有两种形式，即统计表和统计图。

一、统计表

（一）统计表的概念与结构

统计表是统计数据显示的一种重要形式。经过汇总整理的统计数据，按一定的顺序排列在相应的表格内，就形成统计表。广义的统计表还包括统计调查表和统计分析表。统计表具有简明扼要、一目了然的特点，可以清楚地显示统计数据，直观地反映统计分布特征和各部分之间的关系，便于进行对比、计算并进行统计分析，并且便于保存统计数据。

从表式上看，统计表是由纵横交错的线条所构成的一种表格，包括总标题、行标题、列标题和数字资料四个部分。

总标题是统计表的名称，概括地说明统计表的基本内容、时间和范围，它置于统计表的正上方。行标题表示横行内容的名称，可以是总体、个体，也可以是组或时间，一般置于表的左方。列标题是纵栏的名称，说明纵列的内容，一般置于表的右上方。数字资料列在行标题与列标题的交叉处，用以表明总体及其组成部分的数量特征，列在表的右下方，是统计表的核心部分。具体表式如表 2-11 所示。

表2-11 2005年我国三次产业增加值及增长情况表 ← 总标题

产业	增加值/亿元	比例/%	比2004年增长率/%
第一产业	22 718	12.46	5.20
第二产业	86 208	47.28	11.40
第三产业	73 395	40.26	9.60
合计	182 321	100.00	9.90

列标题　行标题　数字资料　主词　宾词

从内容上看，统计表由两部分组成：主词和宾词。主词是统计表所要说明的总体及其组成部分，一般列于表的左方，即横行标题。宾词是用以说明总体及其组成部分数量特征的各种统计指标，一般列于表的右方，即列标题和指标数值。

此外，有些统计表还包括表外附加部分，如资料来源、注释、填表单位、填表人和填表日期等内容。

（二）统计表的种类

1. 按用途分类

广义的统计表可分为调查表、整理汇总表和分析表。

调查表即在调查阶段用于登记调查项目的表格，包括单一表和一览表，调查问卷也可以作为调查表的一种特殊形式。

整理汇总表即在统计整理阶段使用的表格和用于表现统计汇总或整理结果的表格。

分析表即用于统计分析的表格，这类表格往往与整理表结合在一起成为整理表的延续。

2. 按标志设计分类

统计表按照是否分组以及分组标志多少，可以分为未分组表、简单分组表和复合分组表三种。

未分组表是指未进行任何分组的统计表，即主词只按一定顺序罗列总体中每个个体的名称，或者将主词按时间顺序简单排列，如表 2-12 所示。

表 2-12 2007 年某企业统计指标 单位:万元

月份	总产值	销售收入	利润
1	2 300	2 200	500
2	2 500	2 500	600
3	2 360	2 400	580

续表

月份	总产值	销售收入	利润
4	2 280	2 300	500
5	2 810	2 800	700
6	3 000	3 160	720
7	3 010	3 080	635
8	3 300	3 165	690
9	3 200	3 120	680
10	3 400	3 500	800
11	3 300	3 400	800
12	3 400	3 480	820

简单分组表是只按一个标志分组的统计表，表 2-7、表 2-8 和表 2-9 都是简单分组表。

复合分组表是指按两个或两个以上标志分组的统计表，可以利用多个标志结合起来对总体进行分组，以便进行更深入细致的分析研究。表 2-6 即是复合分组表。

3. 按宾词设计分类

统计表按宾词设计不同可分为简单排列、分组平行排列和分组层叠排列三种。

简单排列是指宾词不作任何分组，按一定顺序排列在统计表中，如表 2-13 所示。

表 2-13 "十五"时期我国货物进、出口额 单位：亿元

年份	出口额	进口额
2001	22 024.4	20 159.2
2002	26 947.9	24 430.3
2003	36 287.9	34 195.6
2004	49 103.3	46 435.8
2005	62 648.1	54 273.7

分组平行排列是将宾词中的不同标志各自分开作平行排列，不互相重叠，如表 2-14 所示。

表 2-14 1990～2005 年我国就业人员分组表 单位:万人

年份	按城乡分组		按产业分组		
	城镇	乡村	第一产业	第二产业	第三产业
1990	17 041	47 708	38 914	13 856	11 979
1995	19 040	49 025	35 530	15 655	16 880
2000	23 151	48 934	36 043	16 219	19 823
2005	27 331	48 494	33 918	18 092	23 815

分组层叠排列是宾词的各个指标按复合分组形成的多层次重叠设置,如表 2-15 所示,宾词按两个标志进行复合分组。

表 2-15 "十五"时期我国进出口分组表 单位:亿美元

年份	一般贸易		加工贸易		其他贸易	
	出口	进口	出口	进口	出口	进口
2001	1 118.81	1 134.56	1 474.33	939.74	67.83	361.23
2002	1 361.87	1 291.11	1 799.28	1 222.01	94.82	438.59
2003	1 820.34	1 876.51	2 418.51	1 629.04	143.45	621.22
2004	2 436.06	2 481.45	3 279.70	2 216.94	217.44	913.91
2005	3 150.91	2 797.19	4 164.81	2 740.26	304.27	1 063.74

(三) 统计表的设计

统计表的设计必须目的明确、内容具体、美观简洁、清晰明了、科学实用。具体而言,应该注意以下几个问题:

第一,合理安排统计表的结构,即统计表要设计成由纵横交叉线条组成的长方形表格,长与宽之间保持适当的比例。

第二,总标题的设计要简明扼要,能准确反映所要表达的时间、地点和内容,即总标题的设计应满足 3W(when, where, what)要求。

第三,清楚注明计量单位。当表中所有数据均采用同一种计量单位时,可在表的右上方注明。如果有几种不同的计量单位,行标题的计量单位可专设"计量单位"一栏,也可以与各指标标注在一起,列在指标后的括号内。列标题由于通常是统计指标,其计量单位不同时可以在指标后边或下边的括号内注明。

第四,如果表的栏数较多,通常要进行编号。主词栏和计量单位栏可用甲、乙、丙等文字表示，宾词栏可用(1)、(2)、(3)等数码表示。必要时应表明各栏之间的关系。例如，(6)＝(1)＋(3)等。

第五，表中数字应填写整齐，上下位数一般要右对齐，有小数点时应以小数点对齐，而且小数点的位数应统一。数字为零时要写上，无数字或不用填写数字的要在格内填上“—”，缺数据的格内要填上“…”。

第六，统计表的表式为开口式，即表的左右两端不画纵线，上下边线用粗线表示。

第七，必要时要在统计表下方加注说明或注释，以便考查。

二、统计图

统计图是统计数据直观的表现形式，它可以采用生动、直观的图形将复杂的数据表现出来。统计图一般包括以下几种类型。

(一) 品质数据的统计图

1. 条形图

条形图(bar chart)常用于描述品质数据或离散型数量数据的情况，它是用宽度相等而高度为频数或频率的线段或长条形表示现象的分类特征。例如，根据表2-16 做出的条形图如图 2-1 所示。可以看出，在所有求职人员中，具有本科学历的人数最多，其次为大专，而博士的人数最少。

表 2-16 某市 2007 年人才市场求职人员学历分组表 单位：人

编号	学历	人数
1	博士	80
2	硕士	560
3	本科	2 800
4	大专	2 200
5	中专	1 300
6	其他	780
合计		7 720

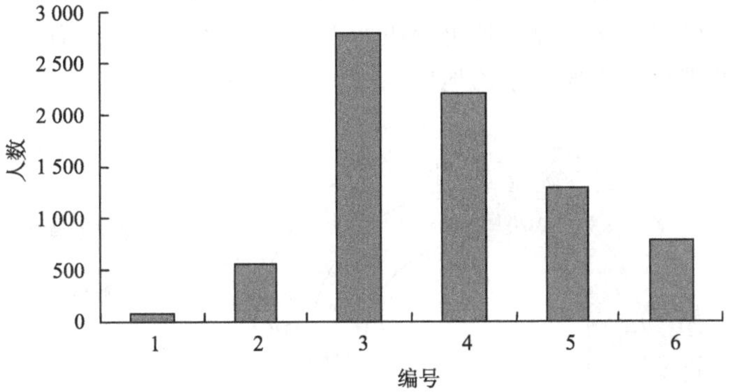

图 2-1 某市 2007 年人才市场求职人员学历分布图

2. 圆形图

当数据是品质数据时，可以用圆形图表示，也称为饼图(pie chart)。圆形图常常用来表示各类别在总体中所占的百分比。在绘制圆形图时，总体中各部分所占的百分比是以其占 360°的相应比例确定的，用圆内的各个扇形角度表示，它只适用于单选问题。例如，决定某产品价格的因素很多，它们在总价格中所占的百分比如表 2-17 所示，其图形如图 2-2 所示，在该产品的总价格构成中，主要包括原材料、工资、利润、税收等，其中原材料占有的比例最大，高达 55%。

表 2-17 某产品总价格构成表

价格构成	原材料	工资	利润	税收	其他	总计
比例/%	55	25	10	8	2	100

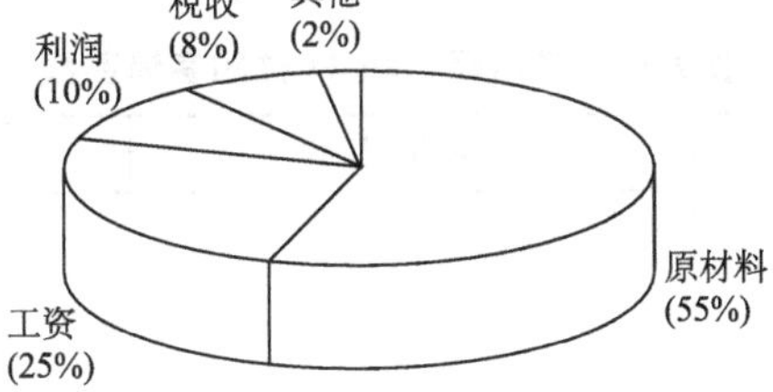

图 2-2 某产品总价格构成图

3. 环形图

圆形图只能显示一个总体各部分所占的比例，而环形图(annular chart)可以显示多个总体分布的状况，它是把每一个总体的数据列为一环，以便进行比较研究。例如，比较两个地区居民对住房状况的满意程度，用外环和内环分别表示甲地区和乙地区居民对住房状况的评价等级所占的百分比，如图 2-3 所示，甲地区居民对住房状况的满意程度要高于乙地区。

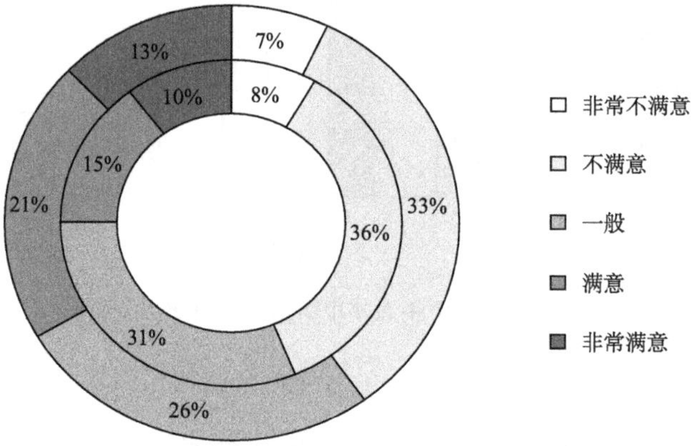

图 2-3　甲乙两地区居民对住房状况评价环形图

（二）数值型数据的统计图

1. 直方图

直方图(histogram)是用矩形的宽度和高度来表示频数的分布特征。在直角坐标中，用横坐标表示数据分组，由每组的上下限构成矩形的宽度，用纵坐标表示频数或频率，由此形成矩形的高度。直方图中矩形的面积之和为 1。例如，在某电器商场抽查 44 位顾客，消费金额如表 2-18 所示，其直方图如图 2-4 所示，消费金额 1 500～2 000 元的顾客最多，而消费金额在 500 元以下以及消费金额在 4 000 元以上的顾客最少。

表 2-18　某电器商场 44 位顾客消费额

消费额/元	人数/人	频率/%
500 以下	2	4.55
500～1000	6	13.64
1000～1500	8	18.18
1500～2000	12	27.27
2000～3000	10	22.73
3000～4000	4	9.09
4000 以上	2	4.55
合计	44	100.00

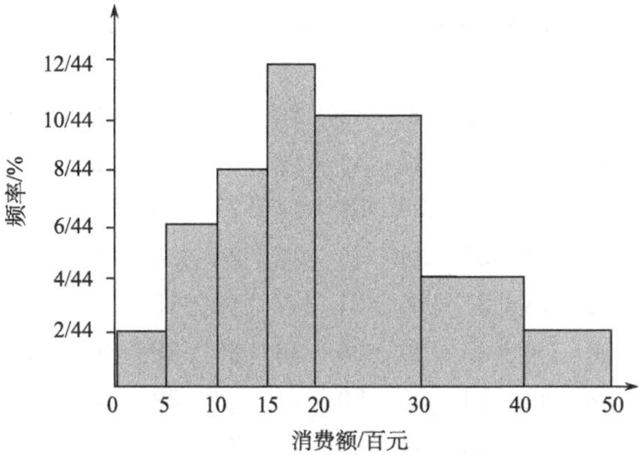

图 2-4 44 位顾客在某电器商场消费额直方图

2. 折线图

折线图(frequency polygon)即将直方图每组的中点连线,也称为频数多边形图。它是在直方图的基础上,将直方图顶部的中点(即组中值)用直线连接起来。例如,在图 2-4 的基础上绘制折线图,如图 2-5 所示。

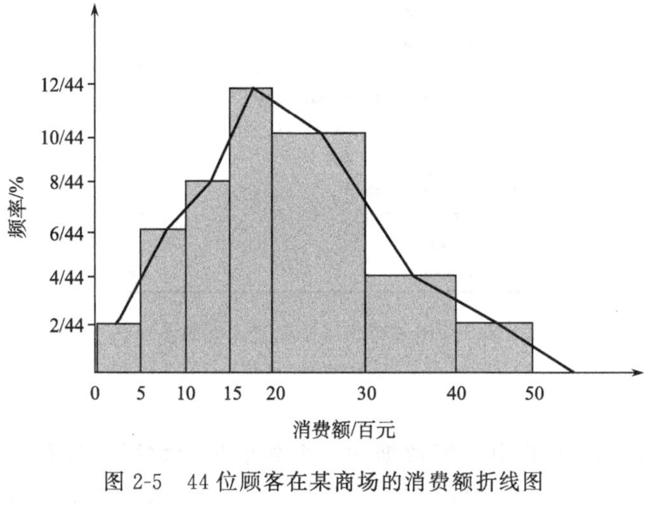

图 2-5 44 位顾客在某商场的消费额折线图

3. 茎叶图

茎叶图(stem-and-leaf display)是将数据分成"茎"和"叶"两部分绘制图形,以达到数据分组的目的。通过茎叶图,可以看出数据的集中程度及数据的离散程度等。绘制茎叶图的关键是设计好树茎,通常是以该组数据的高位数值作为树茎,而且树叶上只保留该数值的最后一个数字即个位数。树茎一经确定,树叶对应在相应的树茎组,就能够清晰、直观地表现数据的分布特征。

例如,2008 年 6 月抽查每半小时进入某图书馆的人数,共观察 140 次,得到 140 个数据如下:

23	23	35	7	29	3	15	20	30	18	23	32	34	40
17	25	30	33	51	37	43	52	67	34	20	26	46	68
79	82	57	61	96	75	59	64	77	99	87	48	58	95
96	68	46	73	57	39	45	28	24	35	43	25	27	30
42	30	22	18	21	26	21	8	19	15	24	12	8	8
6	8	20	9	25	29	26	36	26	28	36	22	41	37
30	50	28	35	24	36	50	44	48	38	47	55	30	44
50	40	47	83	75	64	66	75	83	90	87	59	63	78
75	86	86	77	64	70	65	69	56	55	42	47	33	36
34	29	33	25	16	30	22	18	14	16	20	26	10	18

根据这些数据制作茎叶图,用十位数作为树茎,个位数作为树叶,如图 2-6 所示。可以明显看出,进入图书馆的人数呈右偏分布,每半小时进入 20 余人(20～30)的情况最多,达 31 次,每半小时进入人数达 90 人以上的只有 5 次。

树 茎	树 叶	频 数
0	36788 889	8
1	02455 66788 889	13
2	12223 33444 55556 66667 88899 9	31
3	00233 34445 55666 67789	25
4	00122 33445 66777 88	17
5	00012 55677 899	13
6	13444 56788 9	11
7	03555 57789	10
8	23366 77	7
9	05669	5

图 2-6 某图书馆每半小时进入人数茎叶图

4. 箱线图

箱线图(box plot)是由一组数据的五个数值显示数据的分布特征,它由一个箱子和两条线段组成。其绘制方法是:首先,找出一组数据的五个变量值,即数据的两个极值点——最大值 x_{max} 和最小值 x_{min} 以及中位数和两个四分位数(中位数 M_e 是一组数据排序后位于中间位置上的变量值,四分位数是处于数据 1/4 位置和 3/4位置上的两个变量值,分别称为下四分位数 Q_1 和上四分位数 Q_3,第四章就会介绍它们的计算方法);然后,连接两个四分位数画出箱子,再将两个极值点与箱子相连接,如图 2-7 所示。

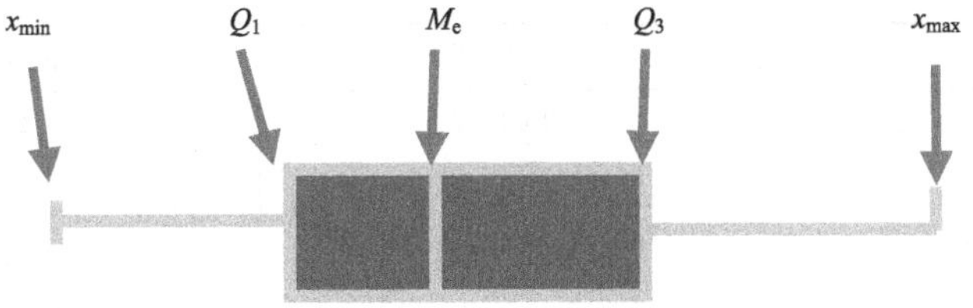

图 2-7 箱线图绘制示意图

通过箱线图的形状和位置,可以看出数据分布的不同特征与不同的分布类型,如图 2-8 所示。

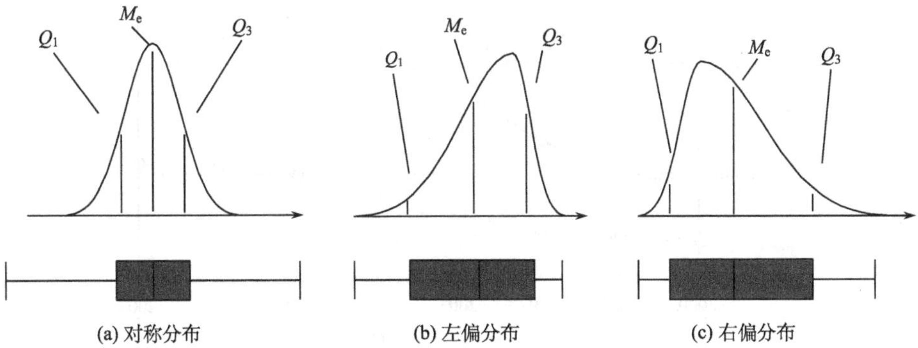

图 2-8 箱线图的不同类型

5. 线图

线图(line plot) 是用统计图表示时间数列中各期的发展水平及其变化趋势,一般以横坐标表示时间,纵坐标表示指标数值,将各期指标数值连接成线,以显示数据发展变化的规律。

例如,已知 2000～2007 年我国城乡居民家庭的人均收入数据,如表 2-19 所示,绘制的线图如图 2-9 所示。从图中明显看出,城镇居民的人均收入一直高于农村居民,其增长速度也高于农村居民,因此城乡居民的收入水平呈进一步扩大的趋势。

表 2-19 2000～2007 年城乡居民家庭人均收入 单位:元

年份	城镇居民	农村居民
2000	1 700.6	708.6
2001	2 026.6	784.0
2002	2 577.4	921.6

续表

年份	城镇居民	农村居民
2003	3 496.2	1 221.0
2004	4 283.0	1 577.7
2005	4 838.9	1 926.1
2006	5 160.3	2 091.1
2007	5 425.1	2 162.0

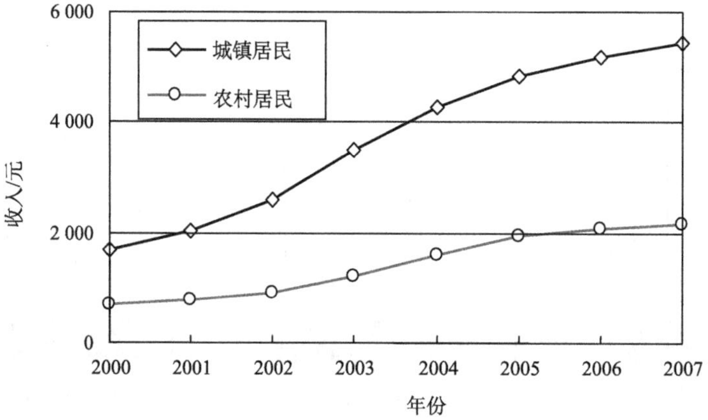

图 2-9 2000～2007 年城乡居民家庭人均收入图

6. 雷达图

雷达图(radar chart)是显示多个变量的图示方法。设有 N 组数据,各组数据的变量值均在一个图形中显示,就形成雷达图的形状。例如,某地区销售的啤酒有五个品牌,市场占有率资料如表 2-20 所示,对此资料做出的雷达图如图 2-10 所示。显然,B 产品的市场占有率最大,C 产品和 D 产品的市场占有率最低。

表 2-20 某地区啤酒市场占有率

品牌名称	市场占有率/%
A 产品	20
B 产品	60
C 产品	5
D 产品	5
E 产品	10
合计	100

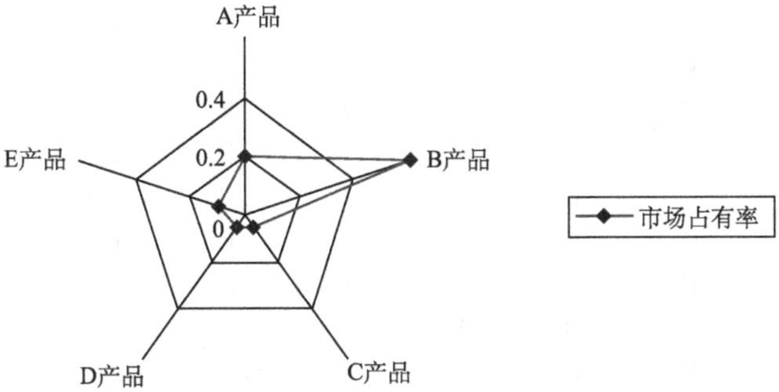

图 2-10 某地区啤酒市场占有率雷达图

➢思考与练习

1. 数据的计量尺度分为哪几种？各种计量尺度有什么不同特点？
2. 获得统计数据的直接来源与间接来源各有什么作用？
3. 统计调查方案主要包括哪几方面内容？
4. 统计调查的主要方式有哪几种？
5. 简要说明数据整理的步骤。
6. 等距数列和异距数列的适应条件分别是什么？
7. 试为下列题目设计统计表：
(1) “十五”期间(钢、石油、原煤、发电量)数据统计；
(2) 1990～2000 年我国人口变动表；
(3) 某学校教师按性别、年龄、职称三个标志的复合分组表。
8. 某地区 40 家企业 2007 年的利润数据如下(单位:万元)：

80	−20	1 300	590	600	980	1 160	90	450	120
15	−350	1 480	90	286	578	1 248	880	643	99
992	1 190	459	500	300	29	−460	768	650	485
297	1 356	885	500	689	−278	790	221	−5	864

(1) 对 40 家企业按利润进行适当的分组，编制频数分布表；

(2) 如果按规定，利润亏损的为落后企业，利润 1 000 万元以上的为先进企业，并要求对此进行统计分析，你所做的统计分组是否满足该分析要求？如果不能满足，试结合分析需要重新进行统计分组，并对两种分组方法进行比较说明。

9. 为评价家电行业售后服务的质量，随机抽取了由 100 个家庭构成的一个样本。服务质量的等级分别表示为：A. 好；B. 较好；C. 一般；D. 较差；E. 差。调查结果如下：

C	A	C	C	A	C	C	B	A	E
E	A	C	B	C	A	E	C	E	E
B	D	B	B	C	A	E	D	C	B
C	A	C	D	E	A	B	D	D	C
D	B	C	E	D	B	C	C	B	A
A	A	C	B	C	D	E	C	E	B
E	E	C	B	A	D	C	B	A	A
E	A	C	D	E	A	B	D	D	C
B	D	B	C	C	A	E	D	C	A
E	B	C	E	D	B	C	C	B	B

(1) 指出上面的数据属于什么类型；

(2) 编制次数分布表；

(3) 绘制一张条形图,简要评价质量等级的分布。

10.关于春节晚会收视率的调查情况,会产生不同的调查结果,以下是两种比较权威的调查结果。

(1) 对于2000年春节晚会,央视调查机构调查的春节晚会收视率为97%,其调查方法是采用电话调查法,在电话调查时点上,观看晚会的家庭(无论观看时间多少)当做分子,接听电话的所有家庭作为分母。

(2) 上海广电信息咨询公司调查表明,央视春节晚会一套节目收视率29.85%,加上上海有线频道转播的6.15%的收视率,总体达到36%。其统计方法是由电视收视记录仪自动记录的,若晚会长达4小时,则以240分作分母,实际收看多少分作为分子。

问题:这两种调查方法都是抽样调查,收视率差异之大,说明了什么?你认为哪种调查方法比较准确?

11. 某晚报在春节前夕刊登了记者的一篇调查文章,该文称:“民意调查显示,春节期间市民对节日商品供应的满意率达到95%”。这个指标是否准确?应从哪几个方面置疑?

提示：

(1) 采用的什么调查方法(普查或抽样调查)?

(2) 样本容量有多大?

(3) 满意率95%的计算方法是什么?

第三章

SPSS 统计软件的简单应用

第一节　SPSS 的基本介绍

在统计工作过程中，常常需要对大量的数据进行统计处理，这是一项细致而繁琐的工作，如果完全依靠手工来进行，工作量较大，不但难以保证准确性，而且得不到较高的精度。为了减轻整理和计算大量数据的负担，提高工作效率，我们必须充分利用现代化的技术手段。随着计算机软件技术的发展，计算机在分析数据方面发挥了相当大的作用，它功能多、速度快、计算精确、较易使用，并且计算机统计软件可以完成更为精确、系统的数据分析与统计计算。SPSS 统计分析软件是目前世界上最流行的统计分析软件之一。

一、SPSS 的发展与特点

（一）SPSS 的发展

社会科学统计软件包(Statistical Package for the Social Sciences，SPSS)、统计分析系统(Statistical Analysis System，SAS)、生物医学程序(Biomedical Programs，BMDP)称为国际上最有影响的三大统计软件。1968 年，美国三位斯坦福大学的学生开发了最早的 SPSS 统计软件系统，并基于这一系统于 1975 年在芝加哥合伙成立了 SPSS 公司。全球约有 25 万家 SPSS 产品用户，分布于通信、医疗、银行、证券、保险、制造、商业、市场研究、科研教育等多个行业和领域。SPSS 是世界上应用最广泛的专业统计软件。

随着 SPSS 产品服务领域的扩大和服务深度的增加，SPSS 公司已于 2000 年正式将英文全称更改为 Statistical Product and Service Solutions，意为“统计产品与服务解决方案”。

SPSS 的应用范围非常广泛，在自然科学和社会科学的各个领域都有应用。世界上许多有影响的报纸杂志纷纷就 SPSS 的自动统计绘图、数据的深入分析、使用方便和功能齐全等方面给予了高度的评价与称赞。目前，SPSS 统计软件在我国逐渐普遍起来。它使用 Windows 窗口方式展示各种管理和分析数据方法的功能，使用对话框展示出各种功能选择项，只要掌握一定的 Windows 操作技能，粗通统计分析原理，就可以使用该软件为特定的科研工作服务。

（二）SPSS 的特点

SPSS 是一个组合式软件包，它拥有很多专业统计分析的模块。它集数据整理、分析功能于一身，用户可以根据实际需要和计算机的功能选择模块。SPSS 的特点主要表现在以下几点。

1. 操作简单

除了数据录入及部分命令程序等少数输入工作需要键盘键入外，大多数操作可通过“菜单”、“按钮”和“对话框”来完成。

2. 无须编程

SPSS 具有第四代语言的特点，告诉系统要做什么，无须告诉怎样做。只要了解统计分析的原理，无须通晓统计方法的各种算法，即可得到需要的统计分析结果。对于常见的统计方法，SPSS 的命令语句、子命令及选择项的选择绝大部分由“对话框”的操作完成。因此，人们无须花大量时间记忆大量的命令、过程、选择项。

3. 功能强大

SPSS 所包含的统计分析方法十分丰富，提供了从简单的单变量描述分析到复杂的多变量分析的多种统计方法，如数据的探索性分析、统计描述、列联表分析、二维相关、秩相关、偏相关、方差分析、非参数检验、多元回归、生存分析、协方差分析、判别分析、因子分析、聚类分析、非线性回归、逻辑斯谛回归等。

4. 多元的数据转换接口

SPSS 具有完善的与其他软件的数据转换接口，能够读取及输出多种格式的文件。

5. 自由灵活的功能模块组合

SPSS 软件分为若干功能模块，用户可以根据自己的分析需要和计算机的实际配置情况灵活选择。

6. 强大的图形功能

SPSS 软件不但可以得到数字结果，还可以得到直观、漂亮的统计图，形象地显示分析结果。

二、SPSS 软件的启动、主要窗口及退出

(一) SPSS 软件的启动

在 Windows“开始”菜单的“程序”菜单下，找到 SPSS，在它的次级菜单中单击 SPSS 即可启动 SPSS 软件，进入 SPSS 对话框，如图 3-1 所示。

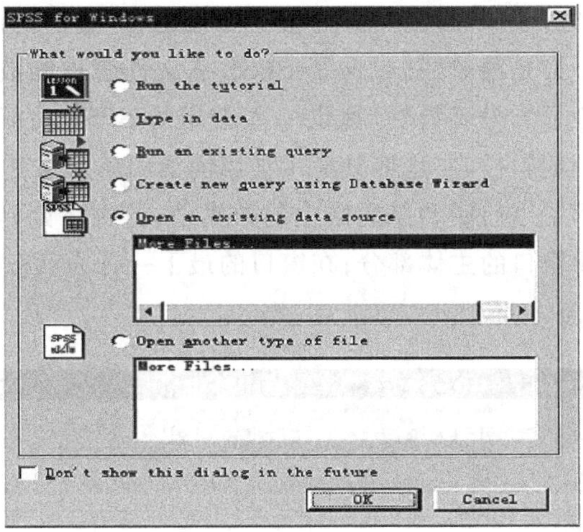

图 3-1　SPSS 软件启动对话框

图 3-1 中各选项的含义如下：

• Run the tutorial：运行操作向导。

• Type in data：在数据窗口中输入数据，选择此选项会直接打开一个空的数据编辑窗口，供人们自行输入数据。

• Run an existing query：运行一个已经存在的查询。

• Create new query using Database Wizard：用数据库处理工具建立新的数据文件。

• Open an existing data source：打开一个已经存在的数据文件，这是系统默认选项。

• Open another type of file：打开其他类型文件，如 SPSS 结果输出文件、语句文件等。

• Don't show this dialog in the future 复选框：选中之后，下次启动 SPSS 时将不会再显示该对话框，而直接进入数据编辑窗口。

（二）SPSS 的主要窗口

SPSS 的主要窗口有两个：一个是数据编辑窗口，另一个是结果输出窗口。

1. 数据编辑窗口

在启动 SPSS 软件后，关闭图 3-1 所示的对话框，即进入 SPSS 的数据编辑窗口，如图 3-2 所示。在数据编辑窗口中可以进行数据的录入、编辑以及变量属性的定义和编辑，这些是 SPSS 的基本界面。整个数据编辑窗口分为标题栏、菜单栏、工具栏、编辑栏、内容区和状态栏。窗口最上方标题栏，显示的内容是编辑的数据文件名；标题栏的下方是菜单栏，包含了 SPSS 从文件管理到数据整理、分析的几乎所有功能；菜单栏下方是工具栏，提供一些常用的 SPSS 功能，使某些操作更为快捷；工具栏下方是编辑栏，左边部分显示了当前活动单元格对应的变量名和观测序号，右边部分显示了当前活动单元格中的数据值；再往下则是内容区，是一个二维的表格，也是编辑窗口的主体部分；在窗口的最下一行为状态栏，显示目前 SPSS 统计分析软件的状态。

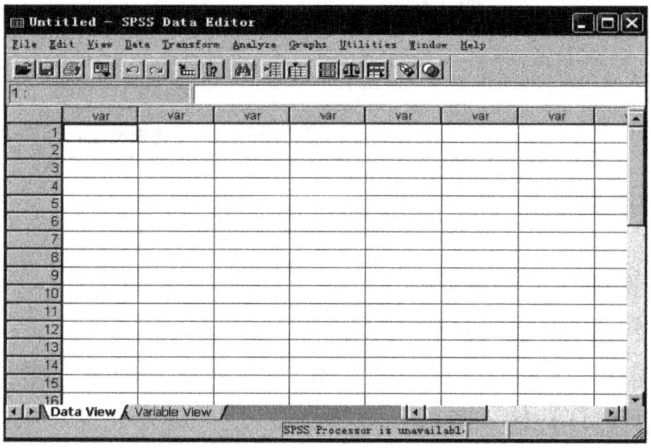

图 3-2　数据编辑窗口（数据视图）

在数据编辑窗口的左下角有两个重要的转换标签，即 Data View 标签和 Variable View 标签，用于数据编辑窗口在数据视图和变量视图两种界面之间切换。单击 Variable View 标签，则数据编辑窗口进入变量视图界面，如图 3-2 和图 3-3 所示。在变量视图界面中可以进行 SPSS 变量属性的定义和编辑，具体的操作方法将在下一节中详细介绍。

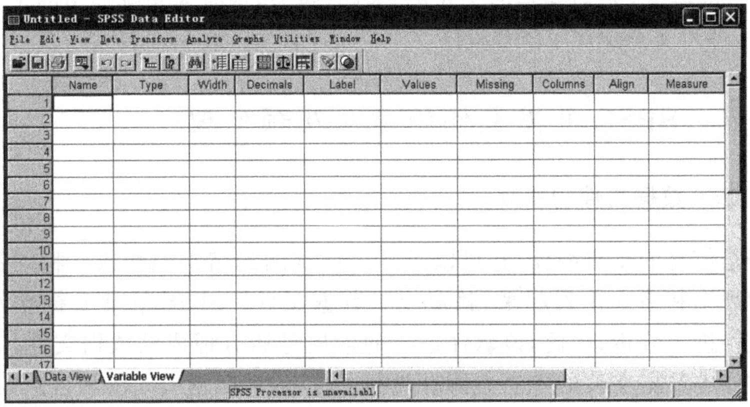

图 3-3　数据编辑窗口(变量视图)

2. 结果输出窗口

在SPSS中大多数统计分析结果都将以表或者图的形式在结果输出窗口中显示。结果输出窗口如图3-4所示。窗口的右边部分显示SPSS统计分析结果,左边部分是导航窗口,用来显示输出结果的目录,可以通过单击目录来展开右边窗口中的统计分析结果。当人们对数据进行了某项统计分析,结果输出窗口将被自动调出。

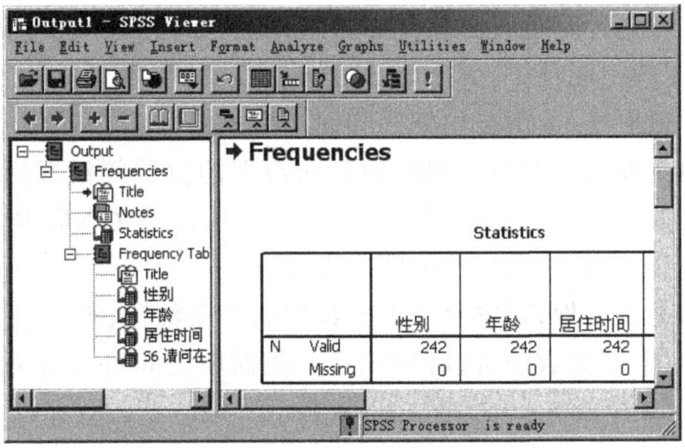

图 3-4　结果输出窗口

(三) SPSS软件的退出

SPSS软件有两种常用的退出方法:

(1) 按File→Exit的顺序使用菜单命令退出程序。

(2) 直接单击 SPSS 窗口右上角的“关闭”按钮，回答完系统提出的是否存盘的问题之后，即可安全退出 SPSS 程序。

第二节 SPSS 数据文件的建立及预处理

一、SPSS 数据文件的建立

数据是信息的主要载体，它可以是某一项观测的结果或数值。将一些数据按照一定的规则和格式排列起来，就形成了数据文件。SPSS 统计分析软件只能针对数据文件进行分析，因此，该软件运行的前提是拥有现成的数据文件。SPSS 统计分析软件中数据文件的建立大体有两种方法：外部数据引入法和自建数据法。

（一）外部数据引入法

1. Excel 格式的数据引入

Excel 软件是目前大家最常使用的一种制作数据表格的软件。因此，SPSS 软件创建了与 Excel 文件的接口，可以方便地将 Excel 文件直接转变成 SPSS 可使用的文件格式。其操作方法有两种：一是在 Excel 已经打开原数据，并且数据量较少的时候，可以直接用拷贝粘贴的方法将数据引入 SPSS；二是按照 SPSS 设定的程序进行分步骤引入。

2. 文本格式文件的引入

文本数据文件是计算机各种软件中最通用的一种格式文件，文件以 ASCII 码的形式存储，占用的空间很小，因此，很多数据文件的保存形式为文本文件。文本文件中数据的排列形式，分为自由格式和固定格式两种。

自由格式的文本文件对数据间的间距和数据的位置等没有固定的要求，只要输入数据时注意数据的先后顺序就可以了。在引入这类文本数据文件时的先后顺序是先行后列，但行中按从左到右的顺序进行读取。

固定格式的文本文件，要求每个个案数据的变量数目、排列顺序和变量的取值长度固定不变，一个个案数据可以占若干行，数据项之间可以有分隔符号，也可以没有。

例如，将一个有三行数据的文本文件“1. txt”引入 SPSS，具体的操作过程如下：

(1) 在 SPSS 中按照 File-Read Text Data 的顺序选择菜单项。

(2) 在弹出的窗口中选择路径找到 1. txt，然后单击打开，弹出“Text Import Wizard—Step 1 of 6”窗口，这是文本文件引入 SPSS 的第一个窗口，在该窗口内我们可以看见文本文件的数据信息。

(3) 在“Text Import Wizard—Step 1 of 6”窗口中单击下一步，弹出“Text Import Wizard—Step 2 of 6”，在“How are your variables arranged”复选框中选择Fixed widt，表示读入的是固定文本文件的内容，如果文本文件的第一行是数据的变量名称，则在“Are variable names included at the top of your file”中选择Yes，否则选择No。

(4) 单击下一步，弹出“Text Import Wizard—Step 3 of 6”。在其中的“How first case of data begins on which line”中输入相应的数字，表示个案数据从相应的行开始；在其中的“How many lines represent a case?”中输入相应的数字，表示每一个个案由几行代表；“How many cases do you want to import?”下的三个单选按钮，第一个代表引入全部数据，第二个代表引入个案的具体个数，第三个代表引入个案的百分比(从第一个个案开始)。

(5) 单击下一步，弹出“Text Import Wizard—Step 4 of 6”，在本窗口中要求我们将各个变量的数据进行区分。在每两个变量的数据之间单击鼠标左键，在两列之间就会出现一条带箭头的分隔线，同时要求在第0列也增加一条分隔线。

(6) 单击下一步，弹出“Text Import Wizard—Step 5 of 6”，该窗口是对即将引入SPSS中数据的预览。

(7) 单击下一步，弹出“Text Import Wizard—Step 6 of 6”，该窗口为引入文本文件的最后一步。如果想保存原有的文本文件，在“Would you like to save file format for future”处选择“Yes”，在“save as”处进行保存设定。

(二) 自建数据法

SPSS统计分析软件除了可以从外部数据文件中引入数据，其自身也可以根据原始数据资料编制数据文件。SPSS自身建立数据文件的过程为：定义变量、录入和保存数据。下面我们将以表为例分别介绍具体的操作方法。

1. 定义变量

进入数据编辑窗口中的变量定义窗口见图3-5。该窗口中每一行表示一个变量的信息，针对每一个设定，我们需要从以下几个方面进行定义。

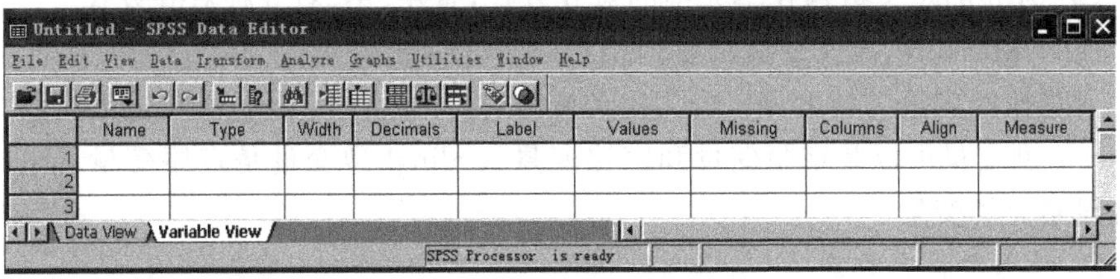

图3-5　变量定义窗口

(1) Name：输入变量名称。

操作者可以根据实际情况自己命名，在进行变量命名的时候，有自己的规则：变量名最多不能超过 8 个字符；首字符必须是 26 个字母之一，或者是@、#、$ 三个字符之一，其后的可为字母或数字或字符。

(2) Type：确定变量类型。

SPSS 的默认变量类型为数值型，单击数值型变量后的“...”，弹出对话框，用户可以从该对话框中选择其他的变量类型。

(3) Width：设定变量的宽度，此功能在日期型变量的设定上为灰色（无法使用）。

(4) Decimal：设定小数点的位数，同样对日期型无效。

(5) Label：定义变量标签。

由于我们在设定变量名称的时候，变量名的宽度有限制，可能无法完整说明变量信息，因此，设计了这个功能方便我们完整说明变量含义，变量标签可录入 120 个字符。如变量名为“人数”，在标签处可以键入“大学学生人数”。

(6) Values：变量值标签。

这部分是针对变量值的每一个可能取值的说明，变量值标签的设定在录入数据的时候很实用。例如，在进行性别数据录入的时候，用 0 代表“女性”，1 代表“男性”。设置变量值标签的方法为：在 Values 窗口中，在上面的“Value”处键入“0”，在下面的“Values”处键入“女性”，然后单击“add”；在上面的“Value”处键入“1”，在下面的“Values”处键入“男性” 然后单击“add”，则设置完成。

(7) Missing：缺失值的定义。

由于主观或客观的因素，我们在录入数据的时候经常会出现误填、漏填的现象，这些在 SPSS 中被称为缺失现象，其所对应的值就称为缺失值。在 SPSS 中缺失值共分为两大类：系统缺失值和用户缺失值。这些缺失值在 SPSS 中表现为实心的圆点“.”，统计过程可识别这种标志，带有缺失符号的变量值将被特殊处理。

(8) Columns：定义数据窗口中该变量对应列的显示的列宽，系统默认为 8 个字符。

(9) Align：定义数据在单元中的对齐方式，有左、中、右 3 种对齐方式。

(10) Measure：定义变量尺度。

变量按照测量的精度可以分为定类变量、定序变量、定距变量和定比变量。其中，scale 型变量可以是定距变量和定比变量；ordinal 型变量是定序变量；nominal 型变量是定类变量。

2. 录入和保存数据

数据的录入在变量设定完毕后，将窗口由“variable view”变量窗口转变为“data view”数据窗口。数据窗口的每一行代表一个个案，每一列代表一个变量值，变量名称在第一行表示。

SPSS 提供了强大的数据转换功能，可以很方便地对原有数据进行加工，然后以一定的格式进行保存。具体的步骤如下：

选择"File"菜单下的 Save 命令，可以直接保存为 SPSS 软件默认的数据文件；选择"File"菜单下的 Save as 命令，弹出 Save data as 窗口，可以选择相应的数据文件进行保存。例如，将表 3-1 中 5 名学生的成绩录入到 SPSS 中，并保存为"成绩"文件。

表 3-1　学生成绩

姓名	学号	性别	语文成绩/分	数学成绩/分
吕强	1	男	94	97
周平	2	女	90	86
王鑫	3	男	86	79
王立春	4	女	86	89
毛玮	5	女	81	76

根据表 3-1 资料，录入步骤如下：

(1) 变量设定(图 3-6)。

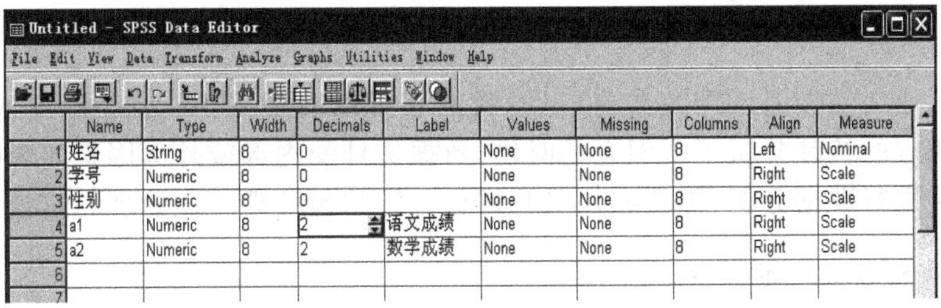

图 3-6　变量设定窗口

(2) 数据录入(图 3-7)。

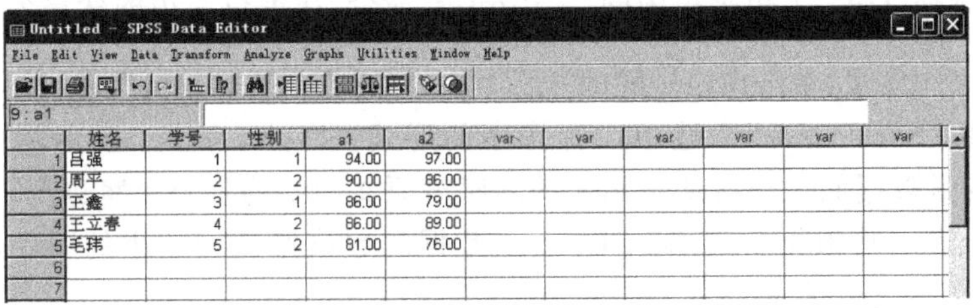

图 3-7　数据录入窗口

(3) 文件保存(图 3-8)。

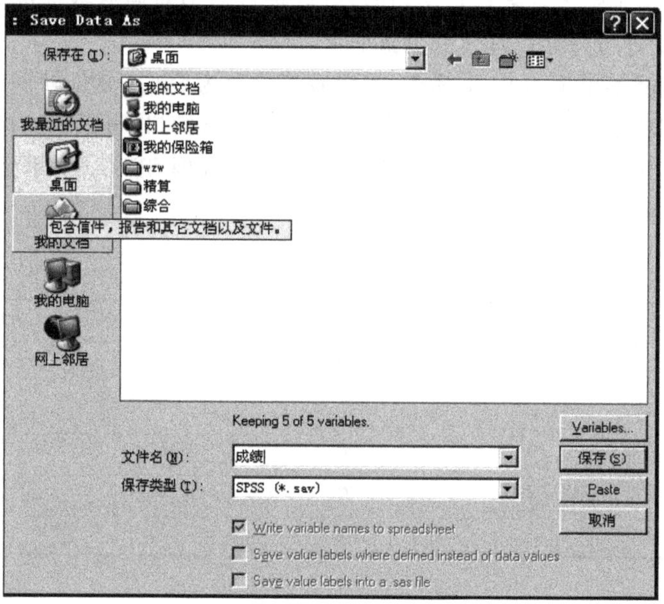

图 3-8 文件保存窗口

二、数据文件的预处理

当数据文件被引入到数据窗口后，我们就可以使用 SPSS 统计分析软件对数据进行相应的统计分析了。但有的时候，数据文件受内部或外部因素的影响，并不适合直接进行数据分析，需要我们对其进行一定的预处理。预处理的过程如下。

(一) 数据文件的排序

将数据文件中的数据按照某些变量值的大小进行升序或降序排列，这样在我们对数据文件进行拆分或合并的时候会很方便。在数据文件排序中，可以根据数据分析的需要选择一个或多个变量进行排序，具体的操作过程如下：

(1) 选择“Data”下拉菜单中的“Sort cases”命令，在窗口左边的变量名列表中选择一个或多个变量，单击窗口中间的“”按钮，将变量名转移到“Sort by”窗口中。

(2)在 “Sort order”中选中一种排序的形式。“Ascending”表示将根据所选 Sort by 变量数据的大小按从小到大的顺序对原文件中的各个个案进行排序；“Descending” 表示将根据所选 Sort by 变量数据的数值按从大到小的顺序对原文件中的各个个案进行排序。

(3) 单击“OK”按钮，即完成了对原数据文件的排序。

（二）数据文件的行列互换

SPSS可以将数据文件进行行和列的相互转换，和线性代数中矩阵的转置一样，将原数据文件的行变成列，原数据文件的列变成行。其操作过程如下：

在“Data”下拉菜单中选择“Transpose”命令，弹出Transpose窗口。在窗口左边的变量名列表中选择一个或多个需要转换的变量名，单击窗口中间的按钮，使变量名添加到“Variable”窗口中，单击“OK”按钮即可。产生的新的数据文件会在第一列出现一个名为case_lbl的新变量，用于放置原数据文件的各个变量名。此方法是可逆的，也就是说可以用此方法将数据转换回原来的排列方式。

（三）数据文件的个案挑选

我们在进行特定内容统计分析的时候，并不需要对数据文件中的全部个案进行分析，而只需要从中挑选出一部分符合要求的数据个案就可以。SPSS统计分析软件中提供了这个功能，主要按照以下四种逻辑方法进行挑选：

（1）根据指定条件进行挑选。

（2）对观察个案进行随机抽查。

（3）在给定范围内选择个案。

（4）用指定的变量作为过滤器选择数据。在“Data”下拉菜单中选择“Select cases”命令，弹出Select cases窗口，在该窗口中确定用来挑选个案的方法。

（四）数据文件的拆分

在进行统计整理的过程中，最主要的一步就是进行统计分组，将全部个案按照某个变量进行分组，再对各组分别进行统计分析。需要指出的是，这里所谓的数据拆分，并不是要把文件真的分成几个独立的数据文件，而是根据需要，依据变量的不同取值将原数据文件重新排列，把与选定变量的相关数据集合到一起。一旦我们设置了这种分类，那么，以后针对该数据文件的所有分析都将按照这种分组进行，只有取消了相应的分组命令，才会恢复原样。下面简单介绍一下数据文件拆分的具体步骤：

（1）选择“Data”下拉菜单中的“Split file ”命令。

（2）在窗口左边的变量名列表中选择一个或多个变量，单击窗口中间的“”按钮，将变量名转移到“Group based on”窗口中，系统将会按照所选定的变量进行拆分，同时，SPSS统计软件会对数据文件进行排序。

（3）单击“OK”即可。

（五）数据文件的合并

对于不同的数据文件，如果它们之间存在某种联系，可以通过 SPSS 统计分析软件将它们合并成一个新的数据文件，以便于统计分析。

SPSS 统计分析软件针对数据文件的合并一共提供了两种功能：个案的合并和变量的合并。

1. 个案合并

个案合并，又称为纵向合并，是将一个数据文件中的资料追加到当前打开的数据文件资料之后，数据文件的变量个数没有增加，而文件中个案的数量增加。具体的操作步骤如下：

(1) 打开要追加的数据资料文件。

(2) 选择“Data”下拉菜单中的“Merge file ”命令中的“Add cases”命令。在弹出的窗口中选中被追加的数据文件，单击“打开”，弹出“Add cases from”窗口。

(3) 此时，两个数据文件中共有的变量将自动对应，出现在“Variables in new working data file”中。在“Unpaired variables”中出现的是非匹配的变量名，变量名后面有“＊”的表示该变量是当前数据文件中的变量名；变量名后面有“＋”的表示该变量是用户指定的要合并的文件中的变量名。这些变量名不是合并后的新数据文件中的所有变量名，SPSS 默认不将它们放在一个数据文件中。人们可以根据自己的需求，手工选择，选择一个带“＊”的变量名，然后按住 Ctrl 再选择一个和它相匹配的带“＋”号的变量名，单击“Pair”，表示它们具有相同的数据含义，出现在“Variables in new working data file”中，即为新数据文件中的变量。

(4) 单击“OK”即可。

2. 变量合并

变量合并，又称为横向合并，是将一个数据文件中的资料追加到当前打开的数据文件资料之中，数据文件的变量个数增加。也就是将 SPSS 数据文件的内容，连接到当前数据文件的右边。进行变量合并的时候要求必须具有一个相同的公共变量，数据含义不同的变量，应取不同的变量名。具体的操作步骤如下：

(1) 打开要追加的数据资料的文件。

(2) 选择“Data”下拉菜单中的“Merge file ”命令中的“Add variables”命令。在弹出的窗口中选中被追加的数据文件，单击“打开”，弹出“Add variables from”窗口。

(3) 此时，两个数据文件中共有的变量都出现在“New working data file”中。变量名后面有“＊”的表示该变量是当前数据文件中的变量名；变量名后面有“＋”的表示该变量是用户指定要合并的文件中的变量名。

(4) 两个数据文件中公共的变量名出现在“Excluded variables”中，选中“Match cases on key variables in sorted files”，然后从“Excluded variables”中选出一个或多个变量名通过“▶”转移到“Key variables”中，同时，应该选择合并后数

据的提供方式。

(5) 单击“OK”即可。

第三节 SPSS的分析使用

SPSS统计分析软件针对不同的统计分析方法，设定了相应的分析模块，其基本统计分析模块的使用是进行其他高级统计分析的基础。通过基本统计分析方法，可以对要分析数据的特征有比较准确的把握，进而选择更为深入的统计分析方法。SPSS统计软件的数据分析操作已经全部设置成模块化(实行菜单操作)。在进行数据的统计分析时，只需要按照数据的设计，选择相应的统计分析方法，就可以得到想要的统计分析结果。下面我们介绍SPSS统计分析软件中的几种具体分析。

一、频数统计分析

频数统计分析(frequency)模块主要包括以下四个功能：变量百分比设定(percentile values)、集中趋势分析(central tendency)、离散趋势(dispersion)和离散状态(distribution)。具体操作步骤及设置如下：

(1) 打开要分析的数据文件。

(2) 单击“Analyze”下拉菜单中的“Descriptive statistics”项中的“Frequencies”命令。

(3) 在弹出的“Frequencies”窗口中，在左边的变量名列表中选择一个或多个所要进行分析的变量名，单击窗口中间的“”按钮，将变量名转移到“Variable(s)”窗口中。

(4) 单击窗口最下端的“Statistics...”按钮，弹出“Frequencies：statistics”窗口。

这个窗口是频数分析模块中对统计量设定的选择窗口。“Percentile Values”为百分比区域，其中“Quartiles”是计算四分位数；“Cut points for: 10 equal groups”是表示将数据资料按照数值大小排列后是否要进行等分(分成多少组是可选的)；“Percentile(s)”选项，是输出使用者规定的多个任何百分比。“Central tendency”为集中趋势统计量，在这里复选所需要的统计量，“Mean”(平均数)，“Median”(中位数)，“Mode”(众数)，“Sum”(加和)。“Dispersion”和“Distribution”为数据的离散状态，“Skewness”(偏度)，“kurtosis”(峰度)，“std. deviation”(标准差)，“Minimum”(最小值)，“Variance”(方差)，“Maximum”(最大值)，“Range”(全距)，“S. E. mean”(均值标准误差)。设定完所需要的统计量后单击“Continue”，返回“Frequencies”窗口。

(5) 单击窗口正下方的“Charts...”按钮，弹出“Frequencies：statistics”窗口。

在这个窗口中可以设定所需要的简单的统计图，系统默认的是“None”不显示统计图，“Bar charts”（条形图），“Pie charts”（饼图），“Histograms”（直方图）。当设定所需要显示的统计图后单击“Continue”，返回“Frequencies”窗口。

（6）单击窗口正下方的“Format...”按钮，弹出“Frequencies:Format”窗口。

在窗口的左面“Order by”为输出表格数据排列顺序选区，“Ascending values”输出结果按变量值进行升序排列，“Descending values” 输出结果按变量值进行降序排列，“Ascending counts” 输出结果按频数大小进行升序排列，“Descending counts” 输出结果按频数大小进行降序排列。如果在“Frequencies”窗口中选定要分析的变量是多个的时候，还可以在“Multiple Variables”中进行设定，“Compare variables”是将所有选中变量的统计结果在一个统计表中显示，方便进行变量间的对比分析，“Organize output variables” 是将所有选中变量的统计结果单独在一个表中显示。当设定所需要显示的统计图后单击“Continue”，返回“Frequencies”窗口。

（7）单击“OK”，系统将自动生成分析结果的统计图表。

二、多项选择分析

在我们日常生活中，经常会遇到对多项选择题进行分析。例如，分析消费者在购买啤酒时考虑因素的时候有这样一道题：

请问您在购买啤酒时主要考虑以下哪些因素？（选择三项）

A. 价格　　B. 容量　　C. 包装　　D. 促销内容　　E. 品牌形象

在回答这样问题的时候可以获知，针对不同的消费者来说选择的角度是不一样的，答案会有很多种组合。我们知道对于单项选择题，只需要按照上面介绍的方法将每一道题设成一个变量，然后录入每个人的选择答案就可以进行分析了。但是，对于这种多项选择题，单项选择题的分析方法是行不通的，也就是说，SPSS 无法直接对多项选择题进行分析处理。我们需要对多项选择问题重新设计一个好的编码方案，对原始数据进行重新编码。即将一道多选题进行分解，拆分成几个单选题，设置几个 SPSS 变量，分别存放描述这些问题的几个可能被选择的答案。多项选择题的分解方案大致有以下两种：多选项二分法和多选项分类法。

（一）多选项二分法

多选项二分法是将多选题中涉及的每一个可能的答案设为一个 SPSS 变量，每个变量只有 0 和 1 两个取值，分别表示选择了这个答案和没有选择这个答案。例如，上面假设的那道选择题，按照这个方案进行重新编码，将一道题拆分成五道题，设置 5 个变量，分别存放主要考虑的因素是否是价格、主要考虑的因素是否是容量、主要考虑的因素是否是包装、主要考虑的因素是否是促销内容、主要考虑的因素是品牌形象因素。用 1 表示是考虑的主要因素，0 表示不是考虑的主要因素，如表 3-2 所示。

表 3-2 多选项二分法变量设置表

设置的变量名	变量名标签	编码方案	
A1	主要考虑的因素是价格	0	1
A2	主要考虑的因素是容量	0	1
A3	主要考虑的因素是包装	0	1
A4	主要考虑的因素是促销内容	0	1
A5	主要考虑的因素是品牌形象因素	0	1

（二）多选项分类法

多选项分类法首先要估计多选题最多可能同时出现的答案个数，然后为每一个答案设置一个 SPSS 变量，其变量取值为多选项问题中的可选答案。例如，上面假设的那道题，最多有 3 个答案，那么就设置 3 个变量，分别用来存放 3 个可能的答案。如果某个案的答案只有 2 个，那么第 3 个变量的取值为缺失值，如表 3-3 所示。

表 3-3 多选项分类法变量设置表

设置的变量名	变量名标签	编码方案
B1	因素 1	1. 价格；2. 容量；3. 包装；4. 促销内容；5. 品牌形象
B2	因素 2	1. 价格；2. 容量；3. 包装；4. 促销内容；5. 品牌形象
B3	因素 3	1. 价格；2. 容量；3. 包装；4. 促销内容；5. 品牌形象

下面我们将针对不同的编码方案给出相应的统计分析过程。

某啤酒生产厂商对消费者购买啤酒考虑的因素进行了消费者调查，随机调查了 15 位消费者，让他们选出 3 个主要考虑的因素，收集到相应数据，如表 3-4 所示。

表 3-4 消费者购买啤酒考虑因素调查表

编号	性别	价格	容量	包装	促销内容	品牌形象
1	男	1	0	1	1	0
2	男	1	1	0	0	1
3	女	0	0	1	1	1
4	男	1	1	1	0	0
5	女	0	1	1	0	1
6	男	1	1	1	0	0
7	男	0	0	1	1	1
8	男	1	0	1	0	1
9	女	0	1	1	1	0
10	女	1	1	1	0	0
11	男	0	0	1	1	1
12	女	1	1	1	0	0
13	女	1	0	1	1	0
14	男	0	1	1	0	1
15	女	1	1	1	0	0

分析步骤：

(1) 在 SPSS 软件中设定变量，录入数据。定义变量：编号、5 个考虑因素和消费者性别 7 个变量。如果选择了相应的因素，则该变量对应的数据为 1，否则为 0。

(2) 在“Analyze”下拉菜单中选中“Multiple Response”，在其右拉菜单中选择“Define Sets”命令。

(3) 在弹出的“Define Multiple Response Sets”窗口中，将窗口左边“Set Definition”中多选题的变量“A1”、“A2”、“A3”、“A4”、“A5”通过“”添加到“Variables in set”框中。

Variables Are Coded As 中的选项是用来选择变量的编码形式，由于在本例题中我们的编码方式选择了多选项二分法，因此，选中 Dichotomies Counted value 并在后面录入 1，表示等于该值的为一组，其他的为一组。然后，在下面的 name 设定新变量名称和在 Label 处进行解释，单击“Add”按钮。最后单击“Close”按钮返回数据窗口。

(4) 重复第二步中的过程会发现“Frequencies”和“Crosstabs”两个按钮变黑，说明可以根据需要对多选题进行频数和交叉分析。如果进行“Frequencies”分析，就会显示表 3-5 和表 3-6 分析结果。

表 3-5 Case Summary

项目	Cases					
	Valid		Missing		Total	
	N	Percent	*N*	Percent	*N*	Percent
多选	15	100.0%	0	0.0%	15	100.0%

Notes:Dichotomy group tabulated at value 1

表 3-6 $ 多选 Frequencies

项目		Responses		Percent of Cases
		N	Percent	
22(a)	a1	9	20.0%	60.0%
	a2	9	20.0%	60.0%
	a3	14	31.1%	93.3%
	a4	6	13.3%	40.0%
	a5	7	15.6%	46.7%
Total		45	100.0%	300.0%

Notes:Dichotomy group tabulated at value 1

从表 3-6 中,我们可以看出每一个选项所占的比例。例如,在 5 个备选答案中,头三个选项所占的比例最高,是主要的考虑因素。

如果进行“Crosstabs”分析,就会显示如图 3-9 所示的内容。

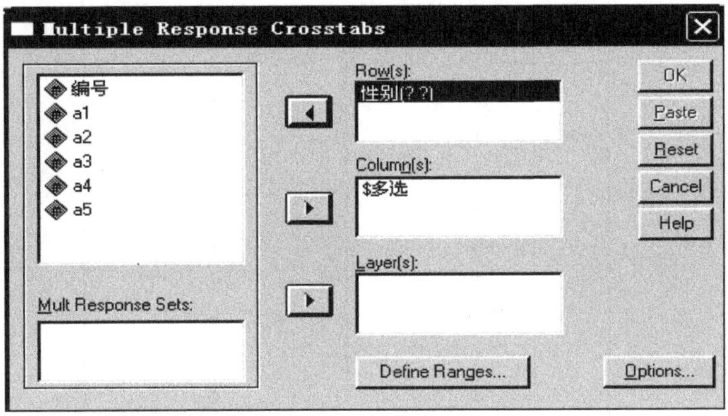

图 3-9 对话窗口

在“Define Ranges”中设定行变量的取值范围。分析的结果如表 3-7 和表 3-8 所示。

表 3-7 Case Summary

项目	Cases					
	Valid		Missing		Total	
	N	Percent	*N*	Percent	*N*	Percent
性别 * $ 多选	8	53.3%	7	46.7%	15	100.0%

表 3-8 性别 * $ 多选 Crosstabulation

项目	22					Total
	a1	a2	a3	a4	a5	
性别(男)	8	4	7	3	5	8
合计	8	4	7	3	5	8

表 3-8 中显示的是男性在几个因素中的选择。统计结果表明:在接受调查的 8 名男性消费者中,认为价格是考虑主要因素的有 8 人,认为容量是考虑主要因素的有 4 人,认为包装是考虑主要因素的有 7 人,认为促销内容是考虑主要因素的有 3 人,认为品牌形象是考虑主要因素的有 5 人。

若对上例采用多选项分类法对多选题进行重新编码,我们可以得到表 3-9 的编码数据表。

表 3-9 多选项分类法编码数据

编号	答案 1	答案 2	答案 3
1	1	3	4
2	1	2	5
3	3	4	5
4	1	2	3
5	2	3	5
6	1	2	3
7	3	4	5
8	1	3	5
9	2	3	4
10	1	2	3
11	3	4	5
12	1	2	3
13	1	3	4
14	2	3	5
15	1	2	3

根据表 3-9 进行数据录入和多选项分析，其分析过程和结果的含义与多选项二分法相同。

三、统计图的制作

在统计分析中，统计图作为数据描述的重要方法之一，主要是用点的位置、线段的升降、直条的长短或面积的大小等方法表示统计资料的一种形式，其特点是简明生动、形象具体和通俗易懂。在数据分析过程中，数据分析图与数据表格有时可同时产生，有时必须分开进行。SPSS 制图的功能很强，能绘制许多种统计图形，这些图形可以由各种统计分析过程产生，也可以直接由 Graphs 菜单中的一系列图形选项直接产生。在这里主要介绍条形图的制作方法。

（一）条形图的制作

条形图按照分类变量的选用情况分为简单条形图、复合条形图两大类，复合条形图按照图形表达方法不同又分为分组分层条形图与分组分段条形图。三种图的区别如图 3-10(a)～(c)所示。从图中可以看出，简单条形图只选用了一个分组变量来分组，没有进一步分层，各个条之间有间隔；分组分层条形图选用了一个分类变量（大类）和一个分层变量（小类）来分组，属于同一组的条之间没间隔（小类不间隔），而不同组之间有间隔（大类间隔）；在分组分段条形图中，选用了一个分类变量和一个分层变量，条的个数为大类标志所分组的个数，而各层在每一条上按顺序分段表达出来，其分段长度代表了各层的指标值的大小，总长度代表了汇总值。

1. 简单条形图(simple bar)的绘制步骤

(1) 打开数据文件。

(2) 点击“Graphs”下拉菜单，选中“Bar”命令，此时弹出“Bar charts”窗口，选择 Simple bar，点击 Define，进入绘图参数输入窗口。

(3) 在条形图纵轴指标选项中选择频率选项(% of cases)，在分类轴横轴中输入分类变量。如果不需要在图中显示缺失值统计结果，在 Options 选项中去掉缺失值显示(Display groups defined by missing values)，其他均采用系统默认值。

(4) 确认 Ok 后，即显示出条形图，如图 3-10(a)所示。

2. 分组分层条形图的绘制步骤

(1) 打开数据文件。

(2) 点击“Graphs”下拉菜单，选中“Bar”命令，此时弹出“Bar charts”窗口，选择 Clustered bar，点击 Define，进入绘图参数输入窗口。

(3) 在条形图纵轴指标 Bar represents 选项中选择频率选项(% of cases)，在分类轴横轴中输入分类变量，在分层变量中输入分层变量，其他均采用系统默认值。

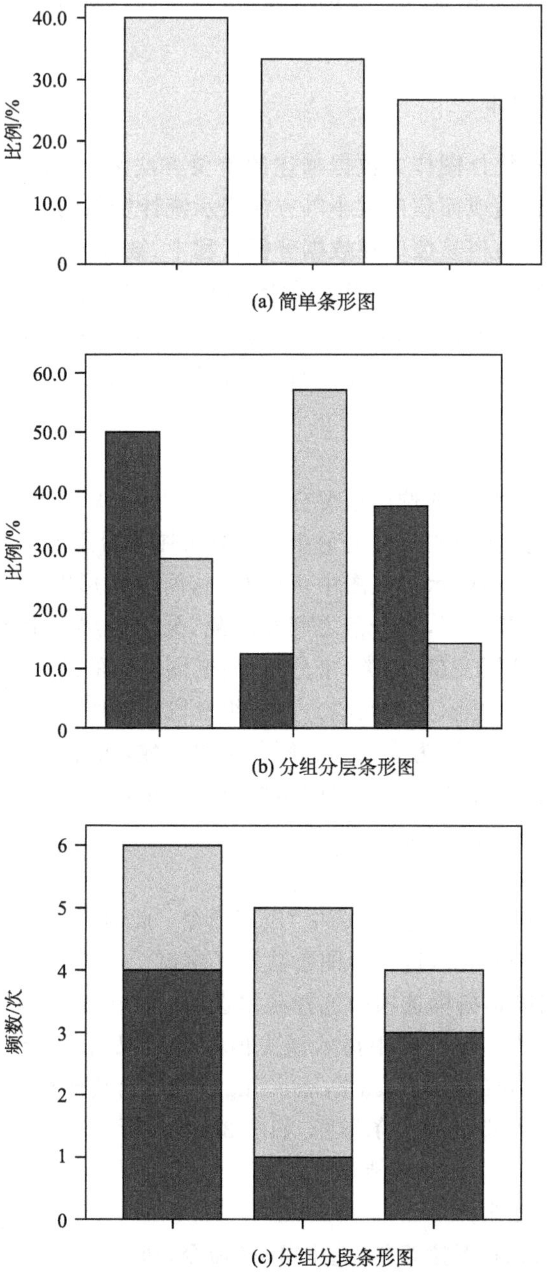
40.0
30.0
20.0
10.0
0
比例/%
(a) 简单条形图
60.0
50.0
40.0
30.0
20.0
10.0
0
比例/%
(b) 分组分层条形图
6
5
4
3
2
1
0
频数/次
(c) 分组分段条形图

图 3-10　条形图

(4) 确认 Ok 后，即显示结果。如图 3-10(b)所示。该图的分类轴上，包括了分类变量和分层变量共同的分组，分类情况直接标注在横轴上，分层情况则以图例反映出来。该图反映了分类变量的各个组别中，不同分层变量的频率。

与简单条形图相似，其纵轴指标，也可以是综述变量的统计指标。在上述操作中，在选择条形图纵轴指标选项中选择计算综述值，并输入综述变量即可。

3. 分组分段条形图的绘制步骤

(1) 打开数据文件。

(2) 点击"Graphs"下拉菜单，选中"Bar"命令，此时弹出"Bar charts"窗口，选择 Stacked bar，点击 Define，进入绘图参数输入窗口。

(3) 在条形图纵轴指标选项中选择频率选项(N of cases)，在分类轴横轴中输入分类变量，在分段变量中输入分层变量，其他均采用系统默认值。

(4) 确认 Ok 后，即生成分段条形图，如图 3-10(c)所示。该图的分类轴上，只包括分类变量，分类情况直接标注在横轴上，分段情况标注在条上，并以图例反映出来。该图反映了分类变量的各个组别中，不同性别的被访者出现的频数，与分层条形图相比，比较简洁。

(二) 其他图形的制作

1. 饼图

与条形图绘制原理相同，饼图(pic)按反映指标值的不同分为以下三类：

(1) 组特征值饼图或分组饼图。它是描述按照一个频数变量或分类变量分组的各组特征值的图。

(2) 平行变量饼图。它是描述若干个平行变量的特征值。

(3) 个案饼图。它直接描述原始数据库中的个案数值，如图 3-11 所示。

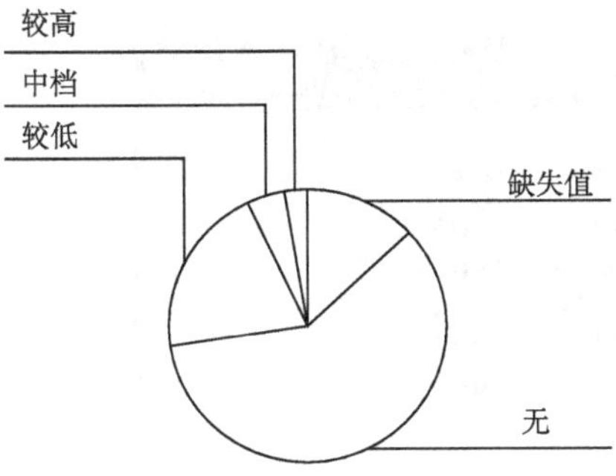

图 3-11 饼图

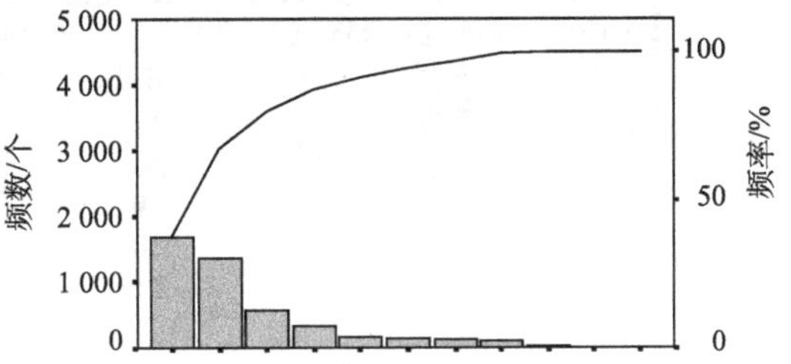

图 3-12 帕累托图

2. 帕累托图

帕累托(Pareto)图也称排列图或主次因素图,实际上是将条形图按降序排列,并附上累计百分比的曲线。通过累计百分比曲线,可以很快判断主要因素和次要因素。如图 3-12 所示,前四个因素为主要因素。

在 SPSS 分析软件中,还提供了其他的制图工具,如控制图(control)、散布(点)图(scatter)、直方图(histogram)、面积图(area)、概率图(normal p-p)、高低图(high-low)、误差图(error bar)等,可根据实际需要选择,在此不一一叙述。

➤思考与练习

1. 简单介绍 SPSS 统计软件的特点。
2. 请问 SPSS 统计软件主要窗口有哪些? 分别起什么作用?
3. 什么是个案、变量?
4. 请将下表中的数据录入到 SPSS 中。

编　号	姓　名	性　别	年　龄	学　历	生　日
1	姜雪	女	22	本科	1986-5-1
2	邹衍	男	26	研究生	1982-7-2
3	刘森	男	30	研究生	1978-2-2
4	薛小舒	女	28	本科	1982-8-6
5	胡梵音	女	21	专科	1987-1-29

5. 试根据上表中的资料,利用 SPSS 统计软件制作统计图。
6. 请将文本文件 a.txt 中的资料转换为 SPSS 格式。

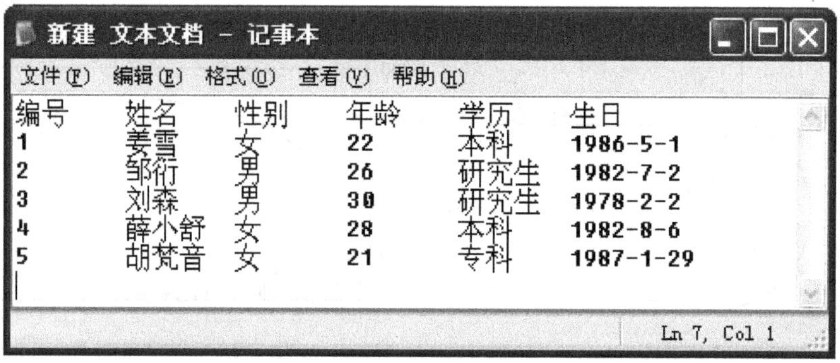

7. 请将 excel 文件 b. xls 转换为 SPSS 格式。

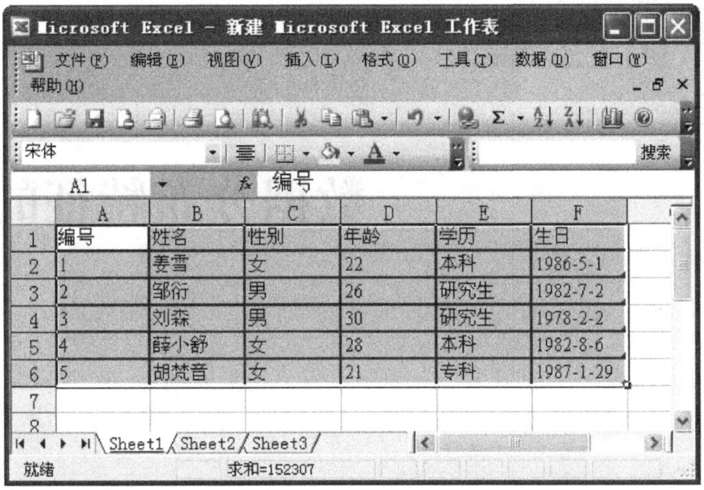

	A	B	C	D	E	F
1	编号	姓名	性别	年龄	学历	生日
2	1	姜雪	女	22	本科	1986-5-1
3	2	邹衍	男	26	研究生	1982-7-2
4	3	刘森	男	30	研究生	1978-2-2
5	4	薛小舒	女	28	本科	1982-8-6
6	5	胡梵音	女	21	专科	1987-1-29

第四章

数据分布特征的描述

对数据分布特征主要从三个方面进行测度和描述：一是分布的集中趋势，反映数据向其中心值靠拢或聚集的程度；二是分布的离散程度，反映各数据远离其中心值的趋势；三是分布的形状，反映数据的分布偏态和峰度。本章主要介绍如何使用函数以及“数据分析”工具对数据分布特征进行测度和描述。

第一节　集中趋势的测度

将一群数据排列成次数分布是很有用的，它可以将数据分成不同的组并表示每组的观测值的个数。这样，我们对数据分布的类型和特点就有了一个大致的了解。然而，这种了解也只能停留在表面上，为了进一步掌握数据分布的特征和规律，进行更加深入的分析研究，还需要使用代表性的数量特征值来准确地描述统计数据的分布。

社会经济现象总体中，每个单位都有区别于其他单位的特征，这些特征表现在数量上就是大小不一、高低有别，但绝大多数总体各单位的次数分布都呈正态分布或近似于正态分布，即很小或很大的数值出现次数很少，而越接近中间的变量值出现的次数越多，并且以中间变量值为中心，两侧呈对称分布，我们把这种总体中各单位的次数分布从两边向中间集中的趋势，叫做集中趋势，也叫趋中性。作为中心的变量值就是平均指标，所以，我们可以用平均指标来反映变量数列的集中趋势。平均指标的作用主要表现在以下三个方面：

(1) 可以反映社会经济现象总体的客观规定性。总体各单位的数量大小受许多因素的影响，有些是必然因素，起绝对作用；有些则是偶然因素，使各单位数量上存在差异。通过平均，可以消除偶然因素造成的差异，显示出由于必然因素影响达到的一般水平。

(2) 利用平均指标可以对比同类现象在不同的时间、地点和条件下的一般水平。统计平均指标是对总体内各单位某项标志水平的抽象，因此，可以通过比较平均数水平的大小，反映不同现象之间的差别程度、发展趋势和规律。例如，假定有甲、乙两个企业，要比较它们工人的工资水平，在这种情况下，显然不能用其工资总额进行比较，因为工资总额受职工人数多少的影响，也不能用甲企业某一名职工的工资与乙企业某一名职工的工资进行对比，因为工人的工资受偶然因素的影响，不能代表甲、乙两企业所有职工工资的一般水平。唯一可以比较的是两企业职工的平均工资，它既不受工人数多少的影响，也不受各个职工的具体条件的偶然因素的影响。

(3) 利用统计平均指标可以分析现象之间的依存关系。要发挥这方面的作用必须和分组法相结合。例如，对商业企业按商品流转额分组后，通过计算各组的平均流通费用水平，可以分析和研究商品流转额的大小与流通费用水平之间的依存关系。

一、算术平均数

(一) 算术平均数的含义

算术平均数(arithmetic mean)是同质总体内各单位某一数量标志在一定时间、地点、条件下所达到的一般水平，是总体各单位的标志总量与它相对应的单位总数之比，是反映现象总体综合数量特征的重要指标，是集中趋势的最主要测度值。它的基本公式是

$$\text{算术平均数} = \frac{\text{总体标志总量}}{\text{总体单位总数}} \tag{4-1}$$

社会经济现象是错综复杂的，总体中各单位都具有区别其他单位的特征。这些特征有时表现为数量标志，数量标志的数值在总体各单位之间是不相同的(即有差别的)。例如，在工业企业这个总体中，每个企业的总产值、利润总额、工人数、工资总额等是各不相同的；在企业职工这个总体中，每个工人的年龄、工龄、工资、劳动生产率也各有差别。以奖金额来说，假设某机械厂第一生产小组 10 名工人的月奖金额分别是 400 元、460 元、540 元、600 元、650 元、650 元、740 元、800 元、900 元、950 元。要说明这 10 名工人的奖金额的一般水平，显然不能用个别工人的奖金额作代表，因为它不是使之偏高，就是使之偏低，因而应该计算他们的平均奖金额，找出一个代表值。例中的平均奖金额为

$$\text{平均奖金额} = \frac{\text{奖金总额}}{\text{工人数}} = \frac{400 + 460 + \cdots + 950}{10} = 669(\text{元})$$

这个 669 元的平均奖金额是在这组 10 名工人的奖金额基础上计算出来的，在计算中把他们之间奖金额的差异(差别)抽象化了，结果得到的就是这 10 名工人奖金额的一般水平(代表值)。

(二) 算术平均数的计算

在许多社会经济现象中都存在着这样一个关系，即个体单位的标志值之和等于总体的标志总量。因此，计算算术平均数的目的，在于计算出总体各单位标志值的一般水平(代表值)。

在已知总体标志总量和总体单位总数的情况下，可以直接利用算术平均数的定义式来计算算术平均数。例如，某公司 2007 年 8 月份的工资总额为 370 000 元，职工人数为 200 人，则该公司职工的平均工资为

$$\text{平均工资} = \frac{\text{工资总额}}{\text{职工人数}} = \frac{370\ 000}{200} = 1\ 850(\text{元})$$

利用式(4-1)计算平均数时，要注意公式的子项(总体标志总量)与母项(总体单位总数)在总体范围上的可比性，即两者必须是属于同一总体的。

由于所掌握的资料不同，算术平均数又可以分为简单算术平均数和加权算术平均数。我们着重介绍一下加权算术平均数。

根据分组整理的数据计算平均数时，应采用加权算术平均数。设原始数据被分成 n 组，各组的变量值分别为 $x_1, x_2, x_3, \cdots, x_n$，各组变量值出现的次数分别为 $f_1, f_2, f_3, \cdots, f_n$，则加权算术平均数的计算公式为

$$\bar{x} = \frac{x_1 f_1 + x_2 f_2 + \cdots + x_n f_n}{f_1 + f_2 + \cdots + f_n} = \frac{\sum_{i=1}^{n} x_i f_i}{\sum_{i=1}^{n} f_i} \tag{4-2}$$

计算加权算术平均数运用的变量数列资料有两种：单项式变量数列和组距式变量数列。单项式变量数列直接对各组变量值进行加权平均计算；组距式变量数列需要先求出各组变量的组中值，然后，对组中值进行加权平均计算。

例如，根据某车间 200 名职工加工零件的资料，计算加权算术平均数的过程如表 4-1 所示。

表 4-1 某车间职工加工零件平均数计算表

按零件数分组/个	职工人数 f/人	人数比重 $(f/\sum f)$	组中值 x	组零件数 xf/个
40～50	20	0.10	45	900
50～60	40	0.20	55	2 200

续表

按零件数分组/个	职工人数 f/人	人数比重 $(f/\sum f)$	组中值 x	组零件数 xf/个
60～70	80	0.40	65	5 200
70～80	50	0.25	75	3 750
80～90	10	0.05	85	850
合计	200	1.00		12 900

根据式(4-2),得

$$\bar{x}=\frac{\sum_{i=1}^{n}x_if_i}{\sum_{i=1}^{n}f_i}=\frac{12\ 900}{200}=64.5(\text{个})$$

值得注意的是,根据组距数列计算的算术平均数是一个近似值,而对于单项式变量数列则不需要求组中值,直接加权即可,计算的结果是一个精确值。

例如,某车间有工人 100 名,根据他们的产量资料的次数分布计算每名工人的平均日产量,如表 4-2 所示。

表 4-2　某车间工人日产量平均数计算表

日产量 x/件	工人数 f/人	组产量 xf/件
30	15	450
31	38	1 178
35	34	1 190
36	13	468
合计	100	3 286

根据表 4-2 中的资料,先分别计算出各组工人的产量,然后汇总为全部工人的总产量,对比全部工人数得出每个工人的平均日产量为

$$\bar{x}=\frac{\sum xf}{\sum f}=\frac{3\ 286}{100}=32.86(\text{件})$$

从以上计算过程可以看出,次数 f 的作用:当变量值比较大的次数多时,平均数就接近于变量值大的一方;当变量值比较小的次数多时,平均数就接近于变量值小的一方。可见,次数对变量值在平均数中的影响起着某种权衡轻重的作用,因此被称为权数。如果各组的次数(权数)均相同时,即 $f_1=f_2=f_3=\cdots=f_n$ 时,则权

数的权衡轻重作用也就消失了，这时，加权算术平均数会变成简单算术平均数。即

$$\bar{x}=\frac{\sum_{i=1}^{n}x_if_i}{\sum_{i=1}^{n}f_i}=\frac{f\sum_{i=1}^{n}x_i}{f\cdot n}=\frac{\sum_{i=1}^{n}x_i}{n} \tag{4-3}$$

可见，简单算术平均数实质上是加权算术平均数在权数相等条件下的一个特例。

简单算术平均数其数值的大小只与变量值的大小有关。加权算术平均数其数值的大小不仅受各组变量值大小的影响，而且还受各组变量值权数大小的影响。

权数既可以用绝对数表示，也可以用相对数(比重)来表示。因此，加权算术平均数也可用以下形式表示：

$$\bar{x}=\sum\left(x\cdot\frac{f}{\sum f}\right) \tag{4-4}$$

以表 4-1 资料为例，当已知各组职工人数占全部职工人数的比重时，就可以直接运用比重(频率)的形式进行计算，即

$$\begin{aligned}\bar{x}&=\sum\left(x\cdot\frac{f}{\sum f}\right)\\&=45\times0.1+55\times0.2+65\times0.4+75\times0.25+85\times0.05\\&=64.5(\text{个})\end{aligned}$$

用比重(频率)公式计算出来的平均数与原来用绝对数次数做权数计算的结果是完全相同的。这是因为权数虽然有两种形式，但其计算公式在内容上是一致的。

在分配数列条件下，一般来说次数就是权数。但也有次数是不合适作权数的，这在由相对数或平均数求平均数时经常遇到。例如，某局所属 15 个企业产值计划完成情况的组距数列资料如表 4-3 所示。求 15 个企业产值平均计划完成程度。

表 4-3　某局所属 15 个企业产值计划完成情况的组距数列

计划完成程度 /%	组中值 x /%	企业数 n	计划任务数 f /万元	实际完成数 xf /万元
90～100	95	5	100	95
100～110	105	8	800	840
110 以上	115	2	100	115
合计		15	1 000	1 050

本例的平均对象是各企业产值计划完成百分比，为了计算整个管理局产值计

划平均完成程度，是用企业数为权数呢？还是用计划产值为权数？企业数虽是完成产值计划不同程度的次数，但并不是适合的权数。因为各企业规模大小不同，产值多少也有差别，另外企业数乘上各组的计划完成程度并没有实际意义。根据计划完成程度指标的性质，计算产值计划平均完成百分比，需要计划产值来加权，即从实际产值和计划产值的对比中来确定。

在加权算术平均数的计算中，权数的选择要考虑两点：一是权数应该是相对应组标志值的直接承担者；二是权数与相对应的标志值的乘积应该有实际的经济意义，即应该是组标志总量，这样才能汇总出标志总量，从而正确计算加权算术平均数。

（三）算术平均数的数学性质

算术平均数在统计学中有着重要的地位，它是进行统计分析和统计推断的基础。算术平均数具有下面一些重要的数学性质，这些数学性质在实际工作中被广泛地应用。

性质 4-1　各变量值与其算术平均数离差之和等于零。

$$\sum(x-\bar{x})=0 \tag{4-5}$$

证明：

$$\sum(x-\bar{x})=\sum x-\sum\bar{x}=\sum x-n\bar{x}=\sum x-n\frac{\sum x}{n}=\sum x-\sum x=0$$

性质 4-2　各变量值与其算术平均数离差平方之和等于最小值。

$$\sum(x-\bar{x})^2=\text{最小值(min)} \tag{4-6}$$

证明：

设 x_0 为任意数，c 为常数($c\neq0$)，并令 $x_0=\bar{x}\pm c$，则

$$\begin{aligned}\sum(x-x_0)^2&=\sum[x-(\bar{x}\pm c)]^2\\&=\sum[(x-\bar{x})\pm c]^2\\&=\sum(x-\bar{x})^2\pm2c\sum(x-\bar{x})+nc^2\\&=\sum(x-\bar{x})^2+nc^2\end{aligned}$$

因为 $nc^2>0$，所以 $\sum(x-x_0)^2>\sum(x-\bar{x})^2$，即 $\sum(x-\bar{x})^2$ 为最小值。

性质 4-3　两个独立的同性质变量代数和的平均数等于各变量平均数的代数和。

$$\overline{(x+y)}=\bar{x}+\bar{y} \tag{4-7}$$

证明：

设变量 x 有 n 个变量值，变量 y 有 m 个变量值，则

$$\overline{(x+y)}=\frac{\sum_{n}\sum_{m}x+\sum_{n}\sum_{m}y}{nm}$$

$$=\frac{m\sum_{n}x+n\sum_{m}y}{nm}$$

$$=\frac{\sum_{n}x}{n}+\frac{\sum_{m}y}{m}$$

$$=\bar{x}+\bar{y}$$

性质 4-4 两个独立的同性质变量乘积的平均数等于各变量平均数的乘积。

$$\overline{(x\cdot y)}=\bar{x}\cdot\bar{y}\ . \tag{4-8}$$

证明：

$$\overline{x\cdot y}=\frac{\sum_{n}\sum_{m}xy}{nm}$$

$$=\frac{\sum_{n}x\sum_{m}y}{nm}$$

$$=\frac{\sum_{n}x}{n}\cdot\frac{\sum_{m}y}{m}$$

$$=\bar{x}\cdot\bar{y}$$

这个关系推广到有限 n 个变量的乘积也同样成立。

（四）应用算术平均数应注意的问题

算术平均数通俗易懂，便于计算和分析，因而应用十分广泛，但同其他统计量一样，算术平均数也有它的应用局限性，对此需予以充分的注意。

1. 应注意极端数值对算术平均数产生的影响

算术平均数是根据掌握的全部观察值计算的，这无疑使算术平均数具有很强的客观代表性。但当观察值中存在远离一般水平的极端数值时，这些极端数值会对算术平均数的代表性产生很大的干扰。

例如，某地 10 户居民人均月收入分别为 1 200 元、1 350 元、1 500 元、1 640 元、1 800 元、2 150 元、2 200 元、2 500 元、3 500 元、50 000 元。假定居民家庭人口数相同，求这 10 户居民平均人均月收入。

用算术平均数计算，该10户居民平均人均月收入为6 789元，远远超出了其中9户居民的人均月收入水平，因而，该平均数不可能被多数居民所接受。如果剔除极大值50 000元之后计算平均数，该地居民平均人均月收入为1 784元，此平均数能较好地反映这些居民的人均收入的一般水平。

上述剔除极端值之后计算算术平均数的方法称为切尾平均法，从应用的角度理解，它不失为一种灵活的变通方法，但从理论的角度分析，该方法并不科学。当全体观察值中，极端数值不只一两个时，能否同时剔除两个、三个甚至更多的极端数值呢？因此，从科学的角度出发，当观察值中存在极端数值时，用算术平均的方法计算的平均数不一定能正确反映现象的一般水平，往往要以后面介绍的中位数或众数作为一般水平的代表值。

2. 应注意正确选择算术平均数的权数

在算术平均数的形成过程中，权数对平均数大小起着重要的影响作用，凡是由分布数列求平均指标时都有加权的问题，但实际工作中常会遇到真假权数相混的现象。前面已举例分析过，再如，已知某县30个乡的粮食单产分组资料，求全县的粮食平均单产时，不能以乡的个数作为各组的权数，而应以播种面积作为各组的权数，因为各乡的粮食种植规模并不相同，乡的个数不能对粮食单产起到权衡轻重的作用。

3. 应注意用组平均数补充说明总平均数

根据总体各单位的观察值计算出来的平均数能反映该总体的一般水平，但它没有进一步的阐明总体内各部分的特点及各部分之间质的差异。如果用各组的平均数与总体平均数结合起来进行分析，不仅可以对比其总平均数水平，而且进一步对比各组平均数，还能揭示总体内部的结构变化对总平均数的影响。这样，能够更深入地揭示出总体内部的矛盾，得出比单一的总体平均数更符合实际情况的分析结论。

例如，有甲、乙两个鸭场，饲养规模和饲养条件大体相同，甲鸭场平均每只鸭年产蛋144.5个，乙鸭场平均每只鸭年产蛋142.0个，能否就此判断甲鸭场的饲养管理优于乙鸭场的呢？计算结果如表4-4所示。

表4-4 甲，乙两个鸭场平均产蛋量对比分析表

品种	甲鸭场			乙鸭场		
	总产蛋量/个	饲养数量/只	平均每只鸭产蛋量/个	总产蛋量/个	饲养数量/只	平均每只鸭产蛋量/个
本地鸭	97 500	750	130	248 400	1 800	138
改良鸭	70 000	500	140	48 960	340	144
引进鸭	193 750	1 250	155	57 600	360	160
合计	361 250	2 500	144.5	354 960	2 500	142.0

从表 4-4 中可以看出，甲鸭场的总平均产蛋量是高于乙鸭场的，但乙鸭场三种鸭的平均产蛋量都比甲鸭场高，为什么组平均数的比较结果和总平均数的比较结果相矛盾呢？原因在于两个鸭场的鸭群结构不一样，甲鸭场的产蛋量较高的“引进鸭”的数量占总饲养量的 50%，乙鸭场的只占 14.4%；产蛋量较低的“本地鸭”甲鸭场占 30%，乙鸭场却占 72%。虽然每种鸭群的平均产蛋量水平乙鸭场的都高于甲鸭场，但受总体内部鸭群结构的影响，使乙鸭场的产蛋量的总平均水平反而低于甲鸭场。由此可见，乙鸭场在内部饲养管理方面并不亚于甲鸭场，而甲鸭场在引进、改良品种、调整鸭群结构方面走在乙鸭场的前面。

因此，运用平均数进行分析，不仅要看到总平均数的差异，还应该看到各组平均数的差异以及各组结构对总平均数的影响，用组平均数来补充说明总平均数。

二、算术平均数的变形——调和平均数

在统计分析中，有时由于资料的原因没有掌握各组的单位数(次数)，只有每组的变量值和相应的标志总量。在这种情况下就不能直接运用算术平均方法来计算，而需要以迂回的形式，即用每组的标志总量除以该组的变量值推算出各组的单位数，才能计算出平均数，这就是说要运用调和平均的方法。

所谓调和平均数(harmonic mean)是各变量值倒数的算术平均数的倒数。由于它没有独立的应用场合，所以，只能作为算术平均数的一种变形形式加以应用。

设 m 为调和平均数的权数，调和平均数公式即为

$$\bar{x}_H = \frac{m_1 + m_2 + \cdots + m_n}{\dfrac{m_1}{x_1} + \dfrac{m_2}{x_2} + \cdots + \dfrac{m_n}{x_n}} = \frac{\sum_{i=1}^{n} m_i}{\sum_{i=1}^{n} \dfrac{m_i}{x_i}} \tag{4-9}$$

例如，某菜市场某种蔬菜不同时间段的销售价格及销售额资料如表 4-5 所示，计算该种蔬菜的平均销售价格。

表 4-5 调和平均数计算表

时间	单价 x/(元/公斤)	销售额 m/元	销售量(m/x)/(公斤)
早市	2.5	400	160
中市	1.5	300	200
晚市	1.2	300	250
合计		1 000	610

蔬菜平均销售价格为 $\bar{x}_H = \dfrac{\sum_{i=1}^{n} m_i}{\sum_{i=1}^{n} \dfrac{m_i}{x_i}} = \dfrac{1\,000}{610} = 1.64$（元/公斤）

如果例子中没有各时间段销售额资料，而只有销售量资料的话，则需利用算术平均数计算蔬菜的平均销售价格。由此可见，调和平均数与算术平均数在本质上是一致的，唯一的区别是计算时使用了不同的数据资料。二者的变形关系如下：

$$\bar{x}_H = \frac{\sum_{i=1}^{n} m_i}{\sum_{i=1}^{n} \frac{m_i}{x_i}} = \frac{\sum_{i=1}^{n} x_i f_i}{\sum_{i=1}^{n} \frac{x_i f_i}{x_i}} = \frac{\sum_{i=1}^{n} x_i f_i}{\sum_{i=1}^{n} f_i} = \bar{x}$$

三、几何平均数

社会经济现象中多数情况下是变量值之和等于总量有经济意义，在求平均时可以应用算术平均数。但并不是所有的变量值之和都有经济意义，如各年的经济发展速度之和就没有实际意义，而是其积具有实际经济意义，为经济发展的总速度。在这种情况下，就不应选择算术平均数，而应选择几何平均数，因为几何平均数恰与这种情况相吻合。

几何平均数(geometric mean)是 n 个变量值连乘积的 n 次方根。几何平均数是计算平均比率和平均速度最适用的一种方法。根据掌握数据资料的不同，几何平均数可分为简单几何平均数和加权几何平均数两种。

（一）简单几何平均数

根据未经分组资料计算几何平均数时，应采用简单几何平均数。简单几何平均数的计算公式如下：

$$\bar{x}_G = \sqrt[n]{x_1 \cdot x_2 \cdot \cdots \cdot x_n} = \sqrt[n]{\prod_{i=1}^{n} x_i} \tag{4-10}$$

例如，某产品生产需要经过六道工序，每道工序的合格率分别为 98%、91%、93%、98%、98%、91%，求六道工序的平均合格率。

因为成品的合格率等于各道工序产品合格率的连乘积，因此，要用几何平均数来计算这六道工序的平均合格率，即

$$\bar{x}_G = \sqrt[6]{98\% \times 91\% \times 93\% \times 98\% \times 98\% \times 91\%} = 94.78\%$$

（二）加权几何平均数

当掌握的数据资料为分组资料，且各个变量值出现的次数不相同时，应用加权方法计算几何平均数。加权几何平均数的公式为

$$\bar{x}_G = \sqrt[f_1+f_2+\cdots+f_n]{x_1^{f_1} \cdot x_2^{f_2} \cdot \cdots \cdot x_n^{f_n}} = \sqrt[\sum f]{\prod_{i=1}^{n} x_i^{f_i}} \tag{4-11}$$

如前例中，产品合格率98%的有三道工序，合格率93%的有一道工序，合格率91%的有二道工序。用加权方法计算如下：

$$\bar{x}_G = \sqrt[f_1+f_2+\cdots+f_n]{x_1^{f_1} \cdot x_2^{f_2} \cdot \cdots \cdot x_n^{f_n}} = \sqrt[3+1+2]{98\%^3 \times 93\%^1 \times 91\%^2} = 94.78\%$$

以上所介绍的算术平均数和几何平均数都是由各变量值计算的，我们将它们通称为数值平均数。而下面要介绍的中位数和众数只与所处位置有关，因此，将它们称为位置平均数。

四、中位数

中位数(median)是一组数据按大小顺序排列后，处于中间位置的那个变量值，通常用 M_e 表示。其定义表明，中位数就是将某变量的全部数据均等地分为两半的那个变量值。其中，一半数值小于中位数，另一半数值大于中位数。中位数是一个位置代表值，因此，它不受极端变量值的影响。

（一）由未分组数据确定中位数

对未分组数据资料，需先将各变量值按大小顺序排列，并按公式 $\frac{n+1}{2}$ 确定中位数的位置。

当一个序列中的项数 n 为奇数时，则处于序列中间位置的变量值就是中位数。例如，根据7、6、8、2、3这五个数据求中位数，先按大小顺序排成2、3、6、7、8。在这个序列中，中位数的位置是(5+1)/2=3，中位数是6。

当一个序列的项数是偶数时，则应取中间两个数的中点值作为中位数，即取中间两个变量值的平均数为中位数。例如，一个按大小顺序排列的序列2、5、7、8、11、12，其中位数的位置在7与8之间，中位数就是7与8的平均数，即 $M_e=\frac{7+8}{2}=7.5$。

（二）由单项数列确定中位数

根据单项数列资料确定中位数与根据未分组资料确定中位数方法基本一致。它是先计算各组的累计次数，再按公式 $\frac{\sum f+1}{2}$ 确定中位数的位置，并对照累计

次数确定中位数。例如，某班同学按年龄分组资料如表 4-6 所示。

表 4-6　单项数列求中位数计算表

年龄/岁	学生人数/人	较小制累计次数	较大制累计次数
17	5	5	50
18	8	13	45
19	26	39	37
20	9	48	11
21	2	50	2
合计	50		

年龄中位数的位置为$\frac{50+1}{2}=25.5$，说明中位数位于第 25 位与第 26 位同学之间，在累计次数中第一个大于 25.5 的那一组即为中位数组，其变量值即为中位数。可见第三组的变量值 19 岁就是中位数。

（三）由组距数列确定中位数

根据组距数列资料确定中位数，应先按$\frac{\sum f}{2}$的公式求出中位数所在组的位置，然后运用插补法按比例推算出中位数的近似值。公式为

下限公式：

$$M_e = L + \frac{\frac{\sum f}{2} - S_{m-1}}{f_m} \cdot i \tag{4-12}$$

上限公式：

$$M_e = U - \frac{\frac{\sum f}{2} - S_{m+1}}{f_m} \cdot i \tag{4-13}$$

式中：L 表示中位数所在组的下限；U 表示中位数所在组的上限；S_{m-1} 表示较小制累计至中位数所在组前一组止的次数；S_{m+1} 表示较大制累计至中位数所在组后一组止的次数；f_m 表示中位数所在组的次数；i 表示中位数所在组的组距。

上限公式和下限公式都是以中位数所在组内的次数均匀分布为前提的，在这种情况下才可以按比例推算中位数的近似值。

现利用表 4-7 的资料计算中位数如下。

表 4-7 中位数计算示例表

按零件数分组/个	职工人数/人	较小制累计次数	较大制累计次数
40～50	20	20	200
50～60	40	60	180
60～70	80	140	140
70～80	50	190	60
80～90	10	200	10
合计	200		

将表 4-7 的资料代入计算中位数的上限公式和下限公式，所得结果完全一致。

按下限公式(4-12)计算

$$M_e = 60 + \frac{\frac{200}{2} - 60}{80} \times 10 = 65(个)$$

按上限公式(4-13)计算

$$M_e = 70 - \frac{\frac{200}{2} - 60}{80} \times 10 = 65(个)$$

从上面分析可知，中位数实际上就是位于累计次数达到 $\frac{\sum f}{2}$ 的这一组组距中的某个数值。该数值就是这一组下限加上按一定几何比例分割组距所得的一段组距，或这一组上限减去按一定几何比例分割组距所得的一段组距。

五、众数

(一) 众数的含义

众数(mode)是一组数据中出现次数最多的那个变量值，通常用 M_0 表示。众数具有普遍性，在统计实践中，常利用众数来近似反映社会经济现象的一般水平。例如，说明某次考试学生成绩最集中的水平，说明城镇居民最普遍的生活水平，等等。从变量分布的角度看，众数是具有明显集中趋势点的数值，一组数据分布的最高峰点所对应的变量值即为众数。当然，如果数据的分布没有明显的集中趋势或最高峰点，众数也可以不存在；如果有多个高峰点，也就有多个众数，如图 4-1 所示。

(二) 众数的确定

众数的确定要根据掌握的资料而定。未分组资料或单项数列资料众数的确定

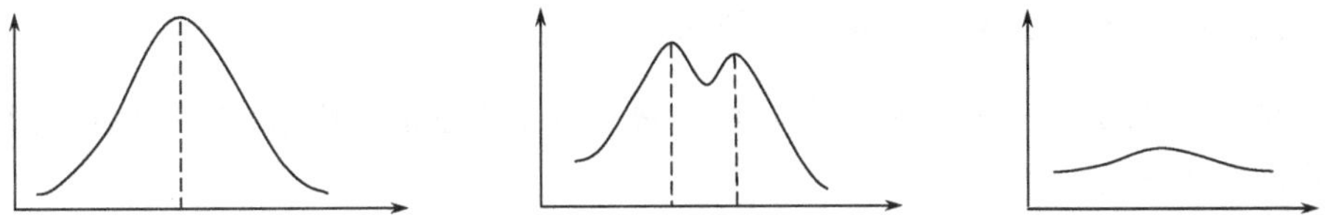

图 4-1　众数

比较容易,不需要计算,可直接观察确定。即在一组数列或单项数列中,次数出现最多的那个变量值就是众数。表 4-6 中,19 岁出现的人数最多,为 26 人,所以 19 岁就是众数。

根据组距数列确定众数比较复杂。首先要确定众数所在的组,若为等距数列,次数最多的那个组就是众数所在组;若为异距数列,需将其换算为次数密度(或标准组距次数),换算后次数密度最多的一组即为众数所在组。然后按公式近似求出众数。公式为

下限公式:

$$M_o = L + \frac{f_m - f_{m-1}}{(f_m - f_{m-1}) + (f_m - f_{m+1})} \cdot i \tag{4-14}$$

上限公式:

$$M_o = U - \frac{f_m - f_{m+1}}{(f_m - f_{m-1}) + (f_m - f_{m+1})} \cdot i \tag{4-15}$$

式中:L 为众数所在组的下限;U 为众数所在组的上限;f_m 为众数所在组的次数;f_{m-1} 为众数所在组前一组的次数;f_{m+1} 为众数所在组后一组的次数;i 为众数所在组的组距。

将表 4-7 的资料代入计算众数的上限公式和下限公式,所得结果完全一致。

按下限公式(4-14)计算

$$M_o = 60 + \frac{80 - 40}{(80 - 40) + (80 - 50)} \times 10 = 65.71(\text{个})$$

按上限公式(4-15)计算

$$M_o = 70 - \frac{80 - 50}{(80 - 40) + (80 - 50)} \times 10 = 65.71(\text{个})$$

从上面计算中可知,众数的数值要受到众数所在组相邻两组次数多少的影响。当众数组前一组次数大于众数所在组后一组次数时,众数接近众数组的下限;反之,当众数组前一组次数小于众数所在组后一组次数时,众数接近众数组的上限;而当众数所在组前后两组次数相等或当该数列次数呈对称分布时,众数所在组的组中值就是众数。

六、算术平均数、中位数和众数的比较

算术平均数、中位数和众数是集中趋势的三个主要的测度值，它们具有不同的特点和应用场合。

（一）算术平均数、中位数和众数的关系

从分布的角度看，众数始终是一组数据分布的最高峰值，中位数是处于一组数据中间位置上的值，而算术平均数是全部数据的平均。因此，对于具有单峰分布的大多数数据而言，众数、中位数和算术平均数具有以下关系：如果数据的分布是对称的，众数（M_o）、中位数（M_e）和算术平均数（$\bar{x}$）必定相等，即 $M_o=M_e=\bar{x}$；如果数据是左偏分布，说明数据存在极小值，必然拉动算术平均数向极小值一方靠，而众数、中位数由于是位置代表值，不受极值的影响，因此，三者之间的关系表现为：$\bar{x}<M_e<M_o$。如果数据是右偏分布，说明数据存在极大值，必然拉动均值向极大值一方靠，则 $M_o<M_e<\bar{x}$。上述关系如图 4-2 所示。

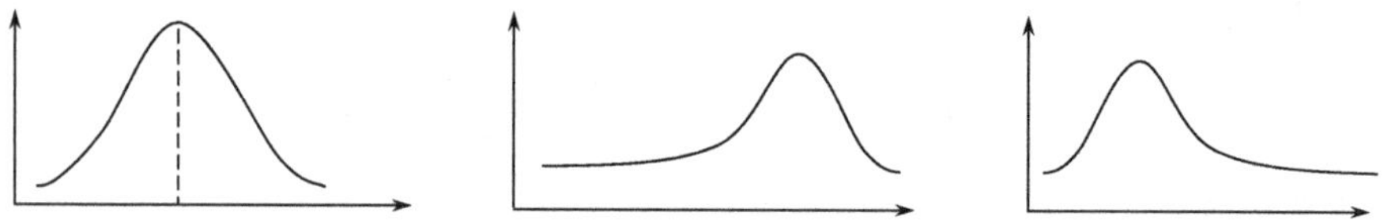

(a) $M_e=\bar{x}=M_o$　　(b) $\bar{x}<M_e<M_o$　　(c) $M_o<M_e<\bar{x}$

图 4-2　算数平均数、中位数和众数关系图

从上面的分析我们可以看出，当众数分布出现偏态时，极端值对算术平均数产生很大的影响，而对众数、中位数没有影响。此时，用众数、中位数作为一组数据的中心值比算术平均数有较高的代表性。

算术平均数与众数、中位数如果从数值上的关系看，当次数分布的偏斜程度不是很大时，无论是左偏还是右偏，众数与中位数的距离约为算术平均数与中位数距离的两倍，即

$$|M_e-M_o|\approx 2|\bar{x}-M_e|$$

（二）算术平均数、中位数和众数的特点与应用场合

算术平均数、中位数和众数各自具有不同的特点，掌握它们之间的关系和各自的不同特点，有助于在实际应用中选择合理的测度值来描述数据的集中趋势。

众数是一组数据分布的峰值，它是一种位置代表值，不受极端值的影响。其缺点是具有不唯一性，对于一组数据可能有一个众数，也可能有两个或多个众数，也

可能没有众数。虽然对于顺序数据以及数值型数据也可以计算众数，但众数主要适合于作为定类数据的集中趋势测度值。

中位数是一组数据中间位置上的代表值，与中位数类似的还有四分位数、十分位数和百分位数等，它们也都是位置代表值，其特点是不受数据极端值的影响。中位数以及其他分位数主要适合于作为顺序数据集中趋势的测度值，虽然对于顺序数据也可以使用众数，但以中位数为宜。

算术平均数是就数值型数据计算的，而且利用了全部数据信息，它具有优良的数字性质，是实际中应用最广泛的集中趋势测度值。作为算术平均数变形的调和平均数以及几何平均数，是适用于特殊数据的代表值，调和平均数主要用于不能直接计算算术平均数的数据，几何平均数则主要用于计算比率数据的平均数。算术平均数主要适合于作为数值型数据的集中趋势的测度值，虽然对于数值型数据也可以计算众数和中位数，但以算术平均数为宜。当数据呈对称分布或接近对称分布时，三个代表值相等或接近相等，这时我们应选择算术平均数作为集中趋势的代表值。但算术平均数的主要缺点是易受数据极端值的影响，对于偏态分布的数据，算术平均数的代表性较差。因此，当数据为偏态分布，特别是当偏斜的程度较大时，我们可以考虑选择众数或中位数等位置代表值，这时它们的代表性比算术平均数要好。表 4-8 列出了数据的类型和所适用的集中趋势测度值。

表 4-8　数据类型和所适用的集中趋势测试值

数据类型	定类数据	定序数据	定距数据	定比数据
适用的测度值	众数	中位数 众数	算术平均数 众数 中位数	算术平均数 几何平均数 中位数

第二节　离散程度的测度

集中趋势是一个说明同质总体各单位变量值的代表值，其代表性如何，取决于被平均变量值之间的离散程度，也称离散趋势。在统计中，把反映现象总体中各单位变量值间差异程度的指标称为变异指标。集中趋势和离散趋势是数据分布的两个最基本的特征。因此，在介绍了集中趋势的描述方法后，接下来我们就要讨论数据变异的统计描述问题了。

对离散趋势进行分析的意义：一是可以帮助我们判断算术平均数的代表性强弱，算术平均数作为反映变量取值集中趋势的指标，其代表性大小取决于变量值变化的离散程度。一般的，离散程度越大，算术平均数的代表性越小；离散程度越小，算术平均数的代表性就越大。二是对数据离散程度的考察，还可以帮助我们认识一些特殊问题，如了解工作的节奏性和均衡性、产品加工过程中工序的稳定性、金融投资活动的风险水平等。

下面介绍几种常用的变异指标。

一、极差

极差(range)也叫全距，是一组数据的最大值与最小值之差，即

$$R = \max(x_i) - \min(x_i) \tag{4-16}$$

式中：R 为极差；$\max(x_i)$和 $\min(x_i)$分别为一组数据的最大值和最小值。

对于组距分组数据，极差也可近似表示为最高组的上限值与最低度组的下限值之差。

例如，根据表 4-6 的数据，计算极差为：$R=21-17=4$(岁)。根据表 4-7 的数据，计算极差为：$R\approx 90-40=50$(个)。

极差是描述数据离散程度的最简单测度值，它计算简单，易于理解。但它只是说明两个极端变量值的差异范围，因而它不能反映各单位变量值变异程度，易受极端数值的影响。另外，如果组距数列为开口式时，也无法确定其极差，除非知道两个极端值。

二、四分位差

(一) 四分位数

中位数是从中间点将全部数据等分为两部分。与中位数类似的还有四分位数、八分位数、十分位数和百分位数等。它们分别是用 3 个点、7 个点、9 个点和 99 个点将数据四等分、八等分、十等分和一百等分后各分位点上的值。这里只介绍四分位数的计算，其他分位数与之类似。

将一组数据排序后处于 25%和 75%位置上的值，称为四分位数，也称四分位点。四分位数是通过三个点将全部数据等分为四部分，其中每部分包含 25%的数据。很显然，中间的分位数就是中位数，因此，通常所说的四分位数是指处在 25%位置上的数值(下四分位数)和处在 75%位置上的数值(上四分位数)。与中位数的计算方法类似，根据未分组数据计算四分位数时，首先对数据进行排序，然后确定四分位数所在的位置。

设下四分位数为 Q_L，上四分位数为 Q_U，则：

(1) 未分组数据。

$$Q_L = x_{\frac{n+1}{4}}, \quad Q_U = x_{\frac{3(n+1)}{4}}$$

当四分位数的位置不在某一个位置上时，可根据四分位数的位置，按比例分摊四分位数两侧的差值。

(2) 单项式分组数据。

$$Q_L = x_{\frac{\sum f}{4}}, \quad Q_U = x_{\frac{3\sum f}{4}}$$

(3) 组距分组数据。

$$Q_L = L + \frac{\frac{\sum f}{4} - S_L}{f_L} \cdot i, \quad Q_U = U - \frac{\frac{3\sum f}{4} - S_U}{f_U} \cdot i$$

(二) 四分位差

四分位差是离散程度的测度值之一，是上四分位数与下四分位数之差，又称为内距或四分间距(inter-quartile range)，用 Q_d 表示，则

$$Q_d = Q_U - Q_L \tag{4-17}$$

四分位差反映了中间50%数据的离散程度，其数值越小，说明中间的数据越集中；数值越大，说明中间的数据越分散。四分位差主要用于定序数据及数值型数据的离散程度的测定。它克服了极差容易受极端值影响这一缺陷。此外，由于中位数处于数据的中间位置，因此，四分位差的大小在一定程度上也说明了中位数对一组数据的代表程度。

三、平均差

平均差(mean deviation)也称平均离差，是各变量值与其平均数离差绝对值的平均数，通常用 M_D 表示。由于各变量值与其平均数离差之和等于零，所以，在计算平均差时，是取绝对值形式的。平均差的计算根据掌握数据资料不同而采用两种不同形式。

(一) 简单式平均差

对未经分组的数据资料，采用简单式，公式如下：

$$M_D = \frac{\sum |x - \bar{x}|}{n} \tag{4-18}$$

例如，在5、11、7、8、9这组数据中，其平均数为8，则其平均差为

$$M_D = \frac{|5-8|+|11-8|+|7-8|+|8-8|+|9-8|}{5} = 1.6$$

(二) 加权式平均差

根据分组整理的数据计算平均差，应采用加权式，公式如下：

$$M_D=\frac{\sum|x-\bar{x}|f}{\sum f} \tag{4-19}$$

用表 4-1 的资料计算平均差如表 4-9 所示。

表 4-9 平均差计算示例表

按零件数分组/个	职工人数 f/人	组中值 x/个	$x-\bar{x}$	$\|x-\bar{x}\|f$
40～50	20	45	−19.5	390
50～60	40	55	−9.5	380
60～70	80	65	0.5	40
70～80	50	75	10.5	525
80～90	10	85	20.5	205
合计	200			1 540

$$M_D=\frac{\sum|x-\bar{x}|f}{\sum f}=\frac{1\,540}{200}=7.7(\text{个})$$

在可比的情况下，一般平均差的数值越大，则其平均数的代表性越小，说明该组变量值分布越分散；反之，平均差的数值越小，则其平均数的代表性越大，说明该组变量值分布越集中。平均差由于采用绝对值的离差形式加以数学假定，在应用上有较大的局限性。

四、标准差与方差

标准差(standard deviation)又称均方差，它是各单位变量值与其平均数离差平方的平均数的方根，通常用 σ 表示。标准差的平方称为方差，用 σ^2 表示。标准差是测度数据离散程度的最主要方法，它是具有量纲的，它与变量值的计量单位相同。

标准差的本质是求各变量值与其平均数的距离和，即先求出各变量值与其平均数离差的平方，再求其平均数，最后对其开方。之所以称其为标准差，是因为在正态分布条件下，它和平均数有明确的数量关系，是真正度量离中趋势的标准。

根据掌握的数据资料不同，标准差有简单式和加权式两种。

（一）简单式标准差

对未经分组的数据资料，采用简单式，公式如下：

$$\sigma = \sqrt{\frac{\sum (x-\bar{x})^2}{n}} \tag{4-20}$$

例如，在 5、11、7、8、9 这组数据中，其平均数为 8，则其标准差为

$$\sigma = \sqrt{\frac{(5-8)^2+(11-8)^2+(7-8)^2+(8-8)^2+(9-8)^2}{5}} = 2$$

（二）加权式标准差

根据分组整理的数据计算标准差，应采用加权式，公式如下：

$$\sigma = \sqrt{\frac{\sum (x-\bar{x})^2 f}{\sum f}} \tag{4-21}$$

用表 4-1 的资料计算标准差如表 4-10 所示。

表 4-10　标准差计算示例表

按零件数分组/个	职工人数 f/人	组中值 x	$x-\bar{x}$	$(x-\bar{x})^2$	$(x-\bar{x})^2 f$
40～50	20	45	−19.5	380.25	7 605
50～60	40	55	−9.5	90.25	3 610
60～70	80	65	0.5	0.25	20
70～80	50	75	10.5	110.25	5 512.5
80～90	10	85	20.5	420.25	4 202.5
合计	200				20 950

则

$$\sigma = \sqrt{\frac{\sum (x-\bar{x})^2 f}{\sum f}} = \sqrt{\frac{20\,950}{200}} = 10.23(\text{个})$$

（三）是非标志标准差

在第一章中提到，在按品质标志分组时，有时具体属性只有两种，不是这样就是那样。例如，在全部产品中，分为合格品与不合格品两组；在全部人口中，分为男性人口和女性人口两组；在社会商品零售额中，分为城镇居民社会商品零售额和乡村居民社会商品零售额两组等。这种用“是”、“否”或“有”、“无”来表示的标志，叫做是非标志，也叫交替标志或 0 1 标志。

由于是非标志只有两种不同表现，故可用 1 表示具有某一特征的标志，用 0 表示不具有某一特征的标志。全部总体单位总数用 N 表示，具有某一特征标志的单

位数用 N_1 表示，不具有某一特征标志的单位数用 N_0 表示，则 $N=N_1+N_0$，这两部分单位数占总体单位总数的比重可表示如下：

$$p=\frac{N_1}{N};\quad q=\frac{N_0}{N}$$

两个比重之和等于 1，即

$$p+q=\frac{N_1}{N}+\frac{N_0}{N}=1$$

所以，$q=1-p$。

那么，是非标志的平均数为

$$\bar{x}=\frac{\sum xf}{\sum f}=\frac{p\times 1+q\times 0}{p+q}=\frac{p}{1}=p$$

是非标志的标准差为

$$\begin{aligned}\sigma&=\sqrt{\frac{\sum(x-\bar{x})^2 f}{\sum f}}\\&=\sqrt{(1-p)^2 p+(0-p)^2 q}\\&=\sqrt{q\cdot p}\\&=\sqrt{p(1-p)}\end{aligned}\qquad(4\text{-}22)$$

从式(4-22)可以看出，是非标志的标准差就是具有某一特征标志的单位数在总体中的比重和不具有某一特征标志的单位数在总体中的比重二者乘积的平方根。它是标准差的特例。例如，某地区少数民族人口所占比重为 15%，则该地区人口的民族差异程度为 35.7%。

五、离散系数

前面介绍的极差、平均差和标准差都是反映数据分散程度的绝对值，其数据的大小一方面取决于原变量值本身水平高低，也就是与变量的平均数大小有关，变量值平均水平高的，离散程度的测度值自然也就大，平均水平低的，离散程度的测度值自然也就小；另一方面，它们与原变量值的计量单位相同，采用不同计量单位计量的变量值，其离散程度的测度值也就不同。

因此，对于平均数不等或计量单位不同的不同组别的变量值，是不能直接使用上述离散程度的测度值去比较其离散程度的。为了消除变量平均数不等和计量单位不同对离散程度测度值的影响，需要计算离散系数。

离散系数(coefficient of variation)通常是就标准差来计算的，因此，也称为标准差系数，它是一组数据的标准差与其对应的平均数之比，是测度数据离散程度的相对指标，其计算公式如下：

$$V_\sigma = \frac{\sigma}{\overline{x}} \times 100\% \tag{4-23}$$

例如，某地两个不同类型的企业全年平均月产量资料，如表 4-11 所示。

表 4-11　离散系数比较分析表

企业	月平均产量 $\overline{x}$	标准差 σ	离散系数 $\left(V_\sigma = \frac{\sigma}{\overline{x}} \times 100\%\right)$/%
炼钢厂	500 吨	10 吨	2
纺纱厂	200 锭	5 锭	2.5

在上例中，炼钢厂的标准差比纺纱厂大，但我们却不能直接断定炼钢厂的平均月产量的代表性就比纺纱厂的小。因为，首先这两个厂的平均月产量相差悬殊，其次两个厂属于性质不同（计量单位不同）的两个企业，因此，只能根据离散系数的大小来判断。表 4-11 中最后一栏的两个企业的离散系数表明，炼钢厂的平均月产量的代表性比纺纱厂的大，生产比较稳定。其结果与用标准差判断的结果正好相反。

又如，某管理局抽查了所属的 8 家企业，其产品销售数据见表 4-12。试比较产品销售额与销售利润的离散程度。

表 4-12　8 家企业的产品销售数据　　单位：万元

企业编号	产品销售额 x_1	销售利润 x_2
1	170	8.1
2	220	12.5
3	390	18.0
4	430	22.0
5	480	26.5
6	650	40.0
7	950	64.0
8	1 000	69.0

本例中由于销售额与销售利润的数据水平不同，不能直接用标准差进行比较，需要计算离散系数。由表中数据计算得

$$\overline{x}_1 = 536.25\text{ 万元}, \quad \sigma_1 = 289.22\text{ 万元}, \quad V_1 = 53.9\%$$

$$\overline{x}_2 = 32.51\text{ 万元}, \quad \sigma_1 = 21.60\text{ 万元}, \quad V_1 = 66.40\%$$

六、Chebishev 定理与经验法则

方差和标准差是较重要的离中趋势测度量，其大小说明各数值在均值周围分布的情况，当一组资料的标准差较小时，说明大多数的数值集中于均值附近。

问题是究竟有多少个数值落在均值附近的某一个区间内呢？Chebishev 定理和经验法则可以回答这个问题。

（一）Chebishev 定理

对任何的一组资料，观测值落于均值左右 k 个标准差的区间内的比例，至少为 $(1-1/k^2)$，这就是 Chebishev 定理。

例如，有一组关于顾客购物付账时等候时间的资料，已知等候时间的均值为 4 分，标准差为 0.9 分，则根据 Chebishev 定理，当 $k=2$ 时，至少有 $1-1/2^2=3/4$ 或 75%的观测值落在均值左右两个标准差的区间内，即$[4\pm2\times0.9]$区间内。也就是说，等候时间为 2.2～5.8 分的顾客至少占 75%，如表 4-13 所示。

表 4-13 各种不同 k 值所对应的观测值落入的区间

k	区间	落在该区间内的比例
1	$(\bar{x}-\sigma,\bar{x}+\sigma)$	至少为 0
2	$(\bar{x}-2\sigma,\bar{x}+2\sigma)$	至少为 3/4(75%)
3	$(\bar{x}-3\sigma,\bar{x}+3\sigma)$	至少为 21/25(84%)
4	$(\bar{x}-4\sigma,\bar{x}+4\sigma)$	至少为 8/9(89%)

当 $k=1$ 时，此定理无法告诉人们有意义的信息，因为按 Chebishev 定理，此时至少有 0%的观测值在$(\bar{x}-\sigma,\bar{x}+\sigma)$区间内。

Chebishev 定理适用于任何形状的次数分布资料，但按 Chebishev 定理得到的估计区间是一个比较保守的估计值，只说明了至少有多少比例在某一区间内，至于确切的比例仍不得而知。

（二）经验法则

当资料分布形状呈对称时，则有

(1) 约有 68%的观测值落于$(\bar{x}-\sigma,\bar{x}+\sigma)$的区间内；

(2) 约有 95%的观测值落于$(\bar{x}-2\sigma,\bar{x}+2\sigma)$的区间内；

(3) 约有 99%的观测值落于$(\bar{x}-3\sigma,\bar{x}+3\sigma)$的区间内。

如图 4-3 所示。

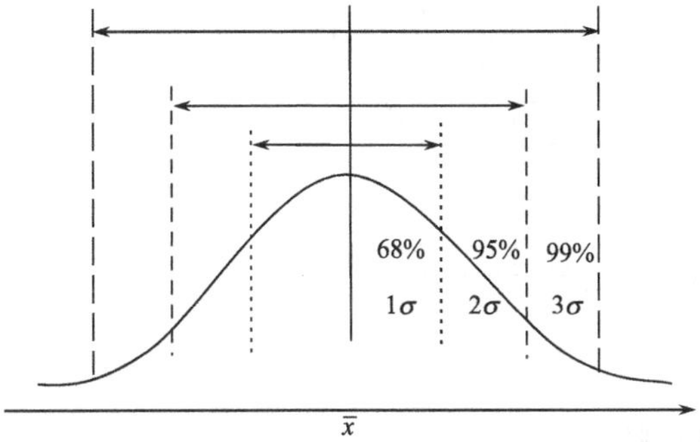

图 4-3　区间图

假如上例顾客等候付账的时间是对称分布，则有 95％的顾客需等候 2.2～5.8 分钟。

第三节　分布偏态与峰度的测度

集中趋势和离散程度是数据分布的两个重要特征，但要全面了解数据分布的特点，还需要掌握数据分布的形状是否对称、偏斜程度以及扁平程度等。反映这些分布特征的测度值有偏态和峰度。

在介绍偏态与峰度的测度之前，先介绍一下动差。动差又称矩，原是物理学用以表示力、力臂和重心关系的术语，这个关系和统计学中变量、权数和平均数的关系在性质上很类似。所以，统计学也用动差来说明次数分布的性质。

一般来说，取变量的 a 值为中点，所有变量值与 a 之差的 k 次方的平均数称为变量 x 关于 a 的 k 阶动差。用式子表示即为

$$\frac{\sum (x-a)^k}{n}$$

当 $a=0$ 时，即变量以原点为中心，上式称为 k 阶原点动差，用 M 表示。

一阶原点动差：$M_1=\dfrac{\sum x}{n}$，即算术平均数。

二阶原点动差：$M_2=\dfrac{\sum x^2}{n}$，即平方平均数。

三阶原点动差：$M_3=\dfrac{\sum x^3}{n}$。

……

当 $a=\bar{x}$ 时，即变量以算术平均数为中心，上式称为 k 阶中心动差，用 m 表示。

一阶中心动差：$m_1=\frac{\sum(x-\bar{x})}{n}=0$ 。

二阶中心动差：$m_2=\frac{\sum(x-\bar{x})^2}{n}=\sigma^2$ 。

三阶中心动差：$m_3=\frac{\sum(x-\bar{x})^3}{n}$ 。

……

一、分布偏态的测度

偏态(skewness)是对分布偏斜方向和程度的测度。在实际生活中，一些经济变量的次数分配往往是非对称型的，如收入分配、市场占有份额、资源配置等，这些经济变量经分组后，总体各单位在不同的分组变量值下分布并不均匀对称，而呈现出偏斜的分布状况，统计上将其称为偏态分布。

利用众数、中位数和平均数之间的关系就可以判断分布是对称、左偏还是右偏。显然，判断偏态的方向并不困难，但要测度偏斜的程度则需要计算偏态系数。统计分析中测定偏态系数的方法很多，一般采用动差概念计算，其计算公式为三阶中心动差与标准差的三次方之比。具体公式如下：

$$\alpha=\frac{m_3}{\sigma^3} \tag{4-24}$$

式中：α 为偏态系数。

从式(4-23)可以看到，它是离差三次方的平均数再除以标准差的三次方。当分布对称时，离差三次方后正负离差可以相互抵消，因而 α 的分子等于 0，则 $\alpha=0$；当分布不对称时，正负离差不能抵消，就形成了正与负的偏态系数 α。当 α 为正值时，表示正偏离差值较大，可以判断为正偏或右偏；反之，α 为负值时，表示负偏离差值较大，可以判断为负偏或左偏。

偏态系数 α 的数值一般在 0 与 ±3 之间，α 越接近 0，分布的偏斜度越小；α 越接近 ±3，分布的偏斜度越大。

例如，某管理局所属 30 个企业 2008 年 6 月利润额统计资料如表 4-14 所示，要求计算该变量数列的偏斜状况。

$$\sigma=\sqrt{\frac{\sum(x-\bar{x})^2 f}{\sum f}}=\sqrt{\frac{8120}{30}}=16.45(\text{万元})$$

$$m_3=\frac{\sum(x-\bar{x})^3 f}{\sum f}=\frac{-15\ 360}{30}=-512$$

$$a = \frac{m_3}{\sigma^3} = \frac{-512}{16.45^3} = -0.12$$

计算结果表明，该管理局所属企业利润额的分布状况呈轻微负偏分布。

表 4-14　偏斜系数计算示例表

利润额 /万元	企业数 f	组中值 x	$(x-\bar{x})^2 f$	$(x-\bar{x})^3 f$	$(x-\bar{x})^4 f$
10～30	2	20	2312	−78 608	2 672 672
30～50	10	40	1 960	−27 440	384 160
50～70	13	60	468	2 808	16 848
70～90	5	80	3 380	87 880	2 284 880
合计	30		8 120	−15 360	5 358 560

二、分布峰度的测度

峰度(kurtosis)是分布集中趋势高峰的形状。在变量数列的分布特征中，常以正态分布为标准，观察变量数列分布曲线顶峰的尖平程度，统计上称之为峰度测度。如果分布的形状比正态分布更高更瘦，则称为尖峰分布；如果分布的形状比正态分布更矮更胖，则称为平峰分布。

测度峰度的方法一般运用统计动差法，即运用四阶中心动差与标准差的四次方对比，以此来判断各分布曲线峰度的尖平程度。公式如下：

$$\beta = \frac{m_4}{\sigma^4} \tag{4-25}$$

在式(4-25)中，分布曲线的尖峭程度与偶数阶中心动差的数值大小有直接的关系，于是就以四阶中心动差 m_4 来度量分布曲线的尖峭程度。m_4 是个绝对数，含有计量单位，为消除计量单位的影响，将 m_4 除以 σ^4，就得到无量纲的相对数。衡量分布的集中程度或分布曲线的尖峭程度往往是以正态分布的峰度作为比较标准的。在正态分布条件下，峰度 $\beta=3$；当峰度 $\beta>3$ 时，表示分布的形状比正态分布更瘦更高，这意味着分布比正态分布更集中在平均数周围，这样的分布称为尖峰分布，如图 4-4(a)所示；当 $\beta<3$ 时，表示分布比正态分布更扁平，意味着分布比正态分布更分散，这样的分布称为扁平分布，如图 4-4(b)所示。

根据表 4-14 中有关数据计算峰度系数如下：

$$\beta = \frac{m_4}{\sigma_4} = \frac{\sum_{i=1}^{n}(x_i-\bar{x})^4 f_i}{\sum_{i=1}^{n} f \cdot \sigma^4} = \frac{5\ 358\ 560}{30 \times 16.45^4} = 2.44$$

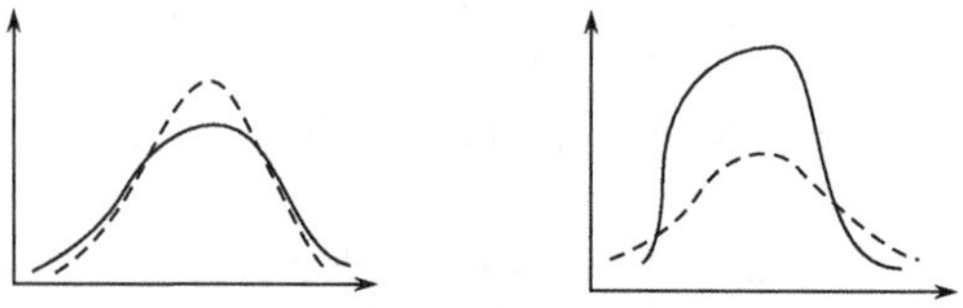

图 4-4 峰度图

计算结果表明，上述企业间利润额的分布呈平顶峰度，各变量值分布较为均匀。

➢思考与练习

1. 试举例说明时点指标与时期指标的异同。
2. 什么是平均指标？它在统计中有何作用？
3. 简述算术平均数、中位数和众数的特点及应用场合。
4. 全距、平均差和标准差各有什么特点？
5. 什么是离散系数？其应用条件是什么？
6. 已知某企业三种产品的有关资料如下：

产品	单位成本/(元/件)	2006 年产量/件	2007 年成本总额/元
甲	25	1 500	24 500
乙	28	1 020	28 560
丙	32	980	48 000

要求：分别计算该企业 2006 年、2007 年的平均单位产品成本？

7. 对某食品厂 8 月出厂的产品进行质量抽检，随机抽查 100 袋，测得的实际重量如下：

每袋实际重量/克	98～99	99～100	100～101	101～102	合计
袋数/袋	10	20	50	20	100

(1) 试求每袋重量的平均数和方差；

(2) 指出中位数在哪一组？

8. 某公司所属 17 个商场 2007 年商品销售的有关资料如下：

按销售计划完成程度分组/%	商场数/个	实际销售额/万元	实际利润率/%
90 以下	1	237	5.83
90～100	3	256	7.54

续表

按销售计划完成程度分组/%	商场数/个	实际销售额/万元	实际利润率/%
100～110	7	398	7.02
110～120	4	266	5.24
120 以上	2	372	6.22
合计	17	1529	

试计算该公司 17 个商场 2007 年销售计划平均完成百分比以及平均利润率。

9. 对某企业甲、乙两名工人当日生产的产品各抽取 10 件进行质量检查，资料如下：

单位/mm	零件数/件	
	甲工人	乙工人
9.6 以下	1	1
9.6～9.8	2	2
9.8～10.0	3	2
10.0～10.2	3	3
10.2～10.4	1	2
合计	10	10

试比较甲、乙两名工人谁生产的零件质量较稳定。

10. 某企业 400 名工人各种奖金的发放情况如下：

金额/千元	2	4	6	8	10	合计
工人数/人	40	80	110	90	80	400

试计算每名工人的平均奖金额以及奖金额的中位数、众数、极差和方差。

11. 一种产品需要人工组装，有三种可供选择的组装方法，为检验哪种方法更好，随机抽取 15 名工人，让他们在相同时间内分别用三种方法组装，结果如下：

方法 A	方法 B	方法 C
164	129	125
167	130	126
168	129	126
165	130	127
170	131	126
165	130	128

续表

方法 A	方法 B	方法 C
164	129	127
168	127	126
164	128	127
162	128	127
163	127	125
166	128	126
167	128	116
166	125	126
165	132	125

(1) 应该采用哪些方法来评价组装方法的优劣？

(2) 如果让你选择一种组装方法，你会做出怎样的选择？为什么？

12. 经调查，某地区 2007 年各行业财务人员的收入情况如下表，试通过下表资料及计算的其他分析指标，对各行业财务人员的收入情况进行比较分析。

工业企业		房地产业		汽车销售业		物业	
收入/万元	比例/%	收入/万元	比例/%	收入/万元	比例/%	收入/万元	比例/%
0.9～2.4	12.8	0.5～2.5	24.2	1.2～2.6	27.3	2.5～3.5	36.0
2.4～3.9	52.3	2.5～4.2	31.8	2.6～3.9	36.4	3.5～4.4	24.0
3.9～5.4	24.8	4.2～5.9	25.8	3.9～5.2	0.0	4.4～5.3	8.0
5.4～6.9	5.5	5.9～7.6	15.2	5.2～6.5	18.2	5.3～6.2	24.0
6.9～8.4	4.6	7.6～10.0	3.0	6.5～7.8	18.1	6.2～7.5	8.0

13. 在金融证券领域，一项投资的预期收益率的变化通常用该项投资的风险来衡量。预期收益率的变化越小，投资风险越低，预期收益率的变化越大，投资风险就越高。直方图(a)(b)分别反映了 200 种商业类股票和 200 种高科技类股票的收益率分布。在股票市场上，高收益率往往伴随着高风险，但投资于哪类股票往往与投资者的类型有一定关系。

(1) 你认为该用什么样的统计测度值来反映投资的风险？

(2) 如果选择风险小的股票进行投资，应该选择商业类股票还是高科技类股票？

(3) 如果你进行股票投资，你会选择商业类股票还是高科技类股票？

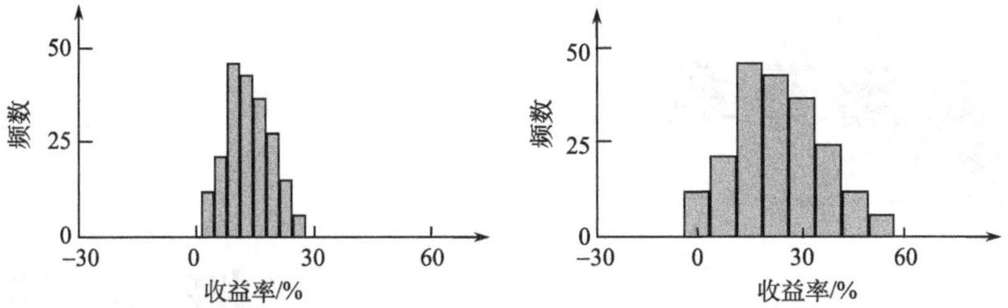

(a) 商业类股票　　(b) 高科技类股票

第五章

概率基础

第一节　随机现象和随机事件

一、随机现象与随机试验

（一）随机现象

在客观世界中存在两类不同的现象，一类是当某些条件实现时必然发生或必然不发生的现象。例如，在一个标准大气压下，水在100℃时一定沸腾，而温度降到0℃时又必然会结冰；同性电荷必然不互相吸引；太阳从东方升起等，这类现象称为确定性现象或必然现象。而另一类可以看做是在相同条件实现时其结果却不能事先确定的现象。例如，抛掷一枚均匀的硬币，落地后其结果可能是正面朝上，也可能是反面朝上，而在每次抛掷之前，无法确定会出现何种结果；从含有不合格的产品中，任意抽取一件，其结果可能是合格品，也可能是不合格品，事先无法准确知道。这类现象称之为随机现象。

虽然随机现象在相同条件实现时，可能出现不同的结果，而且每次试验或观察之前不能确定哪种结果会出现，但是，经过大量的试验或观察，这类现象的结果却呈现出某种规律性，这种现象称之为随机现象的统计规律性。例如，大量重复抛掷一枚硬币，出现正面朝上的次数与反面朝上的次数大致相等；在含有不合格的产品中，进行有放回的重复抽取，“抽到合格品”的次数与抽取总次数之比却呈现出稳定性。

(二) 随机试验及样本空间

1. 随机试验及其特点

一般来说,为了获得随机现象的统计规律性,需要进行大量的试验或观察,在统计中,这类试验或观察称为随机试验,简称试验,用字母 E 表示。例如,下面的试验都是随机试验:

E_1:掷一枚均匀对称的骰子,观察向上出现的点数。

E_2:在一批电视机中任意抽取一台,测试其寿命。

E_3:从混有不合格品的产品中抽取一件产品等。

通过上述例子可以知道,随机试验应具备以下特点:

(1) 试验可以在相同条件下重复进行;

(2) 每次试验可能的结果不止一个,而在试验前不能确定哪一种结果会出现;

(3) 每次试验的全部可能结果都是明确可知的。

2. 样本空间

我们把随机试验 E 的每一个可能的结果称为样本点,一般用 W 来表示。所有样本点的集合,即随机试验 E 所有可能的结果组成的集合,称为样本空间,用 Ω 表示。上例中各随机试验的样本空间为:

E_1:试验的样本点是骰子的每一面点数,即 1,2,3,4,5,6,所以其样本空间为

$$\Omega_1 = \{1,2,3,4,5,6\}$$

E_2:试验的样本点是任意的一个非负实数,所以其样本空间为

$$\Omega_2 = [0,\infty)$$

E_3:试验的样本点是合格品或不合格品,因此,其样本空间为

$$\Omega_3 = \{\text{合格品,不合格品}\}$$

从上面的例子可以看出,样本空间可以是数集,也可以不是数集;样本空间可以是有限集,也可以不是有限集。

二、随机事件及其运算

(一) 随机事件的含义

在随机试验 E 中,满足某些条件的样本点组成的集合称为随机事件(random event),简称事件,一般用 A、B、C…表示。例如,在抛掷一枚骰子的试验中,样本空间 $\Omega_1=\{1,2,3,4,5,6\}$,如果以 A 表示出现偶数点,则显然 $A=\{2、4、6\}$,以 B 表示大于 2,则 $B=\{3、4、5、6\}$。这里 A、B 均为随机事件。显然,随机事件是样本空间的子集。

在试验中,如果出现随机事件 A 所包含的一个样本点,则称事件 A 发生;如果

没有出现随机事件 A 所包含的任何样本点，就称事件 A 不发生。例如，在事件 $A=\{$出现偶数点$\}$中，当且仅当出现的点数是 2、4、6 种的任何一个时，事件 A 发生；反之，则事件 A 不发生。此外，由一个样本点组成的随机事件称为基本事件。例如，在试验 E_1 中，“出现 5 点”是一个随机事件，也是一个基本事件。

由于样本空间 Ω 包含所有的样本点，每次试验后必有 Ω 中一个样本点出现，即 Ω 必然发生，因而称 Ω 为必然事件(certain event)，又因空集$\varnothing$不包含任何一个样本点，即每次试验后$\varnothing$必然不发生，因而称$\varnothing$为不可能事件(impossible event)。这两个事件都是确定性现象，已经失去随机性，但为了方便，通常把它们视为两个特殊的随机事件。

(二) 事件间的关系与运算

每一个事件实际上是样本空间的某个子集，因此，事件间的关系和运算与集合间的关系和运算完全一致。

1. 事件的包含

事件 A 发生必然导致事件 B 发生，即事件 A 的每一个样本点都包含在事件 B 中，则称事件 B 包含事件 A，或称事件 A 包含于事件 B，记为 $B\supset A$ 或 $A\subset B$。例如，在试验 E_1 中，$A=$“点数大于 4”，$B=$“点数大于 2”，则 $A\subset B$。

2. 事件的相等

事件 A 包含事件 B，事件 B 也包含事件 A，即事件 A 与事件 B 所包含的样本点完全一致，记为 $A=B$。例如，在试验 E_1 中，$A=$“出现奇数点”，$B=$“不出现偶数点”，则 $A=B$。

3. 事件的和(并)

事件 A 与事件 B 至少有一个发生，即有事件 A 与事件 B 的所有样本点组成的事件，称为事件 A 与事件 B 的和或并，记为 $A\cup B$，它的含义是：或 A 发生，或 B 发生，或 A 与 B 都发生。例如，试验 E_4 沪市新上市甲、乙两种股票，设 $A=$“购买甲种股票”，$B=$“购买乙种股票”，则 $A\cup B=$“甲乙两种股票至少购买一种”。另外，事件的和还可以推广到多个事件的情形。“事件 $A_1,A_2,\cdots,A_n$ 中至少有一个发生”，这一事件称为 $A_1,A_2,\cdots,A_n$ 的和，记为 $A_1\cup A_2\cup\cdots\cup A_n$，记为 $\overset{n}{\underset{i=1}{Y}}A_i$。

4. 事件的积(交)

事件 A 与事件 B 同时发生，即由事件 A 与事件 B 中共同的样本点组成的事件称为事件 A 与事件 B 的积(交)，记为 $A\cap B$ 或 AB。例如，在试验 E_4 中，$AB=$“甲乙两种股票都购买”。同样，事件的积运算也可以推广到多个事件的情况，“事件 $A_1,A_2,\cdots,A_n$ 同时发生”这一事件称为 $A_1,A_2,\cdots,A_n$ 的积，记为$\prod_{i=1}^{n}A_i$。

5. 事件的差

事件 A 发生而事件 B 不发生，即由属于事件 A，但不属于事件 B 的样本点构成的事件，称为事件 A 与事件 B 的差，记为 $A-B$。例如，在试验 E_4 中，$A-B=$"购买甲股票而不购买乙股票"。

6. 事件的互不相容（互斥）

事件 A 与事件 B 不能同时发生，即事件 A 与事件 B 没有共同的样本点，称事件 A 与事件 B 互不相容（互斥），记为 $AB=\varnothing$。例如，在试验 E_4 中，$AB=\varnothing$ 说明"甲乙两种股票不能都购买"。特别的，若事件 A 与事件 B 互不相容，则 A 与 B 的和常记为 $A+B$。

7. 事件的对立

事件 A 不发生，即由样本空间一切不属于事件 A 的样本点所组成的事件称为事件 A 的对立事件，记为 $\overline{A}$。例如，在试验 E_4 中，$\overline{A}=$"未购买甲股票"。显然，$A+\overline{A}=\Omega$，$A\overline{A}=\varnothing$，必然事件与不可能事件互为对立事件。

8. 完备事件组

事件 $A_1,A_2,\cdots,A_n$ 两两互不相容，即 $A_iA_j=\varnothing(i\neq j)$。且 $\sum_{i=1}^{n}A_i=\Omega$，则称 $A_1,A_2,\cdots,A_n$ 构成一个完备事件组。

第二节　概率的性质及计算

一、概率的定义及性质

（一）概率的统计定义

人们在实际中发现，对于随机事件，若在 n 次试验中出现了 m 次，则 n 次试验中 A 出现的频率 $f_n(A)=\dfrac{m}{n}$ 在 n 较大时呈现出明显的规律性。

例如，掷一枚均匀的硬币，设 A 表示正面向上，其结果如表 5-1 所示。

表 5-1　著名的掷硬币试验

实验者	掷币次数 n	A 发生的次数 m	频率 $f_n(A)$
蒲丰	4 040	2 048	0.506 9
费勒	1 000	4 979	0.497 9
皮尔逊	24 000	12 012	0.500 5
维昆	30 000	14 994	0.499 8

从表 5-1 可知，$f_n(A)$大致在 0.5 附近摆动，而且随着试验次数的增加，$f_n(A)$越接近于 0.5。而且任何随机事件都有这样一个客观存在的常数与之对应，称这一现象为频数的稳定性，即统计规律性。

概率(probability)就是在相同条件下重复进行 n 次试验，如果当试验次数 n 增大时，事件 A 发生的频率 $f_n(A)$稳定地在某一常数 p 附近摆动，则称常数 p 为事件 A 的概率，记为 $p(A)=p$。如在上例中，$p(A)=0.5$。

例如，抽查某一产品 100 件，有 10 件为不合格品，则不合格品的概率为 p(不合格品)$=10\%$。

(二) 概率的性质

性质 5-1 不可能事件的概率为 0。

$$p(\varnothing) = 0 \tag{5-1}$$

性质 5-2 概率的有限可加性，即若 $A_1, A_2, \cdots, A_n$，两两互不相容。

$$p\left(\sum_{i=1}^{\infty} A_i\right) = \sum_{i=1}^{\infty} p(A_i) \tag{5-2}$$

性质 5-3 对任意事件 A。

$$p(A) = 1 - p(A) \tag{5-3}$$

性质 5-4 对任意两个事件 A,B。

$$p(A - B) = p(A) - p(AB) \tag{5-4}$$

性质 5-5 对任意两个事件 A,B。

$$p(A \cup B) = p(A) + p(B) - p(AB) \tag{5-5}$$

例如，设 A,B 是任意两个事件，$p(A)=0.4$，$p(B)=0.25$，$p(AB)=0.15$，求 $p(A-B)$，$p(A\cup B)$，$p(B-A)$，$p(\overline{A}\,\overline{B})$。

解：$p(A-B)=p(A)-p(AB)=0.4-0.15=0.25$

$p(B-A)=p(B)-p(AB)=0.25-0.15=0.1$

$p(A\cup B)=p(A)+p(B)-p(AB)=0.4+0.25-0.15=0.5$

$p(\overline{A}\,\overline{B})=p(\overline{A\cup B})=1-p(A\cup B)=1-0.5=0.5$

二、古典概率

对于某些特殊类型的随机试验，某事件发生的概率可以直接计算，若随机试验具有以下两个特征：

(1) 有限性：样本空间只包含有限个样本点。

(2) 等可能性：每次试验各样本点出现的可能性相同。

则称这样的试验为古典型随机试验，简称古典概型。计算出的概率，称为古典概率。

例如,“从 5 件产品中任取一个抽检”,这就是一个古典概型,样本空间只包含 5 个样本点,即这 5 件产品,每个样本点被抽到的可能性都是 1/5。

古典概型中任意随机事件 A,则事件 A 发生的概率为 $p(A)=\dfrac{A\text{ 中所包含的样本点个数}}{\Omega\text{ 中样本总数}}$,称其为事件 A 的古典概率。

下面举 3 个例子说明一下古典概率的计算。

例 5-1 将一枚匀称的骰子抛掷两次,求两次出现的点数之和等于 7 的概率。

设 i,j 分别为第一次、第二次出现的点数,则样本空间 $\Omega=\{(i,j):i,j=1,2,\cdots,6\}$,由于 Ω 中的样本点只有有限个,且样本点出现的概率相同,故这是一个古典概型。其中,$A=\{$两次出现的点数之和等于 7$\}=\{(1,6)(2,5)(3,4)(4,3)(5,2)(6,1)\}$。所以

$$\text{事件 } A \text{ 发生的概率 } p(A)=\frac{A\text{ 中所包含的样本点个数}}{\Omega\text{ 中样本总数}}=\frac{6}{36}=\frac{1}{6}$$

例 5-2 箱中有 10 件产品,其中 2 件次品,在 8 件合格品中有 5 件一等品,3 件 2 等品,现从中任取 3 件,求:

(1) 取得的 3 件都是合格品,但仅有一件是一等品的概率;

(2) 取得的 3 件产品中至少有 2 件是一等品的概率。

从 10 件产品中任取 3 件,共有 C_{10}^3 种取法,因此,该随机试验的样本空间样本点总数为 C_{10}^3。

(1) 设该事件为 A,则 A 中包含的样本点个数为 $C_5^1C_3^2$,因此,

$$p(A)=\frac{C_5^1C_3^2}{C_{10}^3}=\frac{1}{8}$$

(2) 设该事件为 B,则 B 中包含的样本点个数为 $C_5^2C_5^1+C_5^3$,因此,

$$p(B)=\frac{C_5^2C_5^1+C_5^3}{C_{10}^3}=\frac{1}{2}$$

例 5-3 把 2 名学生等可能地分配到 3 间宿舍中某一间去,求事件 $A=\{$2 名学生被分到同一宿舍$\}$和 $B=\{$2 名学生被分到不同宿舍$\}$的概率。

2 名学生被分到 3 间宿舍共有 $3^2=9$ 种分法,因此,该随机试验的样本空间样本点数为 9,A 中包含的样本点个数为 $P_3^1=3$,B 中包含的样本点个数为 $P_3^2=6$,故

$$p(A)=\frac{3}{9}=\frac{1}{3},\quad p(B)=\frac{6}{9}=\frac{2}{3}$$

三、几何概率

古典概率的计算要求试验的样本空间含有有限个样本点,但在实际应用中有

很多试验有无限个样本点，在这种情况下，就不能按古典概率来计算，通常借助几何的方法求解。

若随机试验满足下列两个特征：

(1) 有限区域：试验的样本空间为某一几何区域(直线、平面、空间)上的有限区域。

(2) 等可性：样本空间中每个样本点发生的可能性相同，则称这样的试验为几何型随机试验，简称几何概型，计算出的概率为几何概率。

设几何概型随机事件为 A，则事件 A 发生的概率为

$$p(A)=\frac{S_A}{S_B}=\frac{A\text{ 的几何度量}}{\Omega\text{ 的几何度量}} \tag{5-6}$$

则称 $p(A)$ 为事件 A 的几何概率，其中几何度量可以是长度、面积、体积等。

例如，甲、乙两人相约在 $0\sim T$ 内在某地会面，先到的人应该等候另一个人，经过时间 $t(t\leqslant T)$ 后方可离开，求甲乙两人会面的概率，假定他们在指定时间内的任一时刻到达是等可能的。

以 x 和 y 分别表示甲、乙两人到达约会地点的时间，则 $0\leqslant x\leqslant 1, 0\leqslant y\leqslant 1$，所以该试验的样本空间为

$$\Omega=\{(x,y)\mid 0\leqslant x\leqslant T, 0\leqslant y\leqslant T\}$$

设事件 A 为“甲乙两人会面”，则 A 发生的充要条件是 $|x-y|\leqslant\frac{1}{2}$，因此，$A$ 的几何区域为 $\{(x,y)\mid |x-y|\leqslant t, (x,y)\in\Omega\}$。

在平面上建立直角坐标系，如图 5-1 所示，样本空间是边长为 T 的正方形里的所有点，事件 A 能发生为阴影区域内的点。根据几何概率的定义，所求概率为

$$p(A)=\frac{A\text{ 的面积}}{\Omega\text{ 的面积}}=\frac{T^2-(T-t)^2}{T^2}$$

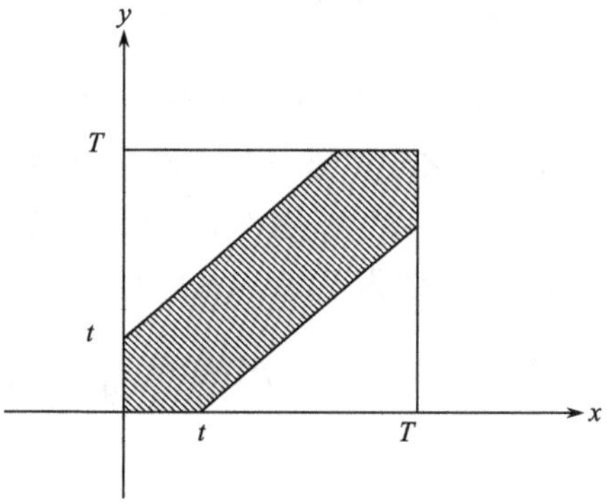

图 5-1　A 事件发生区域

第三节 随机变量及其概率分布

一、随机变量及其分布函数

(一) 随机变量

随机试验的结果常常与数值相对应,如掷一颗骰子出现的点数、某一固定时间段内登录互联网的人数、电视机的寿命等。然而,也有一些试验的结果本身不带有数量性,如掷一枚均匀的硬币每次得到的结果,是正面朝上或反面朝上;检验一件产品的质量是合格品、次品以及废品等。对于这些试验可以采用适当的方法使它们的结果数量化,如在掷硬币试验中可以把正面朝上记为1,反面朝上记为0,这样试验的结果都可以与数值相对应。如果引入一个变量 T,用 T 表示试验可能出现的所有结果,在掷骰子试验中,$T=2$ 表示试验出现 2 点。这种数值变量在试验之前不能确定其取值,故称为随机变量。

设随机试验的样本空间为 Ω,如果对每个样本点 $w\in\Omega$,均有唯一的实数 $X(w)$与之对应,则称 $X=X(w)$为样本空间 Ω 上的随机变量。一般用 X、Y、Z 等表示,它们的取值常用 x、y、z 表示。

由定义可见,随机变量是随着试验结果不同而相应取不同实数,即随机变量的取值具有随机性,而且,引入随机变量后,可以把随机事件的研究转化为对随机变量的研究,从而方便了对随机现象的研究。

常用的随机变量有离散型随机变量和连续型随机变量两种,所谓离散型随机变量是指只能取到有限个或可列个数值的随机变量。例如,超市里一天的顾客数仅能取 0,1,2,…可列个值;投骰子点数只能取 1,2,3,4,5,6 有限个值等,这些就是离散型(discrete)随机变量。所谓连续型(continuous)随机变量是指可以在某一区间或多个区间内取任意值的随机变量。例如,等待时间、用电量、天气的温度等,这些都是连续型随机变量。对于这两种随机变量,我们不仅关心它可以取什么值,更关心的是它取值的概率情况,为此引入随机变量的分布函数。

(二) 随机变量的分布函数

设 X 是一个随机变量,对任意实数 x,令 $F(x)=p(X\leqslant x)$,$x\in(-\infty,+\infty)$,则称 $F(x)$是随机变量 X 的分布函数(distribution function)。

分布函数是一个普通函数,它的定义域是$(-\infty,+\infty)$,值域是$[0,1]$。从概率角度,分布函数 $F(x)$是事件$\{X\leqslant x\}$的概率,并具有以下性质:

性质 5-6 $F(x)$是单调不减函数,即若 $x_1\leqslant x_2$,则有 $F(x_1)\leqslant F(x_2)$。

性质 5-7 $F(-\infty)=\underset{x\to\infty}{e} F(x)=0$,$F(\infty)=\underset{x\to\infty}{e} F(x)=1$。

性质 5-8 $F(x+0)=F(x)$，即 $F(x)$ 是右连续函数。

若 X 是离散型随机变量，则

$$F(x)=P(X\leqslant x)=\sum_{x_k\leqslant x}P(x=x_k)\quad(-\infty<x<+\infty)\tag{5-7}$$

若 X 是连续型随机变量，则

$$F(x)=P(X\leqslant x)=\int_{-\infty}^{x}f(A)\mathrm{d}x\quad(-\infty<x<+\infty)\tag{5-8}$$

可见，离散型随机变量的分布函数是阶梯函数，连续型随机变量的分布函数是连续函数，因此，在考虑概率分布时应分别探讨。

二、随机变量的概率分布

(一) 离散型随机变量的概率分布

设离散型随机变量 X 的可能取值为 $x_k(k=1,2\cdots)$，取这些值的概率为 p_k，则 $p(X=x_k)=p_k(k=1,2,\cdots)$ 称为离散型随机变量 X 的概率分布或分布列。常用表 5-2 的形式表示。

表 5-2 离散型随机变量概率分布表

X	x_1	x_2	…	x_n	…
P	p_1	p_2	…	p_n	…

根据概率的性质，易见概率分布具有下述两个性质：

性质 5-9 $p_k\geqslant 0,k=1,2,\cdots$

性质 5-10 $\sum_{k=1}^{\infty}p_k=1$。

由于 x_k 互不相同，根据概率的可加性得离散型随机变量的分布函数与概率分布的关系为

$$F(x)=p(X\leqslant x)=\sum_{x_k\leqslant x}p(X=x_k)=\sum_{x_k\leqslant x}p_k\tag{5-9}$$

例如，一批产品含有 7 件合格品和 2 件次品，从中任取 2 件，用随机变量 X 表示其中的次品数，求出 X 的分布列和分布函数 $F(x)$。

由于 X 只能取 0,1,2 这三个可能值，而取每个值的概率分别为

$$p(X=0)=\frac{C_7^2}{C_9^2}=\frac{7}{12}$$

$$p(X=1)=\frac{C_7^1C_2^1}{C_9^2}=\frac{7}{18}$$

$$p(X=2)=\frac{C_2^2}{C_9^2}=\frac{1}{36}$$

则 X 的分布列见表 5-3。

表 5-3　随机变量的分布列

X	0	1	2
P	$\frac{7}{12}$	$\frac{7}{18}$	$\frac{1}{36}$

在求分布函数时，应根据 X 的取值点分区间讨论：

当 $x<0$ 时，$\{X\leqslant x\}$ 是不可能事件，则 $F(x)=p(X\leqslant x)=0$；

当 $0\leqslant x<1$ 时，只能取一个值 $x=0$，则 $F(x)=p(X\leqslant x)=p(x=0)=\frac{7}{12}$；

当 $1\leqslant x<2$ 时，有两个取值 $x=0$ 或 $x=1$，则 $F(x)=p(X\leqslant x)=p(x=0)+p(x=1)=\frac{35}{36}$；

当 $x\geqslant 2$ 时，能包含所有取值，则 $F(x)=p(X\leqslant x)=p(x=0)+p(x=1)+p(x=2)=1$。

综上所述，得 X 的分布函数为

$$F(x)=\begin{cases}0, & x<0\\ \frac{7}{12}, & 0\leqslant x<1\\ \frac{35}{36}, & 1\leqslant x<2\\ 1, & x\geqslant 2\end{cases}$$

由于离散型随机变量的概率分布简单、直观，因此，常通过概率分布（特别是表格形式）来描述离散型随机变量的统计规律。

（二）连续型随机变量的概率分布

连续型随机变量是在某一区间上连续取值的随机变量，无法列举，因此，不能像离散型随机变量那样通过某个实数值的概率定义其概率分布，而且研究某点的概率也没有多大意义。为此，引入概率密度函数来描绘连续型随机变量的概率分布。

设随机变量 X 的分布函数为 $F(x)$，若存在非负可积函数 $f(x)$，使得对任意实数 x，有 $F(x)=p(X\leqslant x)=\int_{-\infty}^{x}f(t)\mathrm{d}t$，则称 $f(x)$ 为连续型随机变量的概率密

度函数，简称概率密度。

概率密度函数 $f(x)$ 具有下列性质：

性质 5-11 $f(x) \geqslant 0$。

性质 5-12 $\int_{-\infty}^{+\infty} f(x)\mathrm{d}x = 1$ 。

性质 5-13 对任意实数 a，$b(a<b)$，$p(a<x\leqslant b)=F(b)-F(a)=\int_a^b f(x)\mathrm{d}x$ 。

性质 5-14 对任意实数 a，$p(x=a)=0$。

性质 5-15 若 $f(x)$ 在点 x 处连续，则 $F(x)=f(x)$。

第四节 几种常见的概率分布

一、二项分布

若随机变量的概率分布为

$$p(X = k) = C_n^k p^k q^{n-k} \quad k = 0,1,2,\cdots,n \tag{5-10}$$

式中：$0<p<1$ 且 $p+q=1$。

则称 X 服从参数为 n，p 的二项分布（binomial distribution），记做 $X\sim B(n, p)$。

特别是当 $n=1$ 时，二项分布的概率分布为

$$p(X = k) = p^k q^{1-k} \quad k = 0,1 \tag{5-11}$$

这种概率分布称为两点分布或 0-1 分布，记做 $B(1,p)$。

二项分布是一种非常重要的离散型概率分布，有广泛的应用领域。

例如，某人射击的命中率为 0.7，在相同条件下独立射击 5 次，求命中目标的概率。

将该人一次射击看成一次伯努利试验，独立射击 5 次相当于 5 重伯努利试验。记 X 为 5 次射击命中的次数，其服从参数为 5、0.7 的二项分布。命中目标意味着 5 次射击中至少有一次命中目标，与 5 次射击都没有命中目标互斥。

因此，$p(x=0)=C_5^0(0.7)^0(1-0.7)^5=0.002\,4$

于是，$p(x\geqslant 1)=1-P(x=0)=1-0.002\,4=0.997\,6$

二项分布主要应用于 n 重伯努利试验，如果一次试验只有两种可能的结果，如男与女、出现与不出现、合格与不合格、成功与失败等，我们称其为一次伯努利试验；如果独立完成 n 次这样的试验，我们称其为 n 重伯努利试验。可以说，n 重伯努利试验是产生二项分布的源泉。

二、几何分布与超几何分布

在无限伯努利试验中，如果试验独立地重复进行，直到事件 A 发生为止，则所需试验的次数 X 概率分布为

$$p(X=k)=pq^{k-1} \quad k=1,2,\cdots \tag{5-12}$$

式中：p 为一次试验事件 A 发生的概率；$q=1-p$，称 X 服从参数为 p 的几何分布。记做 $X\sim G(p)$。

例如，某篮球运动员投篮命中率为 0.95。今命令他投篮，如果投中，则继续投篮，直到他投不中为止。试求：

(1) 所需投篮次数 X 的概率分布；

(2) 投篮次数不超过 5 次的概率。

由题意可知，随机变量 X 服从几何分布，其中 $q=0.95$，$1-q=0.05$

(1) X 的概率分布为

$$p(X=k)=pq^{k-1}=0.05\times 0.95^{k-1} \quad k=1,2,\cdots$$

(2) 投篮次数不超过 5 次的概率分布为

$$p(X\leqslant 5)=\sum_{k=1}^{5}P(X=k)=\sum_{k=1}^{5}pq^{k-1}=p\sum_{k=1}^{5}q^{k-1}$$

$$=p\times\frac{1-q^5}{1-q}=1-q^5=1-0.95^5=0.226\ 2$$

另外，把 N 个元素分为两类，M 个属于第一类，$N-M$ 个属于第二类。从中不放回地抽取 $n(n\leqslant N)$个。其中包含第一类元素的个数 X 的概率分布为

$$p(X=k)=\frac{C_M^k}{C_N^n} \quad (k=0,1,2,\cdots,\min(n,M)) \tag{5-13}$$

则称 X 服从参数为 N,M,n 的超几何分布，记做 $X\sim H(N,M,n)$

三、泊松分布

若随机变量 X 的概率分布为

$$p(X=k)=\mathrm{e}^{-\lambda}\times\frac{\lambda^k}{\prod_{i=0}^{i=k-1}(k-i)} \tag{5-14}$$

式中：常数 $\lambda>0$，则称 X 服从参数为 λ 的泊松分布，记做 $X\sim P(\lambda)$。

泊松分布是一种很常见的分布，通常作为大量试验中小概率事件发生次数的概率分布。其特点是：在 $\lambda=n\times p$ 恒定，n 充分大，而 p 充分小的情况下，二项分布近似于泊松分布，从而使泊松分布具有广泛的应用范围。

例如，有 2 500 人参加人寿保险，每年缴纳保险费 12 元。若一年内死亡，家属

可向保险公司领取 2 000 元。设某地区死亡率为 0.002,求保险公司亏损的概率。

设一年内死亡人数为 X,则保险公司一年内支出为 2 000X 元,其收入为 2 500×12=30 000 元。

当支出 2000X 大于收入 30 000 元时为亏损,即 $X \geqslant 15$ 时,保险公司亏损。而此时,近似服从泊松分布,$\lambda = n \times p = 5$,得

$$p(X > 15) = P(X \geqslant 16) = \sum_{k=16}^{2\,500} \frac{5^k}{\prod\limits_{i=0}^{i=k-1}(k-i)} \times \mathrm{e}^{-5} = 0.000\,069$$

四、均匀分布

若随机变量 X 的概率密度为

$$f(x) = \begin{cases} \dfrac{1}{b-a}, & a \leqslant x \leqslant b \\ 0, & \text{其他} \end{cases} \tag{5-15}$$

则称 X 在区间$[a,b]$上服从均匀分布,记做 $X \sim U[a,b]$,由连续型随机变量的定义可以求得 X 的分布函数为

$$F(x) = \begin{cases} 0, & x < a \\ \dfrac{x-a}{b-a}, & a \leqslant x \leqslant b \\ 1, & x > b \end{cases} \tag{5-16}$$

X 的密度函数 $f(x)$和分布函数 $F(x)$的图形分别如图 5-2 和图 5-3 所示。

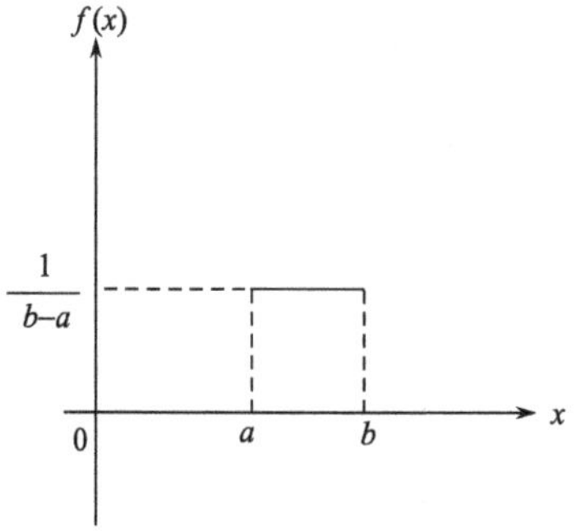

图 5-2 概率密度函数

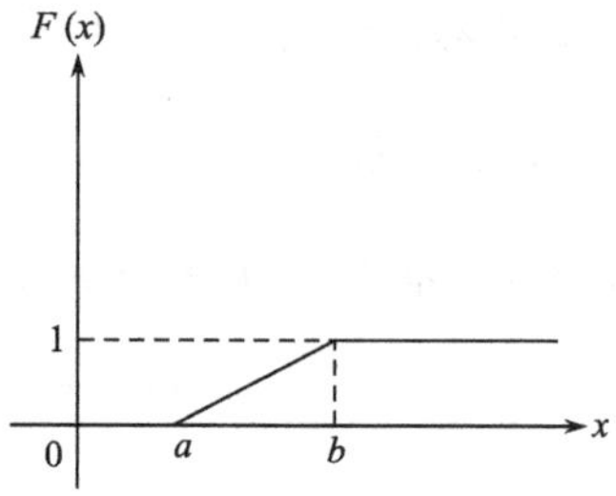

图 5-3 X 的分布函数

例如,某线路公共汽车每隔 10 分到某站一次,试求乘客候车时间不超过 5 分的概率。

设 X 表示乘客到车站后的候车时间,则 $X \sim U[0,10]$,其概率密度为

$$f(x)=\begin{cases}\dfrac{1}{10}, & 0\leqslant x\leqslant 10\\ 0, & \text{其他}\end{cases}$$

所求得概率为 $p=p(0\leqslant x\leqslant 5)=\int_0^3 \frac{1}{5}\mathrm{d}x=\frac{3}{5}$

五、指数分布

若随机变量 X 的概率密度为

$$f(x)=\begin{cases}\lambda \mathrm{e}^{-\lambda x}, & x>0\\ 0, & x\leqslant 0\end{cases} \tag{5-17}$$

指数分布的分布函数为

$$F(x)=\begin{cases}1-\mathrm{e}^{-\lambda x}, & x>0\\ 0, & x\leqslant 0\end{cases} \tag{5-18}$$

其中,λ 是正常数,则称 X 服从参数为 λ 的指数分布,记做 $X\sim E(\lambda)$。X 的概率密度和分布函数图,如图 5-4 和图 5-5 所示。

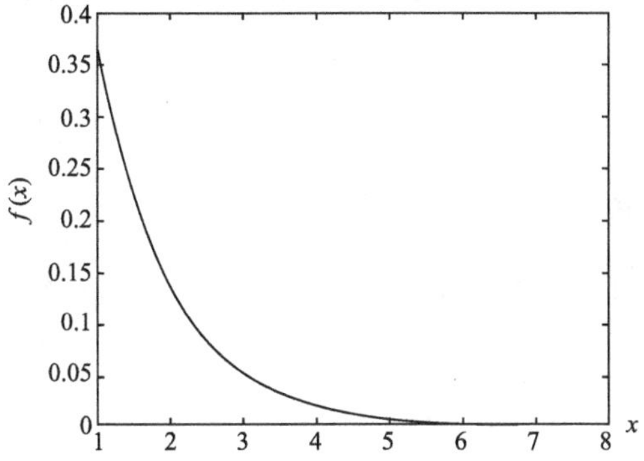

图 5-4 $f(x)$概率密度函数图

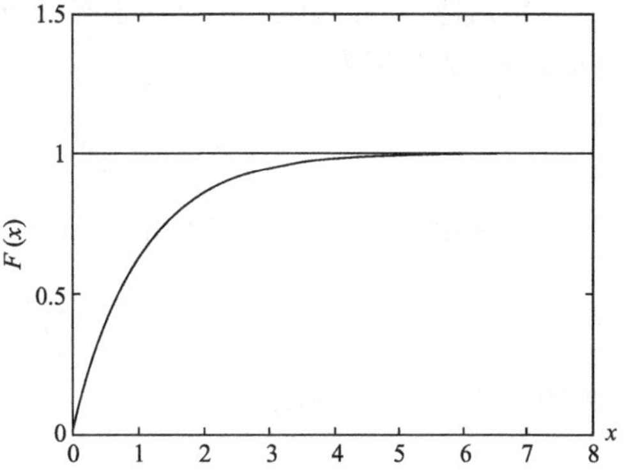

图 5-5 $F(x)$分布函数图

指数分布常用做各种“寿命”分布的近似描述,如某些产品的使用寿命,电话通话时间,随机服务系统中等待服务的时间等。

例如,顾客在某服务窗口等待服务的时间 X(以分计)服从参数为 $\frac{1}{5}$ 的指数分布,顾客在窗口等待服务若超过 10 分钟则离开。该顾客一个月要去该银行 5 次,试求他至少有一次未等到服务而离开窗口的概率。

设 X_i 为顾客第 i 次去银行等待服务的时间,由题意知,其分布函数为

$$F_{X_i}(x)=\begin{cases}1-e^{-\frac{1}{5}x} & x\geqslant 0\\ 0 & x<0\end{cases}\quad i=1,2,3,4,5$$

第 i 次等到的概率为

$$p(X_i\leqslant 10)=F_{X_i}(10)=1-e^{-2}$$

因此,由于 5 次等候服务是相互独立的,5 次都等到服务的概率为

$$p\left\{\prod_{i=1}^{5}(X_i\leqslant 10)\right\}=\prod_{i=1}^{5}P(X_i\leqslant 10)=(1-e^{-2})^5$$

那么,至少有一次未等到服务而离开的概率为

$$P=1-(1-e^{-2})^5$$

六、正态分布

若随机变量 X 的概率密度为

$$f(x)=\frac{1}{\sqrt{2\pi}\sigma}e^{-\frac{(x-\mu)^2}{2\sigma^2}}\tag{5-19}$$

若 μ,σ 为常数,且 $\sigma>0$,则称 X 服从参数为 μ,σ 的正态分布,记做 $X\sim N(\mu,\sigma^2)$。

特别地,当 $\mu=0,\sigma=1$ 时的正态分布 $N(0,1)$ 称为标准正态分布,其概率密度和分布函数分别为

$$f(x)=\frac{1}{\sqrt{2\pi}}e^{-\frac{x^2}{2}}\quad(-\infty<x<+\infty)\tag{5-20}$$

由微积分的知识,得正态分布的分布函数为

$$F(x)=\frac{1}{\sqrt{2\pi}\sigma}\int_{-\infty}^{x}e^{-\frac{(t-\mu)^2}{2\sigma^2}}dt\tag{5-21}$$

如图 5-6 和图 5-7 所示。

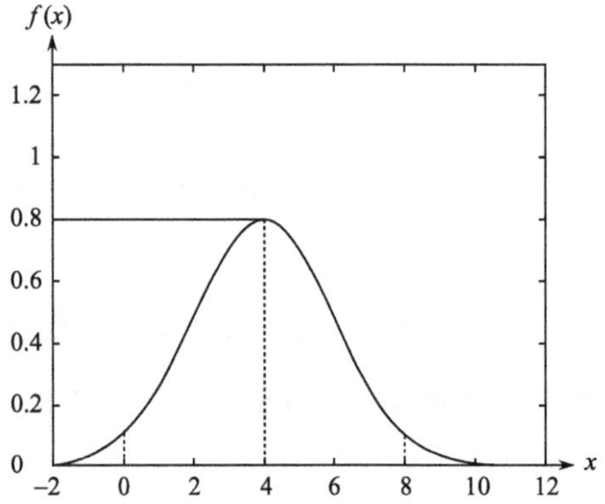

图 5-6 正态分布概率密度

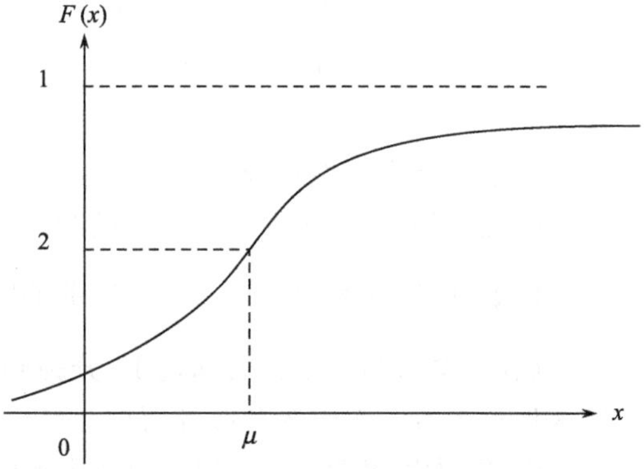

图 5-7 正态分布函数

容易看到正态分布曲线是一条钟形曲线，关于直线 $x=\mu$ 对称，参数 μ 决定曲线的位置；参数 σ^2 决定曲线的形态；曲线在横轴 $(\mu+\sigma)$ 和 $(\mu-\sigma)$ 处各有一个拐点；当 $x<\mu$ 时，密度函数 $f(x)$ 单调递减，在 $x=\mu$ 时，取得最大值 $\frac{1}{\sqrt{2\pi}\sigma}$。

例如，某厂职工在一次操作测验中所得分数 $X\sim N(\mu,\sigma^2)$，及格率为 40%，80 分以上的占 5%，试求参数 μ 和 σ。

因为

$$P(X\geqslant 60)=1-P(X<60)=1-\left(\frac{X-\mu}{\sigma}<\frac{60-\mu}{\sigma}\right)=1-\phi\left(\frac{60-\mu}{\sigma}\right)=0.4$$

则

$$\phi\left(\frac{60-\mu}{\sigma}\right)=0.6$$

查正态分布表得

$$\frac{60-\mu}{\sigma}=0.253 \tag{5-22}$$

同理，

$$p(X\geqslant 80)=1-P(X<80)=1-\phi\left(\frac{80-\mu}{\sigma}\right)=0.05$$

则

$$\phi\left(\frac{80-\mu}{\sigma}\right)=0.95$$

查正态分布表得

$$\frac{80-\mu}{\sigma}=1.645 \tag{5-23}$$

由式(5-22)和式(5-23)可得：$\mu=56.36$，$\sigma=14.37$。

➢思考与练习

1. 如何理解频数与概率的关系？频数的极限是概率吗？
2. 关于离散型随机变量和连续型随机变量概率分布的描述有哪些不同？
3. 设 A、B、C 为三个事件，试用 A、B、C 表示下列各事件：

(1) A 发生，B 与 C 都不发生；

(2) A 与 B 都发生，而 C 不发生；

(3) A、B、C 中至少有一个发生；

(4) A、B、C 都发生；

(5) A、B、C 都不发生；

(6) A、B、C 中至多有一个发生。

4. 试写出下列随机试验的样本空间：

(1) 某班有学生 40 人，考察该班某科考试的平均成绩(以百分制记分，考试成绩只取整分数)；

(2) 对某厂待出厂产品进行检查，产品分合格品与次品。若连续查出 2 件次品就停职检查，或检查 4 件产品就停职检查，记录检查结果。

5. 盒中装有 10 个相同的球，分别标有号码 0，1，…，9，从中任取 3 个，试求下列事件的概率：

(1) 取到 2 号球；

(2) 取到的 3 个球当中号码最小的是 5；

(3) 取到的 3 个球当中不含 2 号球或 5 号球。

6. 某车间分得厂里招聘的 9 名新工人，其中有 3 名是大专毕业学生。现随机地将他们平均分配到 3 个班组中去，求：

(1) 每个班组分配到 1 名大专毕业生的概率；

(2) 3 名大专毕业生在同一班组的概率。

7. 甲、乙两船欲靠同一码头，设两船独立到达，而且各自到达时间在一昼夜间是等可能的，如果甲、乙两船在码头停留的时间分别是 1 小时、2 小时，试求一船要等待空出码头的概率。

8. 某一居民区有 500 户人家装有电话。某天晚上恰好有 100 户家中无人，而在其余 400 户中，又有 120 户人家拒绝电话调查。如果随机的给这些家庭中的某一家打电话，试求出现以下几种情况的概率：

(1) 电话打到无人的家庭；

(2) 电话打到有人的家庭，但这家人却拒绝调查；

(3) 电话打到可以接受调查的家庭。

9. 用三个机床加工同一零件，零件由各机床加工的概率分别为 0.3、0.5、0.2，各机床加工的零件为合格品的概率分别为 0.87、0.95、0.9，试求全部产品中的合格率。

10. 某射手每发子弹命中目标的概率为 0.8，现相互独立地射击 5 发子弹，试求：

(1) 命中目标弹数的分布列；

(2) 命中目标的概率。

11. 某大学的校乒乓球队与统计系乒乓球队举行对抗赛，校队的实力较系队强，当一名校运动员与一名系运动员比赛时，校运动员获胜的概率为 0.6。现在校、系双方商量对抗赛的方案，提出如下三种：

(1) 双方各出 3 人；

(2) 双方各出 5 人；

(3) 双方各出 7 人。

三种方案中均以比赛中得胜人数多的一方为胜。试问：对系队来说，哪种方案较有利些。

12. (1) 设随机变量 X 的概率密度为

$$f(x)=\begin{cases}x, & 0\leqslant x\leqslant 1\\ 2-x, & 1<x<2\\ 0, & \text{其他}\end{cases}$$

试求 X 的分布函数 $f(x)$；

(2) 设随机变量 X 的概率密度为

$$f(x)=\begin{cases}0, & x\leqslant 0\\ \frac{1}{2}x^3e^{\frac{x^2}{2}}, & x>0\end{cases}$$

求 X 的分布函数 $f(x)$和 $P(-2<X\leqslant 4)$。

13. 连续型随机变量 X 的分布函数为

$$f(x)=\begin{cases}0, & x\leqslant 0\\ A+Be^{-\frac{x^2}{e}}, & x>0\end{cases}$$

(1) 求 A,B 的值；

(2) 求 X 的概率密度。

14. 某地抽样调查结果表明，考生的外语成绩(百分制)近似服从正态分布 $N(72,\sigma^2)$，96 分以上的考生占总考生的 2.3%，试求考生的外语成绩在 60～84 分的概率。

第六章 抽样调查

第一节 抽样调查基本概述

一、抽样调查的含义与特点

(一) 抽样调查的含义

统计调查是获取数据(资料)的一种重要手段,它又分为全面调查与非全面调查两类。抽样调查(sampling survey)是非全面调查中的一种重要方法,它是按一定程序从所研究对象的全体(总体)中抽取一部分(样本)进行调查或观察,获取数据,并以此对总体的一定目标量(参数)做出推断。

在日常生活中人们经常自觉或不自觉地在应用抽样方法。例如,到市场上去买花生、瓜子,总要先抓几粒看看是否饱满、干燥;在炒菜过程中往往要取一点尝尝菜的咸淡如何;工厂在生产过程中以及商家在进货验收过程中也常抽取一定数量的产品,检验其质量,并以此判定整批产品质量的优劣。在统计工作的资料搜集和分析研究中,也常在研究对象中抽取数量有限的个体或单位来做调查研究,其目的是掌握全面情况,这些都是抽样的例子。

根据样本抽取方法的不同,抽样可分为概率抽样和非概率抽样两类。非概率抽样(non-probability sampling)是相对于概率抽样(probability sampling)而言的,它并无严格的定义,如我国所谓典型调查和重点调查,在西方国家称为有目的的抽样(purposive sampling)或判断抽样(judgement sampling)等都属于非概率抽样。它们的一个共同特点是样本的抽选(selection)是根据主观判断有目的有意识地或根据方便的原则进行，而不是按随机原则来抽选。因此，这种抽样效果的好坏在很大程度上依赖于抽样者的主观判断能力和经验，且不能计算抽样误差，不能从概率意义上控制误差并以此来保证推断的准确性。

概率抽样也称随机抽样。与非概率抽样不同的是概率抽样是严格地按照给定的概率来抽取样本，平时所说的抽样调查均指概率抽样。

（二）抽样调查的特点

(1) 按一定概率以随机原则抽取样本。所谓随机原则就是在抽选样本时排除主观上有意识地抽选某些调查单位，使每个单位都有一定的机会被抽中。

这里有几点需要加以说明：一是随机并不是“随便”，随机是有严格的科学含义的，可用概率来描述。而“随便”带有人为的或主观的因素，它不是一个科学的概念；二是随机原则一般要求总体中每个单位均有一个非零的概率被抽中。若主观上要求某一单位一定被选入样本，则可规定其入样概率为 1。但若要求某一单位一定不被选入样本，就要采用某些特殊的方法。

(2) 用概率抽样抽取样本单位时，需要按照给定的入样概率通过一定随机化程序来实现。

(3) 当用样本来估计总体目标量（参数）时，要考虑到该样本（或每个样本单位）被抽中的概率。这就是说，估计量不仅与样本观测值有关，也与其入样概率有关。

抽样调查的优点之一就是根据样本可以估计抽样误差，而不一定需要重复抽取不同的样本。鉴于抽样调查的特点，以后我们在讨论抽样调查方法时，一般都是指概率抽样。

二、抽样调查的作用

抽样调查的作用是相对于全面调查即普查而言的，可归纳为以下几点。

1. 对那些不可能进行全面观察或普查而又需要了解全面情况的客观对象（总体），只能采用抽样调查

这里又有两种情况：一种是所研究的总体是无限的，不可能进行全面观察。例如，若要测量某地大气（或水质）的污染程度，我们面对总体（该地的大气或水源）是无限的，要测定其污染情况，不进行抽样是不可能的；另一种情况是观察或测试是破坏性的，如测试一批显像管的寿命，一批棉纱的拉力，一批种子的发芽率等，对这类调查也只能用抽样的方法。

2. 抽样调查适用于大规模的社会经济调查和民意测验等

在这类调查中，总体虽然是有限的，理论上可以进行普查，但实际操作起来有种种困难。例如，对居民收入或消费情况调查、市场调查、电视收视率调查等。这

些调查均适合采用抽样的方法。

3. 抽样调查能节约调查的人力、物力和财力，从而大大降低调查的费用

统计调查也有一个经济效益问题，由于抽样调查只调查总体中的一小部分，因此，与普查相比可大大地节约花在调查、整理及汇总方面的人力和费用。

4. 抽样调查周期短、时效性强

有许多调查具有很强的时效性，要求在较短的时间内完成调查，采用全面调查由于耗时多，不能快速地提供调查结果而影响到及时地做出决策。因此，对于那些时效性要求比较强的调查，如新闻舆论调查、大多数市场及消费行为调查以及季节性农作物产量调查等，都普遍采用抽样调查方法。

5. 抽样调查能提高调查的质量

许多人都有一种错觉，认为作为一种非全面调查，抽样调查不如全面调查准确。其实这是一种误解，虽然由于抽样调查只调查总体中的一小部分、用局部来推断总体，存在抽样误差，但这只是问题的一个方面。而事实上，一项调查的误差来自于多个方面，任何一项调查都存在观察或调查误差，可能发生遗漏或重复，因此调查数据的质量显得更为重要，一个错误的数据比没有更糟。调查规模并不是越大越好，在普查中如果不注意调查的质量，不注意调查员的培训，测试手段落后或被调查者心存顾虑不予合作等均会大大影响调查质量。而抽样调查由于调查工作量小，调查员比较精干，可以得到严格的培训或有条件采用更为先进可靠的测试手段，现场调查可以得到更为仔细的监督和检查，被调查的单位或个人的心理负担较轻等种种原因，抽样调查获得的数据质量常比同样的普查数据质量更高，从而使调查的总误差更小。因此，可以这样说，一项经科学设计并严格实施的抽样调查完全有可能获得比全面调查(普查)更为准确更为可靠的结果。

上面列举了抽样调查相对于全面调查的优势与作用，但这不表明抽样调查可以替代全面调查。抽样调查与全面调查并不是完全对立的，它们各有其特殊的作用。抽样调查也有其局限性。一般来说，抽样调查只提供对总体目标量的估计，而不能提供许多子总体的详细资料(分层抽样中作为“层”的子总体例外)。例如，一项全国性的抽样调查主要提供全面目标量的估计，如果以省为层也能同时提供省的有关资料，但它一般很难再提供地市级、县级及以下各级资料，如果要求提供各级详尽资料就必须采用全面调查即普查的方法。因此，抽样调查常与普查相结合，根据不同的目的与可能，选择不同的方法。我国现行的统计法就明确地规定：统计调查应当以周期性普查为基础，以经常性抽样调查为主体，以必要的统计报表、重点调查、综合分析等为补充，搜集、整理基本统计资料。因此，抽样调查与普查的关系是一种相互补充、相辅相成的关系。

三、抽样调查的主要应用

近几十年来，抽样调查的实践和理论都有迅速的发展。在实践方面，抽样调查的应用范围越来越广泛，成为许多国家获取统计信息的重要手段。随着实践中提出问题的解决，使抽样的理论也不断地发展和完善，它反过来又在实践中受到检验并推动实践的发展。这种理论和实践的结合使抽样调查成为数理统计中一个比较活跃和重要的分支。抽样调查的应用，大致有以下一些方面。

（一）人口调查

人口调查是抽样调查最早应用的领域，目前世界各国在开展定期人口普查的同时，都经常性的开展有关人口的抽样调查。我国除了每年一次人口变动量抽样调查外，在两次普查中间还进行一次规模比人口变动量调查更大的1%人口抽样调查。美国在两次普查期间的人口资料是通过现时人口调查（current population survey）的经常性的抽样调查逐月提供有关人口、劳动就业与失业情况的基础数据。世界生育力调查（WFS）及联合国儿童基金会（UNICEF）也经常与一些国家联合就妇女生育力及儿童死亡率进行调查。我国也开展过这类调查。

（二）经济调查

抽样调查可应用于经济的各种领域，包括各种产业、农业、畜牧业、交通、贸易及市场和物价调查等。以农业为例，多数国家对主要农作物的播种面积和产量都采用抽样调查方法，如印度次大陆的黄麻种植与产量调查等。我国早在1963年就成立了农产量调查队，采用多阶抽样估计农产量。农调队目前已与城调队、企调队等合并，现在除了进行农产量调查外，还从事农民家计调查和农村经济调查，内容包括生产、收入、分配、积累、消费以及精神文化等各个方面。其次是城市中的居民住户调查，在世界各国也普遍采用抽样方法。我国最初是进行职工家计调查，后来也发展为城市住户调查，调查内容包括居民家庭收支、居住条件、健康卫生以及食品与营养等。我国从1982年起又开展了物价抽样调查，因为随着改革开放和市场经济的发展，市场的购销渠道增加，物价的种类繁多，因此改用抽样的方法来编制各种物价指数。交通部也在全国范围推广公路与水路交通运输量的抽样调查，用抽样调查方法逐季逐月地提供交通运输量数据。经济调查中另一重要方面是对各种产品（商品）的市场调查和人们的消费行为调查。

（三）社会调查

这方面的调查主要是由一些主管部门和研究机构进行的有关社会各个方面的专题调查，包括各种公众和民意调查，如我国进行的公众对物价变化的社会心理反应调查、专业技术人员状况调查、儿童情况调查、妇女社会地位调查、公众对科学技术态度调查等。国外这方面的调查通常都是通过各种民意调查机构进行的。其中,最著名的是美国盖洛普(Gallup)公司,它目前在许多国家,包括中国都有其分支机构。在调查方法方面,这类调查特别是在发达国家通常都是通过电话进行的。

(四)卫生调查

这也是抽样调查应用的一个十分重要且有较长历史的领域,包括公共卫生情况、预防接种覆盖情况、流行病调查等。在我国进行过多次如高血压流行病学、结核病流行病学、老年痴呆、青少年肥胖、儿童龋齿等抽样调查及卫生服务调查等。

(五)环境资源调查

这方面包括耕地、森林、草原、能源、动物与害虫的估计以及对大气、水质、粮食与食品污染情况的监测与调查等。

四、抽样调查步骤

如前所述,抽样调查在许多领域内得到广泛应用,实际中,由于总体特点不同,调查目的要求不同等原因,抽样调查的步骤也不尽相同,但作为一种科学的方法,抽样调查也必有其内在的一般规律性。这里仅给出主要步骤和注意事项。

(一)明确调查目的

进行抽样调查之前,首先必须明确调查目的,这是必要的,它是整个调查的出发点和归宿。如果不这样做,则在复杂的调查中,当注意力集中于调查方案的细节时,就有可能忘记总的目的,不知所措,做出一些与目的不相一致的决定。

(二)确定从中进行抽样的总体

根据调查目的,明确总体的范围,以免在实际调查中分不清哪些单位是需要调查的。总体是用来表示从中抽取样本的那个集合体,对于一些简单问题,如从一批电子元件中抽样估计其平均寿命时,总体的鉴定范围可能就没什么问题;但从一个由乡村组成的总体中抽样时,就必须确定一个准则来给一个乡村下定义,而难以划分的两种情况也就会发生,这些准则在实际中必须是可用的,调查人员在现场必须不怎么犹豫就能决定一个可疑的情况是否属于调查的总体。

(三)确定调查项目

证明所有确定的调查项目都与调查目的有关,并没有遗漏基本项目,这是很好的。但是,如果调查项目太多,其中有些在后来从未被分析过,特别是对人类的调查，更常有这种情况，过多的调查项目会降低回答的结果，不仅不重要的问题会受到影响，就连重要的问题也会一道得不到良好的回答。

（四）确定所需要的精确程度和可靠程度

由于抽样调查是调查总体的一部分，再者由于计量也有误差，所以抽样调查的结果总是带有某些不确定性。增加样本的含量和使用优良的测量仪器，会降低这个不确定性，但要花费时间和金钱。因此，确定调查的精确度是必要的一步；又由于调查结果的不确定性，所以也应给出其可靠程度，作为推断的依据，完成这步是由资料的使用者来做的，但做好这一点也是比较困难的，因为许多行政管理人员不习惯于思考可以容许多大的误差而不影响做出良好决策。

（五）确定计量方法

对测量的用具和调查总体的方法可以选择，调查方法可以采用调查表形式，即由被调查人员自己填报，也可以采用采访的形式进行，即由调查人员向被调查者念一组事先统一制定、不能随意增减或变动的问题由被调查者回答。调查方式可以采用邮寄、电话或个别采访，或者将几种形式综合。

（六）确定抽样框

在进行抽样之前，总体必须划分成称为抽样单位的各部分，这些单位必须互不重叠，并能合成总体。也就是说，总体中每一个个体属于而且只属于一个单位。

抽样单位有时是明显的，如灯泡总体中每一个灯泡，有时抽样单位也是需要确定的，如对城镇居民进行抽样，单位可以是个人，也可以是一个家庭，还可以是同一街区的全体居民等。

抽样框就是编制抽样单位的名单，如果抽样框不完善，会对抽样的结果产生一定的影响，对于一些特殊的总体（如作家组成的总体）要获得一个良好的抽样框是困难的，所以在编制时一定要尽量保证这些名单完整无缺。

（七）确定抽选样本

在给出各种抽样方案之后，根据事先给定的精确度和可靠程度，粗略估计一下样本含量，使之符合要求。在做最后决定前，还要考虑一下每个方案的相对费用和时间，从中选取最优者。

（八）预先试验

在小范围内试填调查表，试验调查方法。查找问题，对原表及方法加以改进，若直接大范围调查会产生许多意想不到的问题。

（九）作好现场组织工作

在进行抽样调查时，会遇到许多管理问题，工作人员必须接受训练，使他们了解调查对象、调查目的和使用的计量方法。他们在工作中还要有适当的监督，对调查表的质量进行检查，对不回答问题也应有相应的处理方案。

（十）对数据进行综合和分析

对已填报好的调查表进行校正，把明显的错误数据删去，现代大规模的抽样调查，是通过计算机对原始数据加以处理，将数据输入微机，建立数据库，然后按照抽样方案中所给出的有关公式，计算出总体的每个目标量的估计值及误差的统计值等。

第二节 抽样调查理论基础

一、总体和样本

（一）总体和样本的含义

1. 总体

关于总体的概念，前面已经介绍过，在抽样调查中总体可分为目标总体与抽样总体（作业总体）。目标总体是指需研究说明的全体单位的集合，它是抽样推断的目标，各项推断信息的总体。抽样总体是按某一标志排列的全体单位的组合，并以一定形式可供从中抽取样本单位，它是抽样调查依据。

目标总体与抽样总体的关系具体表现在两总体单位的联系上。两总体单位关系有以下三种：

(1) 两总体单位一一对应。例如，要调查住户总体，以该地住户名册为抽样框，那么从抽样框中抽中的住户即为该估计总体的单位。

(2) 多个抽样总体的单位对应着一个目标总体单位。例如，要调查某校学生家庭情况，以该校学生名单为抽样框，而在该校就读的学生可能有两个或两个以上是属一个家庭。

(3) 一个抽样总体单位对应多个目标总体单位。例如，人口调查中以各社区的顺序排列表为抽样框，这时所抽中的社区就包含多位居民。

从以上分析可以看出，正确确定抽样总体，编制合适的抽样框，是进行抽样调查的主要前提。一般来说，确定抽样框要参考这些问题：

(1) 要能反映出抽样总体与目标总体关系，表明这两种总体单位属于哪一种对应形式。

(2) 要达到对目标总体进行有效的抽样估计的目的，一方面要求抽样框中应尽可能地包括被用于估计目标总体的单位；另一方面要求在抽样框单位中能获得估计总体的信息。

(3) 设计和编制抽样框要有利于实施抽样调查和节省各项费用开支。

在抽样实践中，表现抽样总体的抽样框形式常分为下列三种：

(1) 名单抽样框，这是以名单一览表形式列出总体所有单位。例如，居民住户调查中按住户地址编码的顺序列出全部住户名单表。

(2) 区域抽样框，这是按自然地理区域划分并排列出总体所有单位。例如，森林资源调查中按航测图或地理区域图，将该片森林划分为若干区域单位。

(3) 时间表抽样框，这是按时间先后顺序排列总体单位。它通常适用于与时间有关的调查，如流水线生产的产品检验、交通运输流量的抽样调查等。

作为抽样推断的总体是目标总体，所以要求抽样总体与目标总体一致，有时为了实用与方便，抽样总体在范围上比目标总体受到较多限制，如果情况如此，则从抽样总体中抽取的单位所得到的结论适用于抽样总体，判断这些结论也适用于目标总体的程度必须取决于其他信息来源。

2. 样本

样本(sample)是从抽样总体中随机抽取若干单位组成的整体。它是作为总体的缩影代表总体的，样本是随机的。

样本所包含的单位个数称为样本容量，用 n 表示。当 $n \geqslant 30$ 时，称为大样本，当 $n<30$ 时，称为小样本。从总体中抽取样本单位的方法分为重复抽样(回置抽样)和不重复抽样(不回置抽样)两种。

重复抽样(sampling with replacement)是这样进行的：设从总体中随机抽取一个容量为 n 的样本，每次从总体中抽取一个样本单位，将它视为一次试验，这样连续进行 n 次，构成一个样本，而对每次抽取的一个样本单位，经过调查观测后，将该单位放回总体中，这样在下一次的抽选中仍有可能再次被抽中，因而对于拥有 N 个单位的总体，每个单位被抽中的概率均为 $\frac{1}{N}$。

不重复抽样(sampling without replacement)是从总体 N 中抽取一个容量为 n 的样本，也是由 n 次试验的结果构成的，但每次抽中的某一样本单位，经调查观测后搁置一边，不再放回总体中，因而在下次抽取样本单位时不会再被抽到，总体中每抽一次，总体单位就少一个，每次抽取结果都影响着下一次的抽取情况，每个单位被抽中的概率在各次均不同，分别为 $\frac{1}{N},\frac{1}{N-1},\cdots,\frac{1}{N-(n-1)}$。

对于一个研究问题，总体是唯一确定的而样本则不是唯一的，它是一个随机变量。从总体中可能抽取的全部样本数目称为可能样本个数，用 M 表示。其多少与

样本容量 n 有关，也与抽样方法有关。在 n 一定时，抽样方法是一个决定性因素，一般分为以下四种形式：

(1) 重复抽样且考虑样本单位的顺序时，样本的可能数目为

$$M = N^n \tag{6-1}$$

(2) 重复抽样且不考虑样本单位的顺序时，样本的可能数目为

$$M = C_{N+n-1}^n \tag{6-2}$$

(3) 不重复抽样且考虑样本单位顺序时，样本的可能数目为

$$M = P_N^n \tag{6-3}$$

(4) 不重复抽样且不考虑样本单位顺序时，样本的可能数目为

$$M = C_N^n \tag{6-4}$$

(二) 总体指标和样本指标

1. 总体指标

总体指标是抽样估计的目标量(参数)，往往是未知的。这里只列出四个，即

(1) 总体均值。

$$\overline{X} = \frac{\sum_{i=1}^{N} X_i}{N} \tag{6-5}$$

式中：$\overline{X}$ 为总体均值(算术平均数)；X_i 为总体各单位标志值；N 为总体单位数。

(2) 总体成数。

$$P = \frac{N_1}{N} \tag{6-6}$$

式中：P 为总体成数；N_1 为总体中具有某一属性的单位个数。

(3) 总体标准差。

$$\sigma = \sqrt{\frac{\sum_{i=1}^{N} (X_i - \overline{X})^2}{N}} \tag{6-7}$$

式中：σ 为总体标准差。

(4) 是非标志标准差。

$$\sqrt{P(1-P)} \tag{6-8}$$

2. 样本指标

样本指标是根据样本计算的，是一个随机变量，主要是用来估计总体指标的。

(1) 样本平均数。

$$\bar{x}=\frac{\sum xf}{\sum f} \tag{6-9}$$

式中:$\bar{x}$ 为样本平均数;x 为样本单位变量值;f 为各组权数。

(2) 样本成数。

$$p=\frac{n_1}{n} \tag{6-10}$$

式中:p 为样本成数;n_1 为样本中具有某种属性的单位个数;n 为样本容量。

(3) 样本标准差。

$$s=\sqrt{\frac{\sum (x-\bar{x})^2 f}{\sum f}} \tag{6-11}$$

样本标准差的平方叫样本方差,记做 s^2。

(4) 样本成数标准差。

$$\sqrt{p(1-p)} \tag{6-12}$$

二、大数定理与中心极限定理

大数定理与中心极限定理为抽样调查提供了数学理论基础。这里,我们仅就其结论和意义作扼要说明。

(一) 大数定理

大数定理:独立同分布的随机变量 $x_1,x_2,\cdots,x_n$,并且有数学期望 $E(x_i)=\overline{X}$ 及方差 $V(x_i)=\sigma^2$,$(i=1,2,\cdots,n)$。则对任意的正数 ε,有

$$\lim_{n\to\infty} p\left\{\left|\frac{1}{n}\sum_{i=1}^{n}x_i-\overline{X}\right|<\varepsilon\right\}=1 \tag{6-13}$$

该定理说明,当 n 充分大时,独立同分布的一系列随机变量,其平均数与它们共同的期望值之间的偏差,可以有很大的把握被控制在任意给定的范围之内。由于从总体中抽出的样本是独立且与总体同分布的,因此,当样本容量 n 充分大时,样本平均与总体平均之间的误差可以有很大的把握被控制在任意给定的要求之内,这就是人们为什么用样本平均去估计总体平均数的原因。

大数定理对比率指标自然也成立,设 n_1 是 n 次试验中事件 A 发生的次数,ρ 是事件 A 发生的概率,则对于任意小的正数 ε,有

$$\lim_{n\to\infty} p\left\{\left|\frac{n_1}{n}-\rho\right|<\varepsilon\right\}=1 \tag{6-14}$$

当 n 充分大时，事件 A 发生的频率接近（依概率收敛于）事件 A 发生的概率，反映了频率在大量重复试验过程中的稳定性。该定理称为伯努利大数定理，它提供了用频率代替概率的理论根据。

大数定理表明：尽管个别现象受偶然因素影响，有各不相同的表现。但是，对总体在大量观察后进行平均，就能使偶然因素的影响相互抵消，消除由个别偶然因素引起的极端性影响，从而使总体平均数确定下来，反映出事物变化的一般规律。

如果变量 X 服从正态分布，总体的平均数是 $\overline{X}$，标准差是 σ，从这个总体中抽取一个容量为 n 的样本，则样本平均数 $\overline{x}$ 也服从正态分布，其数学期望 $E(\overline{x})$ 仍为 $\overline{X}$，标准差为 $\sigma(\overline{x})$。这就是正态分布的再生定理。

从正态分布的再生定理可以看出，只要总体变量服从正态分布，则从中抽取的样本，不管 n 是多少，样本平均数都服从正态分布。但是在客观实际中，总体并非都是正态分布，对于从服从非正态分布的总体中抽取的样本平均数的分布问题，需要由中心极限定理来解决。

（二）中心极限定理

1. 样本平均数的中心极限定理

如果变量 X 的分布具有期望值 $\overline{X}$ 和标准差 σ，从这个总体抽取容量为 n 的样本，则当 n 趋于无穷大时，样本平均数 $\overline{x}$ 近似服从正态分布，其数学期望 $E(\overline{x})$ 仍为 $\overline{X}$，标准差为 $\sigma(\overline{x})$。

中心极限定理(central limit theorem)告诉我们：无论总体服从何种分布，只要它的平均数与标准差客观存在，我们就可以通过增大样本容量 n 的方式，保证样本平均数 $\overline{x}$ 近似服从正态分布。样本容量 n 越大，样本平均数的分布就越接近正态分布。

2. 样本比率的中心极限定理

从任一总体比率为 P、方差为 $P(1-P)$ 的(0,1)分布总体中，抽取容量为 n 的样本，其样本比率 p 的分布会随着 n 的增大而趋近于平均数为 P，标准差为 $\sigma(p)$ 的正态分布。

由中心极限定理不难看出，正态分布在抽样推断中具有非常重要的地位。

三、抽样误差

用样本统计量估计总体参数时不可避免会出现各种误差，这些误差主要是：总误差、偏差、抽样误差、抽样平均误差和抽样极限误差等。

在对样本单位的调查观测以及抽样估计的过程中所产生的各种误差，其综合量形成抽样的总误差，总误差又可分解为偏差和抽样误差两大部分。

(1) 偏差：它反映了样本统计的期望值与总体参数的偏移程序。其产生的原因一是样本统计量的偏差，这种偏差一般可由统计方法加以解决，如改良统计量，或测算和修正统计量的偏差。二是非抽样误差，这是指抽样调查中发生的，但又不是抽样方法本身所致的偏差，如登记性误差，包括被调查对象无回答或无完全回答，也包括调查人员的调查观测误差，如对调查项目的错、漏、瞒报等，这种偏差一般靠做好调查的宣传动员和调查人员的培训工作，在调查中加强组织实施和质量控制等方法来加以克服。

(2) 抽样误差(sampling error)：它描述了抽样估计的精确程度，这是由抽样方法本身所引起的误差。抽样调查主要介绍和讨论各种抽样方法，因而对抽样方法所致的误差给予专门研究。

抽样估计的总误差与偏差和抽样误差的关系，可用直角三角形来描述，总误差^2＝偏差^2＋抽样误差^2，如图 6-1 所示。

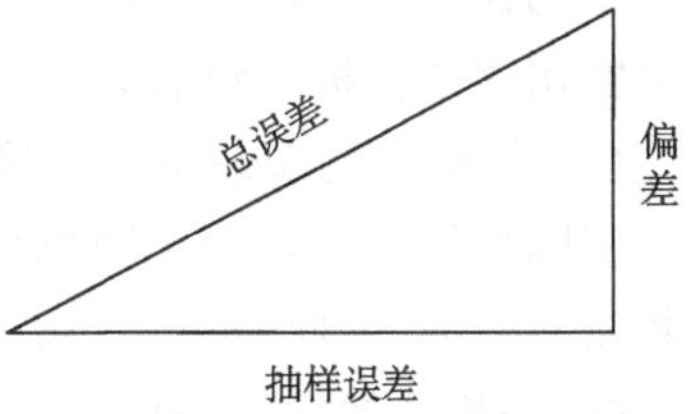

图 6-1 抽样误差关系图

所以，在抽样调查中要想减小总误差，必须同时考虑降低偏差和抽样误差两方面。

下面我们讨论抽样误差的各种表现形式和影响因素及其理论测算方法。

(一) 实际抽样误差

实际抽样误差是指一次抽样中，由随机因素引起的样本指标与总体参数的偏差。在排除上述调查误差情况下，抽样指标与总体参数仍有或大或小的差距，如某种炮弹平均射程为 10 000m，在这批炮弹中任抽一个试验，其射程为 9 900m，这就有 100m 的误差，这种误差是由许多因素所造成的，如风力、气压、空气、湿度等，这些因素是客观存在的，且无法人为加以改变或消除，因而这种误差具有随机性。我们研究抽样误差的目的，就在于掌握和控制这种误差的范围，一方面应认识到这种误差的不可避免性，另一方面控制这种误差不超过某一可接受的范围。

(二) 抽样平均误差

1. 抽样平均误差的含义

我们不仅要掌握某一次实际抽样误差大小，而且要掌握总体中所有可能样本的抽样误差情况。然而，若总体很大，可能样本数目非常多时，不可能列出所有抽样误差，因而，需要从理论上认识样本与总体误差的一般情况，这就引出了抽样平均误差概念。抽样平均误差是用来描述各样本实际抽样误差的一般水平。

设总体参数为 θ，样本指标为 $\hat{\theta}$，则抽样平均误差定义为

$$\sigma(\hat{\theta})=\sqrt{\frac{\sum_{1}^{M}(\hat{\theta}-\theta)^2}{M}} \tag{6-15}$$

关于抽样平均误差的几点说明：

(1) 平时所说的抽样误差就是指抽样平均误差。

因为在实际抽样调查中，人们可以测算的并反应抽样误差一般情况的只能是抽样平均误差，再者从降低或控制抽样误差给出有一定概率保证的抽样估计角度看也需用这个指标，所以，以后所说的抽样误差皆指抽样平均误差。

(2) 抽样平均误差是一个确定的数值。

实际抽样误差是一个随机变量，随样本不同而不同。但对一个总体来说，样本个数是有限的，因此，可以对这些有限多个样本指标与总体指标的离差求得平均值，这个平均值即抽样平均误差，它是唯一的。但在实际中，人们常用某些样本指标代替总体指标，如用 s^2 代替 σ^2，s^2 是随机的，故这时所测算的抽样平均误差是原抽样平均误差的一个估计量，此估计量也是随机的。

(3) 上述抽样平均误差公式只是一个理论公式，在实践中难以应用。

因为在使用式(6-15)时，必须已知总体参数 θ，而 θ 正是抽样调查所要估计的，事先无法知道。再者，式(6-15)需计算可能样本个数以及全部样本指标的误差，这很麻烦，实际不用这个理论公式，常用由数理统计理论推导出各种可测算的抽样误差公式。

2. 影响抽样平均误差的主要因素

(1) 总体方差的大小。因为总体方差描述总体各单位标志值变异程度大小，若总体方差小，则实际抽样误差也小，则抽样平均误差也小，反之则大。所以，抽样平均误差与总体方差成正比。

(2) 样本容量大小。样本容量越小，样本代表性越差，抽样平均误差就大。反之，若样本容量大，抽样平均误差就小。所以，抽样平均误差与样本容量成反比。

(3) 抽样方法。在 σ^2、n 相同时，不重复抽样的抽样平均误差小于重复抽样时的抽样平均误差。因为，不重复抽样下对已抽过的单位不再放回参加下次抽选，避免重复中选，因而，不重复抽样样本比重复抽样样本更能反映总体的结构，所以，抽样平均误差小。

(4) 抽样组织形式。不同抽样组织形式的抽样平均误差是不同的，这里不进行讨论。

（三）抽样极限误差

抽样平均误差仅从理论上描述样本指标与总体指标偏差的一般水平，还无法确定某一次或某几次实际抽样中样本指标偏离总体指标的范围，也不能回答某次抽样估计总体参数的可能性大小，因而，有必要研究一下与一定概率保证相联系的误差范围。这就引出抽样极限误差的概念。抽样极限误差是指样本指标与总体指标之间的可能的误差范围，也称允许误差范围(用 Δ 表示)。关于抽样极限误差，需要做以下三点说明。

1. 抽样极限误差是指误差范围

样本指标是在总体指标周围变动，这种变动幅度或大或小，取值或正或负，因而就有一个变动范围的问题，这个范围的绝对值就是抽样极限误差。

$$\Delta \geqslant |\hat{\theta} - \theta| \tag{6-16}$$

即

$$\theta - \Delta \leqslant \hat{\theta} \leqslant \theta + \Delta$$

这表明 $\hat{\theta}$ 在 $\theta \pm \Delta$ 的范围内变动，我们目的不在于用总体参数的范围来控制样本指标，相反要用样本指标估计总体指标，即使总体参数包含在 $\hat{\theta} \pm \Delta$ 范围内，则上式可变为

$$\hat{\theta} - \Delta \leqslant \theta \leqslant \hat{\theta} + \Delta \tag{6-17}$$

对于具体 $\overline{X}$，P 有

$$\bar{x} - \Delta_x \leqslant \overline{X} \leqslant \bar{x} + \Delta_x \tag{6-18}$$

$$p - \Delta_p \leqslant P \leqslant p + \Delta_p \tag{6-19}$$

由此可见抽样极限误差 Δ 对于控制所估计参数是非常重要的。

2. 抽样极限误差是指可能的误差范围

这就是说抽样极限误差不是唯一的，而是根据抽样目的，根据人们希望控制总体指标的把握性来确定的。若希望控制的把握性大些，则给予较大的误差范围；反之，给出较小的范围。抽样极限误差与概率保证程度之间为正比关系。

通常抽样极限误差的大小又要以抽样平均误差为标准单位来衡量，所以，抽样极限误差可表示为

$$\Delta = t \cdot \sigma(\hat{\theta}) \tag{6-20}$$

式中：t 称为概率度(正态分布下的临界值)，它是确定概率保证程度大小的指标。t 给定，就可以从概率分布表查得对应的概率 $F(t)$。

几个常用的对应值：

$$t = \begin{cases} 1, & F(t) = 68.27\% \\ 2, & F(t) = 95.45\%, \\ 3, & F(t) = 99.73\% \end{cases} \quad t = \begin{cases} 1.64, & F(t) = 90\% \\ 1.96, & F(t) = 95\% \\ 2.58, & F(t) = 99\% \end{cases}$$

从抽样极限误差公式可以看出 Δ 与 $\sigma(\hat{\theta})$ 呈正比关系，显然 $\sigma(\hat{\theta})$ 大时，说明总体中样本指标 $\hat{\theta}$ 的差异较大，即各个 $\hat{\theta}$ 在 θ 周围变动的范围大，所以有较大的 Δ。

3. 从抽样极限误差可以推算出抽样估计的精度

$$A = 1 - \frac{\Delta}{\hat{\theta}} \tag{6-21}$$

式中:A 为估计精度,它随着 Δ 增大而减小,它们之间成反比方向变化关系。

例如,对某地区某一疾病的发病率进行抽样调查,由样本得到发病率为 5%,抽样误差为 0.5%,现在 95.45%的概率保证下计算抽样极限误差和估计精度。

由式 6-20 和式 6-21 计算得

$$\Delta_p = t \cdot \sigma(p) = 2 \times 0.5\% = 1\%$$

$$A_p = 1 - \frac{\Delta}{p} = 1 - \frac{1\%}{5\%} = 80\%$$

四、抽样估计

(一) 抽样估计的特点

抽样估计就是根据样本指标数值对总体指标数值做出估计和推断。其特点主要表现在以下几方面。

1. 它在逻辑上运用归纳推理,而不是演绎推理

演绎推理是从一般命题导出特殊结论的逻辑方法。归纳推理是从研究个别命题出发达到一般性的认识,结论的内容大于前提,所以前提正确未必导致结论正确,前提正确也可能有错误结论。因为抽样估计运用归纳推论,从局部的前提来达到对总体的认识,所以不能保证绝对正确。

2. 它在方法上运用不确定的概率估计法,而不是运用确定的数学分析法

抽样估计虽然也是利用样本数据来推断总体数量特征,但由于样本数据和总体数量特征之间并不存在严格对应的自变量和因变量的关系,因此,不可能运用数学函数关系建立一定的数学模型,将自变量代入样本数据来推算因变量的总体特征值。抽样估计在实际工作中,首先要抽取一个样本,计算相应的样本指标,然后要解决的问题是用样本指标来代替相应的总体指标,其可靠程度(即概率)有多大,这就是概率估计法。

3. 抽样估计存在抽样误差,并和抽样估计的可靠程度联系在一起

抽样误差和抽样估计的可靠程度(即概率)的关系是:允许的误差范围越大,则概率保证程度也越大;反之,允许误差范围越小,则概率保证程度越小。

(二) 抽样估计的优良标准

用样本指标估计总体指标,我们总希望估计的好一点,那么,应该满足什么要求呢?一般来说,有三个要求或标准,满足了这三个要求就可以认为是合格的、优良的估计。

1. 无偏性

无偏性要求用样本指标估计总体指标时达到:抽样指标的平均数等于被估计的总体指标。即样本平均数和样本成数的数学期望等于总体平均数和总体成数,即

$$E(\bar{x}) = \bar{X} \tag{6-22}$$

$$E(p) = P \tag{6-23}$$

所以,样本平均数和样本成数是总体平均数和总体成数的无偏估计量。

另外,通过证明可知,样本方差 s^2 不是总体方差 σ^2 的无偏估计量,而样本修正方差 $s_{n-1}^2 = \frac{\sum_{i=1}^{n}(x_i - \bar{x})^2}{n-1}$ 才是总体方差 σ^2 的无偏估计量。在样本容量 n 不大时,应用 s_{n-1}^2 来估计 σ^2 更准确。当 n 很大时,因为 $n-1 \approx n$,所以也可用 s^2 来估计 σ^2。

2. 一致性

一致性要求用样本指标估计总体指标时要达到:当样本容量 n 充分大时,样本指标充分靠近总体指标,即随着 n 的无限增大,样本指标与未知的总体指标之间的绝对离差任意小的可能性趋于实际必然性。可以证明样本平均数和样本成数都满足这个条件,即

$$\lim_{n \to \infty} P\{|\bar{x} - \bar{X}| < \varepsilon\} = 1 \tag{6-24}$$

$$\lim_{n \to \infty} P\{|p - P| < \varepsilon\} = 1 \tag{6-25}$$

3. 有效性

有效性要求样本指标估计总体指标时,作为估计量的方差比其他估计量的方差小。可以证明样本平均数更靠近总体平均数,平均说来它的离差比较小。同样,样本成数也满足这个条件。

总之,用样本平均数和样本成数估计总体平均数和总体成数均能满足优良估计的三条标准。

(三)抽样估计方法

1. 点估计

点估计又称定值估计,它是用实际样本指标数值代替总体指标数值,即总体平均数的点估计值就是样本平均数,总体成数的点估计值就是样本成数。

假设对 2 000 只电子元件抽取 5%进行检查,计算得到样本的平均耐用时间 $\bar{x}$=4 340h,样本合格率 p=98%。那么,全部电子元件的平均耐用时间 $\bar{X}$ 的点估计值就是 4 340h;合格率 P 的点估计值是 98%。

点估计的方法简单,一般不考虑抽样误差和可靠程度,它适用于对推断准确程度与可靠程度要求不高的情况。

2. 区间估计

区间估计要完成两个方面的估计:①根据样本指标和抽样平均误差估计总体指标的可能范围;②估计推断总体指标真实值在这个范围的可靠程度。区间估计是抽样估计的主要方法。

（四）抽样估计一般步骤

一个比较完整的抽样估计,常包含下列过程:

(1) 从总体中抽取样本,并计算有关样本指标,如 $\bar{x}$,p,s^2 等。

(2) 计算抽样平均误差,不同的抽样方法和不同抽样组织形式有不同的抽样平均误差,在总体方差 σ^2 未知时,常用样本方差 s^2 代替。

(3) 在给定估计的可靠程度下,计算抽样极限误差 Δ,或在规定允许误差下,计算估计的可靠性。

(4) 构造估计量的置信区间,如 $\bar{x}\pm\Delta_{\bar{x}}$,$p\pm\Delta p$。

(5) 计算抽样估计精度,如 $A=1-\frac{\Delta}{\bar{x}}$。

五、抽样调查的组织方式

抽样组织方式是抽样调查理论与方法的核心,在抽样调查中,用样本统计量估计总体参数的方法以及这种估计的精度都与具体抽样组织方式有关。这里我们要介绍几种基本的抽样组织方式,实际调查所用的方式常是这些基本抽样组织方式的组合。

（一）简单随机抽样

简单随机抽样也称为单纯随机抽样。从总体 N 个单位中随机抽取 n 个单位作为样本,抽取方法是从总体中逐个地抽取单位,每次都是在所有未入样的单位中等概率抽取。当然,简单随机样本也可以一次同时从总体中抽得,只要保证全部可能的样本每个被抽中的概率都相等即可。

简单随机抽样是其他抽样方式的基础,因为它在理论上最容易处理,而且若 N 不太大,实施起来并不困难。但在实际问题中,若 N 相当大,简单随机抽样就不是很容易办到的。首先,它要求有一个包含全部 N 个单位的抽样框;其次,用这种抽样得到的样本单位较为分散,调查不容易实施。因此,在实际中直接采用简单随机抽样的并不多。

简单随机抽样中的估计方法,通常是采用样本均值(平均数)作为总体均值的估计,用样本成数作为总体成数的估计,这就是简单估计。有时为了提高估计精度,在有其他辅助变量存在的情况下,也可以用比估计和回归估计等方法。

（二）分层随机抽样

将总体按一定的原则分成若干个部分，每个部分称为层，在每个层内进行随机抽样，不同层的抽样相互独立，这样的抽样称为分层随机抽样。在分层抽样中，先根据层样本对层的参数进行估计，然后再将这些层估计加权平均或取总和作为总体均值或总量的估计。

分层随机抽样特别适用于既要对总体参数进行估计，也需要对各子总体（层）参数估计的情形。分层抽样的组织实施也比较方便，样本散布比较均匀，这些都是分层抽样的优点。分层抽样更重要的一个优点是它的估计精度较高，而且它的数据处理也颇为简单。因此，分层技术是应用上最为普遍的抽样技术之一。

（三）整群抽样

简单随机抽样有样本分散不便于调查，N 大时抽样框不容易编制等缺点。整群抽样恰好克服了这些缺点。所谓整群抽样就是先将总体中的各个单位归并成数量较少而规模较大的单位，也称为群。抽样仅对群抽，对抽中的群调查其中每一个单位，对没有被抽中的群则不需要进行任何调查。因此整群抽样中的抽样单位是以整群形式出现的，故称整群抽样，也称集团抽样。在整群抽样中并不要求提供包含每个次级单位的抽样框，只需要关于初级单位的抽样框即可。另外，由于群通常是由那些地理位置邻近的或属同一个系统单位构成的，整群进行调查将大大便利于实施，节省调查费用，因此，整群抽样也受到实际工作者的欢迎。整群抽样的主要缺点是精度较差，这是因为同一群内的单位或多或少有点相似，因此，对抽中的群每个单位都进行调查也就不可避免地造成浪费。

（四）二阶与多阶抽样

为提高整群抽样的效率，对每个被抽中的一级单位所包含的所有二级单位再进行抽样，仅调查其中一部分，这样的抽样称为二阶抽样。如果每个二级单位又由若干个三级单位组成，则对每个被抽中的二级单位再抽样，仅调查其中一部分三级单位，这样的抽样即是三阶抽样。同样，可定义四阶甚至更高阶的抽样。多阶抽样也称多阶段抽样或多级抽样，在大规模调查中常被采用。例如，在一项全国性调查中，若并不需要对每个省进行调查，则可先对省进行第一阶抽样，然后对抽中的省进行对市、县的第二阶抽样，再对每个抽中的市、县进行对社区、乡或镇的第三阶抽样……多阶抽样既保留了整群抽样样本相对集中、调查费用较低、不需要包含所有（小）单位的抽样框等优点，而且由于实行了再抽样，又有效率较高的优点，因此，也常为实际工作者所采用。多阶抽样的主要缺点是抽样时较为麻烦，而且用样本对总体的估计比较复杂。

（五）系统抽样

系统抽样也称机械抽样。若总体中的单位都按一定顺序排列，在规定的范围内随机地抽取一个单位作为初始单位，然后按照一套事先确定好了的规则确定其他样本单位，这种抽样方法称为系统抽样。最简单的系统抽样是在取得一个初始单位后，按相等的间隔抽取样本单位，这就是所谓的等距抽样。系统抽样最主要的优点是实施简单，因为只有一个初始单位需要随机抽取，而不像简单随机抽样那样，每个样本单位都需要随机抽取。有时系统抽样甚至不需要一个完整的抽样框，它只需要总体单位的一个确定的排列。另外，如果对总体单位的排列规则有所了解并加以正确利用的话，系统抽样能达到相当高的估计精度。系统抽样最主要的缺点是估计量的精确估计比较困难。事实上，许多行之有效的系统抽样并不是严格的概率抽样。

（六）不等概率抽样

样本抽取时不一定是等概率的，有时抽样采用不等概率效果更好，特别是在单位大小不相等时。例如，在整群抽样或多阶抽样中，常采用不等概率抽样。最常用的不等概率抽样是按与单位大小成比例的概率抽样。这种抽样估计精度较高，数据处理也不复杂。

以上是对几种抽样组织方式的简要介绍。正如已经指出的那样，在实际问题中，很少单独采用一种抽样方式，而常常是几种抽样方式有机的结合。最常见的抽样方案通常是先将总体分层，层内采用二阶或多阶抽样。其中，前几阶抽样是不等概率的，最后一阶抽样是简单随机抽样或系统抽样。有时最后一阶采用整群形式而不再抽样。因此，实际采用的抽样方式都是比较复杂的，但掌握了这些基本组织方式就可在实际中灵活地加以运用。

第三节　简单随机抽样

一、抽样平均数及其误差

（一）抽样平均数

设 X_i 为总体 N 中第 i 个单位标志值，$i=1,2,\cdots,N$，现从总体 N 中随机抽取样本容量为 n 的样本，样本变量值为：$x_1,x_2,\cdots,x_n$，则样本平均数为

$$\bar{x}=\frac{1}{n}\sum x\left(\text{或 } \bar{x}=\frac{\sum xf}{\sum f}\right)$$

(二) 抽样平均误差

1. 在重复抽样下

$$\sigma(\bar{x}) = \frac{\sigma}{\sqrt{n}} \tag{6-26}$$

证明：

$$\begin{aligned}
V(\bar{x}) &= E(\bar{x} - E(\bar{x}))^2 \\
&= E(\bar{x} - \bar{X})^2 \\
&= E\left(\frac{x_1 + x_2 + \cdots + x_n}{n} - \frac{\bar{X} + \bar{X} + \cdots + \bar{X}}{n}\right)^2 \\
&= \frac{1}{n^2}E[(x_1 - \bar{X}) + (x_2 - \bar{X}) + \cdots + (x_n - \bar{X})]^2 \\
&= \frac{1}{n^2}[E(x_1 - \bar{X})^2 + E(x_2 - \bar{X})^2 + \cdots + E(x_n - \bar{X})^2] \\
&= \frac{1}{n^2}\left[\sum_1^N (X_i - \bar{X})^2 \frac{1}{N} + \sum_1^N (X_i - \bar{X})^2 \frac{1}{N} + \cdots + \sum_1^N (X_i - \bar{X})^2 \frac{1}{N}\right] \\
&= \frac{1}{n}\sigma^2
\end{aligned}$$

式中：$E(x_i - \bar{X})(x_j - \bar{X}) = 0, i \neq j$。

所以，$\sigma(\bar{x}) = \frac{\sigma}{\sqrt{n}}$。

2. 在不重复抽样下

$$\sigma(\bar{x}) = \sqrt{\frac{\sigma^2}{n}\left(1 - \frac{n}{N}\right)} \tag{6-27}$$

式中：$1 - \frac{n}{N}$称为有限总体不重复抽样修正系数。（证明略）

(三) 抽样极限误差及置信区间

在给定概率 $F(t)$下，

$$\Delta_x = t \cdot \sigma(\bar{x})$$

所以，总体均值的区间估计为

$$\bar{x} - \Delta_x \leqslant \bar{X} \leqslant \bar{x} + \Delta_x$$

$$A_x = 1 - \frac{\Delta_x}{\bar{x}}$$

例如，为调查某地区 1 960 个村庄某种经济作物的收购情况，采用不重复抽样方式，随机抽取 49 个村庄做调查，求得每村平均收购 7 000 公斤，其各村收购量标准差为 900 公斤。试在 95.45%的概率保证下，估计该地区各村平均收购量为多少公斤，及该地区收购总量。

已知：$N=1\ 960$，$n=49$，$\bar{x}=7\ 000$ 公斤，$s=900$ 公斤，$t=2$。

因为

$$\sigma(\bar{x}) = \frac{s}{\sqrt{n}}\sqrt{1-\frac{n}{N}} = 127(\text{公斤})$$

所以

$$\Delta_x = t \cdot \sigma(\bar{x}) = 254(\text{公斤})$$

则该地区各村平均收购量的置信区间为

$$\bar{x} \pm \Delta_x$$

即(6 746、7 254)公斤。

估计精度为

$$A_x = 1 - \frac{\Delta_x}{\bar{x}} = 96.4\%$$

该地区收购总量置信区间为

$$N(\bar{x} - \Delta_x, \bar{x} + \Delta_x)$$

即(13 222 160，14 217 840)公斤

二、抽样成数及其误差

（一）估计量

$$p = \frac{n_1}{n}$$

（二）抽样平均误差

1. 在重复抽样下

$$\sigma(p) = \sqrt{\frac{P(1-p)}{n}} \tag{6-28}$$

2. 在不重复抽样下

$$\sigma(p) = \sqrt{\frac{P(1-P)}{n}\left(1-\frac{n}{N}\right)} \tag{6-29}$$

（三）抽样极限误差及置信区间

在概率为 $F(t)$时，抽样极限误差为

$$\Delta_p = t \cdot \sigma(p)$$

总体成数的区间估计为

$$p - \Delta_p \leqslant P \leqslant p + \Delta_p$$

抽样估计精度为

$$A_p = 1 - \frac{\Delta_p}{p}$$

例如，某灯泡厂从一批 10 000 只灯泡中随机抽取 500 只，检验其耐用时数，按规定灯泡耐用时数在 850 小时以上者为合格品，有关抽样结果及其整理数据如表 6-1 所示。试求这批灯泡的平均耐用时数和合格品率的抽样误差，并在 95.45%概率保证下进行区间估计。

表 6-1　某灯泡厂灯泡耐用时数的分组资料

耐用时数/小时	组中值 x	灯泡数 f/只
800～850	825	37
850～900	875	129
900～950	925	185
950～1 000	975	102
1 000～1 050	1 025	40
1 050～1 100	1 075	7
合计		500

由表 6-1 可计算：

样本平均耐用时数：

$$\bar{x} = \frac{\sum xf}{\sum f} = \frac{462\ 500}{500} = 925(\text{小时})$$

样本合格品率为：

$$p = \frac{n_1}{n} = \frac{500 - 37}{500} = 92.6\%$$

样本耐用时标准差为

$$s = \sqrt{\frac{\sum (x - \bar{x})^2 f}{\sum f}} = 54.3(\text{小时})$$

样本合格品率标准差为

$$\sqrt{p(1-p)} = 26.2\%$$

所以，按不重复抽样方式，耐用时数的抽样误差为

$$\sigma(\bar{x}) = \frac{s}{\sqrt{n}}\sqrt{1-\frac{n}{N}} = 2.367(\text{小时})$$

合格品率抽样误差为

$$\sigma(p) = \sqrt{\frac{p(1-p)}{n}\left(1-\frac{n}{N}\right)} = 2.223\%$$

因为可靠性为95.45%，所以 $t=2$，则耐用时数的抽样极限误差为

$$\Delta_x = t \cdot \sigma(\bar{x}) = 2 \times 2.367 = 4.734(\text{小时})$$

合格品率抽样极限误差为

$$\Delta_p = t \cdot \sigma(p) = 2 \times 2.223\% = 4.446\%$$

所以，该厂灯泡平均耐用时数的区间估计为

$$\bar{x} \pm \Delta_x，\text{即}(920,930)\ \text{小时}$$

估计精度为

$$A_x = 1 - \frac{\Delta_x}{\bar{\bar{x}}} = 99.49\%$$

合格品率的区间估计为

$$p \pm \Delta_p，\text{即}(88.2\%,94.8\%)$$

估计精度为

$$A_p = 1 - \frac{\Delta_p}{p} = 95.2\%$$

三、样本容量的确定

（一）确定样本容量的目的

在进行抽样调查之前，首先要确定从总体中抽取多少样本单位，确定的目的有以下两方面。

1. 为达到抽样估计效果

样本指标是推断的依据，因为 n 的大小直接影响抽样估计效果，若 n 太小，降低了样本代表性，从而降低了估计效果。

2. 为节省费用

n 的大小关系到抽样的经济效益，若 n 过大，调查单位增多，必须增加人、财、物的投入，造成浪费。

(二)影响样本容量的主要因素

1. 总体差异情况

若总体方差 σ^2 较大,则样本容量 n 也较大,若 σ^2 小,则 n 也小,样本容量与总体差异情况成正比。

2. 允许误差范围 Δ 的大小

无论如何抽样,样本指标总会与总体指标有差距,所以,抽样前应该给出一定的允许误差范围来控制抽样误差。因此,允许误差范围决定样本容量 n 大小。Δ 越小,估计精度越高,n 越大;反之,Δ 越大,n 越小,二者成反比关系。

3. 概率保证程度 $F(t)$ 的大小

Δ 虽然给定,不能保证所有抽样指标都控制在其内,因为对一个总体可以有许多可能样本,难免有一些样本所测算的指标落在 Δ 外。所以,要给出一定的概率保证,使绝大多数样本指标控制在 Δ 内。这样,概率越大,n 越大,概率越小,n 越小,二者成正比。

4. 抽样方式方法的选择

在其他条件不变时,不同的抽样方法,不同的抽样组织形式也会对样本容量大小产生影响。一般来讲,重复抽样时样本容量要比不重复抽样多些。

(三)样本容量确定的基本公式

1. 均值估计时

在给定估计精确程度(可用误差表示)和可靠性后,可以由抽样极限误差公式推导出样本容量确定的基本公式,即

重复抽样时,因为

$$\Delta_x = t \cdot \sigma(\overline{x}) = t \cdot \frac{\sigma}{\sqrt{n}}$$

所以

$$n = \frac{t^2\sigma^2}{\Delta^2} \tag{6-30}$$

不重复抽样时,因为

$$\Delta_x = t \cdot \frac{\sigma}{\sqrt{n}}\sqrt{1-\frac{n}{N}}$$

所以

$$n = \frac{t^2\sigma^2/\Delta^2}{1+\dfrac{t^2\sigma^2/\Delta^2}{N}}$$

令

$$n_0 = \frac{t^2\sigma^2}{\Delta^2}$$

则

$$n = \frac{n_0}{1 + \dfrac{n_0}{N}} \tag{6-31}$$

式中：n_0 为重复抽样时的样本容量，可见不重复抽样时 $n \leqslant n_0$。

2. 成数估计时

重复抽样时，

$$n = \frac{t^2 P(1-P)}{\Delta_p^2} \tag{6-32}$$

不重复抽样时，

$$n = \frac{t^2 P(1-P)/\Delta_P^2}{1 + \dfrac{t^2 P(1-P)}{N\Delta_P^2}} = \frac{n_0}{1 + \dfrac{n_0}{N}}$$

式中：$n_0 = t^2 P(1-P)/\Delta_P^2$。

例如，对生产某型号电池产品进行电流强度检验，按以往生产经验，电流强度标准差为 0.4 安，电池合格品率为 90%。采用重复抽样方式，在 95.45%概率保证下，电流强度的抽样误差不超过 0.08A，合格品率的抽样误差不超过 5%，求必要的抽样单位数。

已知：$\sigma=0.4$，$P=90\%$，$t=2$，$\Delta_x=0.08$，$\Delta_p=5\%$。

在估计电流强度时，

$$n = \frac{t^2\sigma^2}{\Delta_x^2} = 100(\text{只})$$

在估计合格品率时，

$$n = \frac{t^2 P(1-P)}{\Delta_P^2} = 144(\text{只})$$

在一次抽样中，若要求同时检验电流强度和合格品率，则应采用样本容量数大的方案，即抽取 144 只电池进行检验。

第四节　分层随机抽样

一、分层随机抽样概述

（一）分层随机抽样的基本方法

在简单随机抽样中，我们分析了影响抽样误差大小的主要因素有总体方差、样本容量和抽样方法,此外,还有抽样组织形式,即根据我们对总体已有的认识,对总体给予适当组织或划分,然后进行随机抽样。从而可以提高抽样估计的精确程度,或降低估计的费用。

分层随机抽样(stratified random sampling)也称分类抽样或类型抽样,它是应用最为广泛的一种抽样组织形式,其基本方法是:在总体各单位的性质或标志值的大小明显地呈现出层次时,按其层次将总体划分为若干子总体,每一子总体即为一层,而使每层内总体单位的差异较小,即齐性较好,使差异主要存在于各层之间。然后,在每一层都进行随机抽样,并针对总体的待估指标构造一个估计量。尽管总体各单位标志值之间的差异固定不变,但由于各层内部差异较小,从而在各层内减小了抽样误差。在各层之间虽然差异较大,但由于对各层都进行抽样,对各层是全面调查,所以不存在抽样误差。因此,只要对总体分层得当,一般都能使总的抽样误差减小。根据上面的分析可见,在对总体进行分层时,必须遵守的基本原则应是:尽可能使层内差异小,而使层间差异大原则,从后面推出的估计量方差的公式中可以看出,估计量方差的大小只与层内的方差大小有关,而与层间方差大小无关。

通过上面的分析,下述情况宜采用分层抽样,即总体的单位数量众多,大小差异很大,标志值与总体单位的大小密切相关,并且有很好的资料能按总体单位的大小进行分层。例如,在某一商业系统,对流转资金、销售额、库存量或对工人数的调查中,可将商店按大、中、小型进行分层,因为商店的大小可能是相差悬殊的,并且它的流转资金、销售额、职工人数等,通常是与商店的大小紧密相关的;又如,在某一工业系统,对固定资产、产量、产值、工人人数的调查中,同样可按大、中、小型企业进行分层。因为企业规模的大小往往相差很大,它的固定资产、产量、产值、职工人数与企业的大小是密切相关的。对于上述情况总体的分布通常都偏于正态。若采取简单随机抽样,当某些个别的、极端大或极端小的单位被抽入样本时,不仅严重影响了估计量的值,而且大大增加了估计量的方差,降低了估计的精确程度。如果进行分层,或将它们分出另行处理,或者在它们为数不多时,干脆对它们进行全面调查,便可以减小对于正态分布的偏离度,使正态近似得到改进,从而提高估计的效率。

对于有些总体,如果各个不同部分的抽样问题有显著不同,或者需要有总体的某些分类数据及规定的精确程度,或者为了利用现有的行政机构以便于抽样,则都宜采用分层抽样。例如,工业调查,可以按冶金、电力、煤炭、石油、化工、机械等系统分层,农村调查可以按农、林、牧业分层。农产量调查可按山区、丘陵、平原、滨湖、沿海地理条件分层等。

(二)分层随机抽样中的一些名词和记号

设总体单位数为 N,总体被划分为 k 层,第 i 层的单位数为 $N_i(i=1,2,\cdots,k)$,且

有 $\sum_{i=1}^{k} N_i = N$，总体第 i 层第 j 个单位的标志值为 $X_{ij}(i=1,2,\cdots,k;j=1,2,\cdots,N_i)$。

$\overline{X_i} = \frac{1}{N_i}\sum_{j=1}^{N_i} X_{ij}$ 为第 i 层总体平均数；

$\overline{X} = \frac{1}{N}\sum_{i=1}^{k}\sum_{j=1}^{N_i} X_{ij} = \frac{1}{N}\sum_{i=1}^{k}\overline{X_i}$ 为总体平均数；

$\sigma^2 = \frac{1}{N}\sum_{i=1}^{k}\sum_{j=1}^{N_i}(X_{ij} - \overline{X})^2$ 为总体方差；

$\sigma_i^2 = \frac{1}{N_i}\sum_{j=1}^{N_i}(X_{ij} - \overline{X_i})^2$ 为第 i 层的总体方差；

$\overline{\sigma_i^2} = \frac{1}{N}\sum_{i=1}^{k}\sum_{j=1}^{N_i}(X_{ij} - \overline{X_i})^2 = \frac{1}{N}\sum_{i=1}^{k} N_i\sigma_i^2$ 为总体层内方差；

$\sigma_P^2 = \frac{1}{N}\sum_{i=1}^{k} N_i(\overline{X_i} - \overline{X})^2$ 为总体层间方差。

可以证明，总体方差可以分解为总体层内方差与层间方差之和，即

$$\sigma^2 = \overline{\sigma_i^2} + \sigma_P^2 \tag{6-33}$$

在分层抽样时要求总体中的任一单位都必须属于而且只能属于 k 层中的某一层。即对总体单位的划分是既无遗漏，又无重复的；而且每层内所含总体单位数 N_i 是确知的，因而总体在各层内的层权 $W_i = \frac{N_i}{N}$ 也是确知的；此外，还要求在各层中所抽样本是相互独立的。

二、总体均值的分层抽样估计

（一）估计量

设样本容量为 n，第 i 层样本单位数为 $n_i(i=1,2,\cdots,k)$，则有 $\sum_{i=1}^{k} n_i = n$。

又设 x_{ij} 为第 i 层第 j 个样本单位的标志值$(i=1,2,\cdots,k;j=1,2,\cdots,n_i)$，则

$$\bar{x}_i = \frac{1}{n_i}\sum_{j=1}^{n_i} x_{ij} \quad (i = 1,2,\cdots,k) \tag{6-34}$$

式中：$\bar{x}_i$ 为第 i 层样本平均数。按分层简单随机抽样，若在第 i 层内以样本平均数 $\bar{x}_i$ 作为该层总体平均数 $\overline{X}_i$ 的估计量，有 $E(\overline{x_i}) = \overline{X}_i(i=1,2,\cdots,k)$，则总体平均数 $\overline{X}$ 的分层抽样估计量为

$$\bar{x}_{\mathrm{st}} = \frac{1}{N}\sum_{i=1}^{k} N_i\bar{x}_i = \sum_{i=1}^{k} W_i\bar{x}_i \tag{6-35}$$

式中：st 表示分层随机抽样。

下面证明 $\overline{x}_{st}$ 是 $\overline{X}$ 的无偏估计量。事实上，因为在各层有 $E(\overline{x}_i)=\overline{X}_i$，根据数学期望的性质，有

$$E(\overline{x}_{st}) = E\left(\frac{1}{N}\sum_{i=1}^{k}N_i\overline{x}_i\right) = \frac{1}{N}\sum_{i=1}^{k}N_iE(\overline{x}_i) = \frac{1}{N}\sum_{i=1}^{k}N_i\overline{X}_i = \overline{X}$$

即 $\overline{x}_{st}$ 是 $\overline{X}$ 的无偏估计量。

（二）抽样方差（抽样误差的平方）

因为分层随机抽样在各层抽样是相互独立进行的，所以根据方差的性质，有

$$V(\overline{x}_{st}) = V\left(\frac{1}{N}\sum_{i=1}^{k}N_i\overline{x}_i\right) = \frac{1}{N^2}\sum_{i=1}^{k}N_i^2V(\overline{x}_i) \tag{6-36}$$

在分层重复抽样条件下，有

$$V(\overline{x}_i) = \frac{\sigma_i^2}{n_i} \tag{6-37}$$

将式(6-37)代入式(6-36)可得重复抽样时的抽样方差公式：

$$V(\overline{x}_{st}) = \frac{1}{N^2}\sum_{i=1}^{k}N_i^2\frac{\sigma_i^2}{n_i} \tag{6-38}$$

在分层不重复抽样条件下，由于

$$V(\overline{x}_i) = \frac{\sigma_i^2}{n_i}\frac{N_i-n_i}{N_i-1} \approx \frac{\sigma_i^2}{n_i}\left(1-\frac{n_i}{N_i}\right) \tag{6-39}$$

将式(6-39)代入式(6-36)可得不重复抽样时的抽样方差公式：

$$V(\overline{x}_{st}) = \frac{1}{N^2}\sum_{i=1}^{k}N_i^2\frac{\sigma_i^2}{n_i}\frac{N_i-n_i}{N_i-1} \approx \frac{1}{N^2}\sum_{i=1}^{k}N_i^2\frac{\sigma_i^2}{n_i}\left(1-\frac{n_i}{N_i}\right) = \sum_{i=1}^{k}W_i^2(1-f_i)\frac{\sigma_i^2}{n_i} \tag{6-40}$$

式中：f_i 为第 i 层的抽样比，即 $f_i=\frac{n_i}{N_i}$。

由于总体方差可以分解为层内方差与层间方差之和，可见抽样方差只与层内方差有关，而与层间方差无关。说明分层的原则应是：尽量减小层内差异和扩大层间差异。

在抽样方差的计算公式中，各层方差 σ_i^2 在一般情况下是未知的，实际中可用以往相同条件下的资料或样本资料做出估计。按照简单随机抽样的做法，在第 i 层以样本修正方差

$$s_i^2 = \frac{1}{n_i - 1}\sum_{j=1}^{n_i}(x_{ij} - \overline{x}_i)^2 \tag{6-41}$$

作为第 i 层总体方差 σ_i^2 的估计量，并且它是无偏的，即有 $E(s_i^2)=\sigma_i^2$。

例如，为调查某地区住户的平均家庭成员数，将该地区分成城市和乡村二层，每层按简单随机抽样抽取 10 户，调查所获得的数据如表 6-2 所示。试估计该地区住户的平均家庭成员数及其 95%的置信区间。

表 6-2　某地区家庭成员数调查数据表

层/k	居民户总数 N_i/户	家庭成员数 x_{ij}/人									
		1	2	3	4	5	6	7	8	9	10
城市	250	3	2	3	4	3	3	4	5	2	3
乡村	500	3	4	5	5	4	3	6	2	4	4

根据表 6-2 的调查数据，经计算可得表 6-3 的相关结果。

表 6-3　分层抽样均值估计算示例表

层/k	n_i	N_i	W_i	f_i	$\overline{x}_i$	$W_i\overline{x}_i$	s_i^2
城市	10	250	0.333 3	0.04	3.2	1.0667	0.844 4
乡村	10	500	0.666 7	0.02	4.0	2.666 7	1.333 3
合计	20	750	1.000 0			3.733	

根据表 6-3 可以计算地区样本家庭平均人口数及其抽样方差如下：

$$\overline{x}_{st} = \sum_{i=1}^{2} W_i\overline{x}_i = 3.733(\text{人})$$

$$V(\overline{x}_{st}) = \sum_{i=1}^{k} W_i^2(1 - f_i)\frac{s_i^2}{n_i} = 0.067\ 08$$

所以抽样平均误差为

$$\sigma(\overline{x}_{st}) = 0.259(\text{人})$$

平均家庭成员数的 95%置信区间为

$$\bar{x}_{st} \pm \Delta_x$$

即(3.24,4.24)人。

三、样本容量在各层的分配

在各层进行随机抽样时,如何将已经确定的样本容量 n 分配于各层,是首先必须解决的重要问题。如果分配恰当,可以使抽样误差降到最小;如果分配不恰当,则可能使抽样误差大大增加,其效率甚至比简单随机抽样还低。实际中,样本容量在各层中的分配有三种形式,即等比例分配、最优分配和经济分配。

(一) 等比例分配

1. 等比例分配的条件

等比例分配就是按层的大小来分配样本单位数,并且满足

$$\frac{n_i}{n} = \frac{N_i}{N} \quad (i = 1,2,\cdots,k) \tag{6-42}$$

等比例分配的主要优点是分配方法直观、简便,由此导出的抽样方差等公式形式简单便于计算;尤其是无论怎样分层,其效果都不会低于简单随机抽样。

2. 总体均值的估计量

一般来说,总体平均数分层抽样的估计量 $\bar{x}_{st}$ 并不等于下面的样本平均数

$$\bar{x} = \frac{1}{n}\sum_{i=1}^{k}\sum_{j=1}^{n_i} x_{ij} = \frac{1}{n}\sum_{i=1}^{k} n_i \bar{x}_i \tag{6-43}$$

其差别在于 $\bar{x}_{st}$ 所使用的是各层总体单位数 N_i 与总体容量 N 之比,即 $W_i = \frac{N_i}{N}$ 这一精确的权数。而样本平均数 $\bar{x}$ 所使用的是各层样本单位数 n_i 与样本容量 n 之比,即 $\frac{n_i}{n}$ 这一经验权数。但是,当等比例分配时,因为有 $\frac{n_i}{n} = \frac{N_i}{N}$,所以才有 $\bar{x}_{st} = \bar{x}$。

3. 抽样方差

在等比例分配时总体均值的抽样方差在形式上更为简单,只将约束条件 $n_i = n \cdot \frac{N_i}{N}$ 代入一般抽样方差公式(6-38)、(6-40)即可。

在分层重复抽样条件下

$$V(\bar{x}_{st}) = \frac{1}{N^2}\sum_{i=1}^{k} N_i^2 \frac{\sigma_i^2}{n_i}$$

$$= \frac{1}{N^2}\sum_{i=1}^{k} N_i^2 \frac{\sigma_i^2}{\frac{nN_i}{N}}$$

$$= \frac{1}{n}\frac{1}{N}\sum_{i=1}^{k} N_i\sigma_i^2 = \frac{\overline{\sigma_i^2}}{n} \tag{6-44}$$

在分层不重复抽样条件下

$$\begin{aligned} V(\overline{x}_{st}) &= \frac{1}{N^2}\sum_{i=1}^{k} N_i(N_i - n_i)\frac{\sigma_i^2}{n_i} \\ &= \frac{1}{N^2}\sum_{i=1}^{k} N_i\left(N_i - \frac{nN_i}{N}\right)\frac{\sigma_i^2}{\frac{nN_i}{N}} \\ &= \frac{1}{n}\frac{1}{N}\sum_{i=1}^{k} N_i\sigma_i^2\left(1 - \frac{n}{N}\right) \\ &= \frac{\overline{\sigma_i^2}}{n}\left(1 - \frac{n}{N}\right) \end{aligned} \tag{6-45}$$

（二）奈曼最优分配

1．奈曼最优分配的条件

等比例分配有一定直观合理性，但它并没有考虑各层方差大小的不同。在简单随机抽样中，我们已经知道抽样平均误差与总体标准差成正比。因此，总体方差大的层应该多抽，方差小的层应该少抽。因此，需要探求同时考虑各层总体单位数 N_i 和各层总体方差 σ_i^2 大小不同时，样本容量 n 的分配方法。

由于衡量各种不同分配方法的优劣，要看其抽样方差 $V(\overline{x}_{st})$ 的大小，因此，样本容量的分配就成为在约束条件 $\sum_{i=1}^{k} n_i = n$ 下，求适当的 $n_1, n_2, \cdots, n_k$，使得 $V(\overline{x}_{st})$ 达到最小的条件极值问题。

利用拉格朗日乘数法，可以证明，在只考虑各层总体单位数 N_i 和方差 σ_i^2 的情况下，样本容量的最优分配为

$$n_i = n\frac{N_i\sigma_i}{\sum_{i=1}^{k} N_i\sigma_i} = n\frac{W_i\sigma_i}{\sum_{i=1}^{k} W_i\sigma_i} \tag{6-46}$$

特别地，当总体各层方差 σ_i^2 相等时，即 $\sigma_i = \sigma$ 时，有

$$n_i = n\frac{N_i\sigma}{\sum_{i=1}^{k} N_i\sigma} = n \cdot \frac{N_i}{N}$$

此时即为等比例分配。即等比例分配为奈曼最优分配的特例，它说明在各层总体方差相等时，等比例分配是最优分配。

例如，对某地区的 2850 户居民豆制品年消费支出进行调查，以居民户为抽样单位，根据收入水平将居民户划为四层，每层按简单随机抽样抽取 10 户，调查获得

以下数据，如表 6-4 所示。样本量为 $n=40$，按比例分配和奈曼最优分配时，各层的样本量分别应为多少？

表 6-4 样本户豆制品年消费支出表

层	居民户总数/户	样本户豆制品消费支出/元									
		1	2	3	4	5	6	7	8	9	10
1	200	10	4	40	110	15	10	40	80	90	0
2	400	50	130	130	80	100	55	160	85	160	170
3	750	180	260	260	0	140	60	200	180	300	220
4	1 500	50	35	15	0	20	30	25	10	30	25

由表 6-4 得

$$N_1=200, N_2=400, N_3=750, N_4=1\ 500, N=2\ 850$$

$$n_1=n_2=n_3=n_4=10$$

各层的层权及抽样比为

$$W_1=\frac{N_1}{N}=\frac{200}{2\ 850}\approx 0.070\ 1,\quad f_1=\frac{n_1}{N_1}=\frac{10}{200}\approx 0.05$$

$$W_2=\frac{N_2}{N}=\frac{400}{2\ 850}\approx 0.140\ 4,\quad f_2=\frac{n_2}{N_2}=\frac{10}{400}\approx 0.025$$

$$W_3=\frac{N_3}{N}=\frac{750}{2\ 850}\approx 0.263\ 2,\quad f_3=\frac{n_3}{N_3}=\frac{10}{750}\approx 0.013\ 3$$

$$W_1=\frac{N_4}{N}=\frac{1\ 500}{2\ 850}\approx 0.526\ 3,\quad f_4=\frac{n_4}{N_4}=\frac{10}{1\ 500}\approx 0.006\ 7$$

各层样本方差为

$$s_1^2=\frac{1}{n_1-1}\sum_{j=1}^{n_1}(x_{1j}-\bar{x})^2\approx 1\ 624.722$$

同理可得 $s_2^2=2\ 166.667$，$s_3^2=8\ 205.556$

按等比例分配时，各层的样本单位数为

$$n_1=W_1 n\approx 0.070\ 1\times 40=2.8$$

$$n_2=W_2 n\approx 0.140\ 4\times 40=5.6$$

$$n_3=W_3 n\approx 0.263\ 2\times 40=10.5$$

$$n_4=W_4 n\approx 0.526\ 3\times 40=21.1$$

即各层的样本量分别为 3，6，10，21。

对于奈曼最优分配，根据前面对 W_i 及 s_i 的计算结果，得到

$$W_1s_1 \approx 0.0701 \times \sqrt{1624.722} \approx 2.8$$

$$W_2s_2 \approx 0.1404 \times \sqrt{2166.667} \approx 6.5$$

$$W_3s_3 \approx 0.2632 \times \sqrt{8205.556} \approx 23.8$$

$$W_4s_4 \approx 0.5263 \times \sqrt{193.333} \approx 7.3$$

$$\sum_{i=1}^{4} W_i s_i = 2.8 + 6.5 + 23.8 + 7.3 = 40.4$$

因此,按奈曼最优时,各层应分配的样本单位数为

$$n_1 = n\frac{W_1 s_1}{\sum_{i=1}^{4} W_i s_i} = 40 \times \frac{2.8}{40.4} \approx 2.8$$

同理可得 $n_2 \approx 6.4$,$n_3 \approx 23.6$,$n_4 \approx 7.5$。

即各层的样本量分别为 3,6,24,7。

2. 估计量与抽样方差

奈曼最优分配时的估计量即为式 6-35,而抽样方差公式的推导只需将约束条件代入一般抽样方差公式即可,这里推导从略。

在分层重复抽样下,抽样方差公式为

$$V(\overline{x}_{st}) = \frac{\overline{\sigma_i^2}}{n} \tag{6-47}$$

在分层不重复抽样下,抽样方差公式为

$$V(\overline{x}_{st}) = \frac{\overline{\sigma_i^2}}{n} - \frac{\overline{\sigma_i^2}}{N} \tag{6-48}$$

式中:

$$\overline{\sigma_i} = \frac{1}{N}\sum_{i=1}^{k} N_i \sigma_i \tag{6-49}$$

(三)经济分配

分层抽样在分配样本单位数时,除要考虑总体各层单位数 N_i 和各层方差 σ_i^2 外,实际工作中,还需要考虑在各层内每抽取一个样本单位费用的不同。设费用函数为

$$C = a + \sum_{i=1}^{k} C_i n_i \tag{6-50}$$

式中:a 为与样本容量 n 的大小无关的固定费用;C_i 为在第 i 层每抽取一个样本单位时的费用。则在总的费用 C 固定时,求样本单位数的分配问题,实际是在费用约束条件下,求适当的 $n_1, n_2, \cdots, n_k$,使 $V(\overline{x}_{st})$ 达到最小的条件极值问题。

则有在考虑费用,且总费用 C 和费用 a 都固定时,样本单位数的最优分配公

式为

$$n_i = n\frac{N_i\sigma_i/\sqrt{C_i}}{\sum_{i=1}^{k}N_i\sigma_i/\sqrt{C_i}} = n\frac{W_i\sigma_i/\sqrt{C_i}}{\sum_{i=1}^{k}W_i\sigma_i/\sqrt{C_i}} \tag{6-51}$$

四、总体成数的分层抽样估计

由于成数是平均数的特例，所以，根据总体平均数的分层抽样估计方法，很容易得到总体成数的分层抽样估计方法，并且，当各层总体成数之间的差别较大时，分层随机抽样可以比简单随机抽样获得较高的估计效果。另外，根据中心极限定理的条件，总体成数的分层抽样估计，也只限于大样本，即每层样本单位数 n_i 都充分大时才能应用。

（一）一般分配时总体成数的估计量

设 P 为总体成数，P_i 为第 i 层总体成数，p_i 为第 i 层样本成数($i=1,2,\cdots,k$)，它们分别为 $\overline{X}$、$\overline{X}_i$ 及 $\overline{x}_i$ 的特例，所以取

$$p_{st} = \frac{1}{N}\sum_{i=1}^{k}N_ip_i = \sum_{i=1}^{k}W_ip_i \tag{6-52}$$

式中：p_{st}为总体成数 P 的分层抽样估计量，并且有 $E(p_{st})=P$，即在分层重复抽样与分层不重复抽样条件下，p_{st}都是 P 的无偏估计量。

（二）一般分配时总体成数的抽样方差

由于第 i 层总体成数方差为

$$\sigma_i^2 = P_i(1-P_i)$$

于是，在分层重复抽样条件下，有

$$V(p_{st}) = \frac{1}{N^2}\sum_{i=1}^{k}N_i^2\frac{P_i(1-P_i)}{n_i} \tag{6-53}$$

在分层不重复抽样条件下，有

$$\begin{aligned} V(p_{st}) &= \frac{1}{N^2}\sum_{i=1}^{k}N_i^2\frac{P_i(1-P_i)}{n_i}\frac{N_i-n_i}{N_i-1} \\ &\approx \frac{1}{N^2}\sum_{i=1}^{k}N_i^2\frac{P_i(1-P_i)}{n_i}\left(1-\frac{n_i}{N_i}\right) \\ &= \frac{1}{N^2}\sum_{i=1}^{k}N_i(N_i-n_i)\frac{P_i(1-P_i)}{n_i} \end{aligned} \tag{6-54}$$

例如，对某地区的居民拥有家庭电脑的情况进行调查，以居民户为抽样单位，

根据收入水平将居民户划分为四层，每层按简单随机抽样抽取 10 户，调查获得数据如表 6-5 所示。估计该地区居民拥有家庭电脑的比例及抽样平均误差。

表 6-5　样本户拥有家庭电脑情况表

层	居民户总数/户	样本户拥有家庭电脑数/台									
		1	2	3	4	5	6	7	8	9	10
1	200	0	0	0	1	0	0	0	1	0	0
2	400	0	1	0	0	0	0	0	0	1	0
3	750	1	1	0	0	0	0	1	0	1	0
4	1 500	1	0	0	0	0	0	0	0	0	0

根据表 6-5 给出的调查数据，经计算可得表 6-6 相关结果。

表 6-6　根据调查数据计算出的相关结果

层	n_i	N_i	W_i	p_i
1	10	200	0.070 1	0.2
2	10	400	0.140 4	0.2
3	10	750	0.263 2	0.4
4	10	1 500	0.526 3	0.1
合计	40	2 850	1.000 0	

因此，该地区居民拥有家庭电脑比例的估计为

$$
\begin{aligned}
p_{st} &= \sum_{i=1}^{4} W_i p_i \\
&= 0.070\,1 \times 0.2 + 0.140\,4 \times 0.2 + 0.263\,2 \times 0.4 + 0.526\,3 \times 0.1 \\
&= 0.2
\end{aligned}
$$

抽样方差为

$$V(p_{st}) = \sum_{i=1}^{4} W_i^2 (1 - f_i) \cdot \frac{p_i(1 - p_i)}{n_i} \approx 0.005$$

所以，抽样平均误差为

$$\sigma(p_{st}) = \sqrt{V(p_{st})} \approx 0.07$$

➢思考与练习

1. 什么是抽样调查？有哪些特点？
2. 抽样推断时为什么必须遵循随机原则抽取样本？
3. 抽样调查有哪些主要作用？

4. 在实际中，抽样调查多采用不重复抽样方法抽取样本，但在计算抽样平均误差时也可以采用重复抽样条件下的公式，原因何在？

5. 大数定理和中心极限定理的内容是什么？

6. 如何理解抽样误差？

7. 抽样估计的特点及一般步骤是什么？

8. 一批商品(10 000 件)运抵仓库，随机抽取 100 件检验其质量，发现有 10 件不合格。试按重复与不重复抽样分别计算合格率的抽样平均误差。

9. 对某鱼塘的鱼进行抽样调查。从鱼塘的不同部位同时撒网捕到鱼 150 条，其中草鱼 123 条，草鱼平均每条重 2 千克，标准差 0.75 千克。试按 99.73%的保证程度：

(1) 对该鱼塘草鱼平均每条重量做区间估计；

(2) 对该鱼塘草鱼所占比重做区间估计。

10. 对某型号电子元件 10 000 只进行耐用性能检查。根据以往抽样测定，求得耐用时数的标准差为 600h。试求在重复抽样条件下：

(1) 概率保证程度为 68.27%，元件平均耐用时数的误差范围不超过 150h，要抽取多少元件做检查？

(2) 根据以往抽样检验知道，元件合格率为 95%，合格率的标准差为 21.8%，要求在 99.73%的概率保证下，允许误差不超过 4%，试确定重复抽样所需抽取的元件数目是多少？如果其他条件均保持不变，采用不重复抽样应抽取多少元件做检查？

11. 按第 10 题所给的资料和计算结果，若误差范围缩小 1/3，其他条件保持不变，采用重复抽样和不重复抽样的方法进行调查，分别需要抽取多少样本单位数？

12. 为了确定灯泡的使用寿命(小时)，在一批灯泡中随机抽取 100 只进行测试，所得结果如下：

700	716	728	719	685	709	691	684	705	718
706	715	712	722	691	708	690	692	707	701
708	729	694	681	695	685	706	661	735	665
668	710	693	697	674	658	698	666	696	698
706	692	691	747	699	682	698	700	710	722
694	690	736	689	696	651	673	749	708	727
688	689	683	685	702	741	698	713	676	702
701	671	718	707	683	717	733	712	683	692
693	697	664	681	721	720	677	679	695	691
713	699	725	726	704	729	703	696	717	688

(1) 请对上述抽查结果进行统计整理，并编制变量数列；

(2) 对灯泡的使用寿命做区间估计；

(3) 若使用寿命在 700 小时以上为一等品，试对一等品率做区间估计；

(4) 对抽查结果进行统计分析。

13. 某高校欲了解在校学生用于课外进修(如各种考证辅导班等)的开支,在全校 8000 名学生中按本科生、研究生分别抽取 120 人、80 人,根据学工部统计,本科生占全校学生 70%,研究生占 30%,调查最近一个学期课外进修支出的结果如下表。试以 95.45%概率估计全校学生用于课外进修的平均开支。

项目	层权 W_i	样本量 n_i	样本均值 $\bar{x}_i$	样本标准差 s_i
本科生	0.7	120	253.4	231
研究生	0.3	80	329.4	367
合 计	1	200		

14. 为研究少年儿童的成长发育状况,某研究所的一位调查人员在某城市抽取 100 名 7～17 岁的少年儿童作为样本,另一位调查人员则抽取了 1 000 名 7～17 岁的少年儿童作为样本。请回答下面的问题,并解释其原因。

(1) 哪一位调查研究人员在其所抽取的样本中得到的少年儿童的平均身高较大?或者这两组样本的平均身高相同?

(2) 哪一位调查研究人员在其所抽取的样本中得到的少年儿童身高的标准差较大?或者这两组样本的标准差相同?

(3) 哪一位调查研究人员有可能得到这 1 100 名少年儿童的最高者或最低者?或者对两位调查研究人员来说,这种机会是相同的?

第七章

相关与回归分析

回归分析方法是研究两个或两个以上变量间的相互关系，测定它们之间联系的紧密程度，以揭示其变化的具体形势和规律性，并由此对相应的变量进行预测和控制。这种分析方法在自然科学、工程技术和社会经济等领域都得到广泛应用，而且是计量经济分析的主要工具。本章首先介绍相关分析，在此基础上引出回归分析的相关内容。

第一节　相关分析

一、相关关系的概念与种类

（一）相关关系的概念

在自然界中存在很多现象，它们之间都是有机地相互联系着，相互依赖着，相互制约着。在社会经济领域中，现象之间也具有一定的联系，一种现象的变化往往依存于其他现象的变化。所有各种现象之间的相互联系，都可以通过数量关系反映出来，而这种数量关系，可以分为以下两种不同类型。

1. 函数关系

函数关系是指现象之间存在严格的依存关系，在这种关系中，对于某一变量的每一个数值，都有另一个变量的确定值与之对应，并且这种关系可以用一个数学表达式反映出来。例如，成本总额＝单位成本×产品产量，这里，在单位成本一定的情况下，给定一个产品产量，便有一个确定的成本总额；又如，圆的面积 $S=\pi r^2$，这表明给定一个半径，就可以精确求出圆的面积 S 等。在函数关系中有自变量和因变量之分，如成本总额、圆的面积为因变量(dependent variable)，而单位成本、产品产量及圆的半径为自变量(independent variable)。函数关系的一般表达式为

$$y = f(x) \tag{7-1}$$

函数关系通常用数学方法去研究，它并不是统计学的主要研究对象。

2. 相关关系

相关关系(correlation)是指现象之间确实存在数量上的相互依存关系，但是这种关系是不确定的，即在这种关系中，对应于一个变量的某个数值，另一个变量可能有几个甚至很多个数值。例如，企业增加广告费支出就会增加销售额，广告费与销售额之间存在着本质的规律的联系。但是，增加一定的广告费支出，能增加多少销售额却是不确定的。这是因为，影响销售额的因素中，除了广告费支出外，还有产品特性、价格、消费者收入等。在这些因素的不同影响下，使得广告费支出和销售额之间的关系表现为相关关系；再如，商品的消费量与居民收入之间的关系，粮食亩产量与施肥量、降雨量、温度之间的关系，收入水平与受教育程度之间的关系，父亲身高与子女身高之间的关系等均为相关关系。在社会经济领域具有相关关系的现象非常广泛，主要是由于这个领域的随机因素较多。所以，相关关系是我们研究的重点。

相关分析(correlation analysis)就是对变量之间的相关关系进行分析，其目的是从现象的关系中寻求本质变量之间联系的形式、变动的方向，并识别它们联系的密切程度以及变动的规律性，检验其在统计上是否有效。这对宏观经济调节或企业经营决策都是十分重要的。

(二) 相关关系的种类

1. 按变量的多少可分为一元相关(单相关)和多元相关(复相关)

两个变量的相关关系称为一元相关，如居民收入和储蓄额的关系；三个或三个以上变量的相关关系称为多元相关，如某种商品的销售量、价格、居民收入之间的相关关系。

2. 按变量之间的表现形式，可分为直线相关和曲线相关

当一个变量增减 1 个单位时，另一个变量按大致固定的增减量变化时称为线性相关；反之，不按固定增长量变化时，则为曲线相关。例如，农产量与施肥量的关系，在一定范围内，增加施肥量就会增加固定的农产量，两者是线性相关；但继续不断地增加施肥量，农产量的增加量会逐渐减少，两者是曲线相关。

3. 按变量变化方向，可分为正相关和负相关

如果一个变量的数值增加，另一个变量的数值也相应地增加，这就是正相关，如居民收入与储蓄的关系；如果一个变量的数值增加，另一个变量的数值却减少，这就是负相关，如产品产量和产品成本的关系。

4. 按相关程度可分为完全相关、不完全相关和不相关

如果变量之间的依存关系密切到近乎函数关系，称为完全相关；如果变量之间影响不大，称为不相关，如企业的生产成本与工人年薪之间一般就是不相关的。如果变量之间的关系介于完全相关和不相关之间，我们就称为不完全相关，这种情况是我们分析的重点。

在散点图上，它可以直观地显示出变量之间的相关形式，如图 7-1 所示。

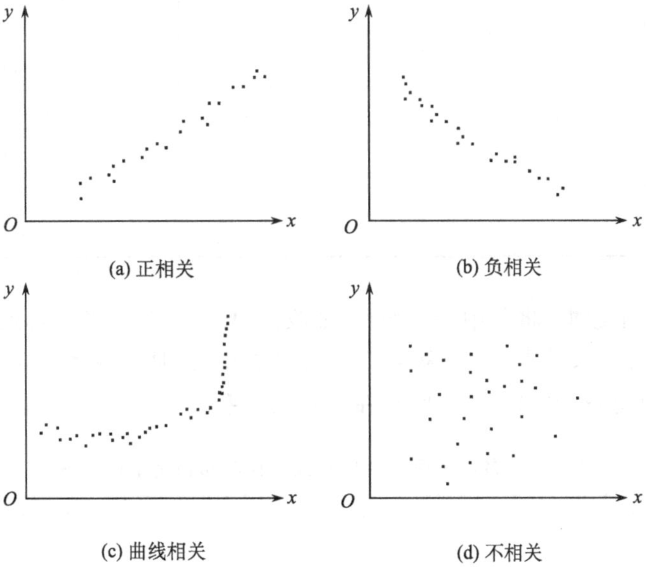

图 7-1 两个变量的相关关系

二、简单线性相关分析

两个变量的表现形式为直线相关关系过程，称为简单线性相关分析。这是一种最简单、最基础的相关分析，在这里我们主要以它为例介绍相关分析的内容。一般而言，对变量的相关分析，先要做定性分析。也就是根据经济理论、有关专业知识和实际工作经验，进行科学分析研究，初步确定变量有无关系。如有关系，进一步编制相关图和相关表，直观地确定变量之间大致呈现何种关系形式，最后计算相关系数并进行显著性检验分析，精确反映相关关系的方向和程度。简单线性相关分析的过程如下。

（一）给出相关表和相关图

例如，表 7-1 是在 8 个不同城市中调查取得的 2007 年 7 月居民的平均收入和

某商品销售量数据。

表 7-1 各城市 2007 年 7 月居民平均收入和某商品销售量

城市	平均收入 x/千元	销售量 y/万件
1	2	27
2	4	46
3	7	73
4	3	40
5	1	30
6	2	28
7	4	46
8	6	59
合 计	29	349

根据表 7-1 数据，将其中一个变量（如收入）按由小到大顺序排列，可以看到两个变量的相关情况，见表 7-2。从表 7-2 可以看出，随居民平均收入增加，商品销售量也呈递增趋势，说明二者之间存在正相关关系。

表 7-2 各城市居民平均收入与某商品销售量相关表

城市	平均收入 x/千元	销售量 y/万件
5	1	30
1	2	27
6	2	28
4	3	40
2	4	46
7	4	46
8	6	59
3	7	73
合 计	29	349

为了更直观地反映这种相关关系，我们进一步绘制相关图（散点图）如图 7-2 所示。

从图 7-2 可以看出，x 与 y 确实存在相互依存关系，而且所有的散点都分布在一条直线周围，因此，x 与 y 存在明显的线性相关关系。

（二）计算相关系数

给出相关图表中各变量之间的相互关系是有用的，但只能做出粗略的分析，这

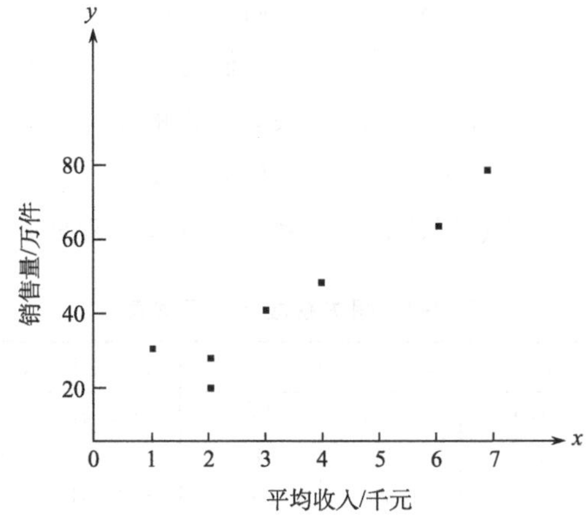

图 7-2 各城市居民平均收入和某商品销售量相关图

只是相关分析的开始。为了精确地判断变量间关系的密切程度，揭示变量间的本质关系，应计算相关系数(coefficient of correlation)。

早在 1890 年，英国统计学家皮尔逊便提出了一种测定两个变量线性相关的计算公式，被称为积矩相关系数或动差相关系数。后面提到的相关系数都是指这种积矩相关系数，其计算公式为

$$r=\frac{\sigma_{xy}}{\sigma_x\sigma_y} \tag{7-2}$$

式中：r 为相关系数；σ_{xy} 为 x 与 y 变量的协方差；σ_x 为 x 变量的标准差；σ_y 为 y 变量的标准差。所以，相关系数还可以写成

$$r=\frac{\sum(x-\bar{x})(y-\bar{y})}{\sqrt{\sum(x-\bar{x})^2\sum(y-\bar{y})^2}} \tag{7-3}$$

$$=\frac{\sum xy-\frac{1}{n}\sum x\sum y}{\sqrt{\left[\sum x^2-\frac{1}{n}(\sum x)^2\right]\left[\sum y^2-\frac{1}{n}(\sum y)^2\right]}}$$

可以看出：相关系数只是一个系数，不受变量值水平高低和计量单位的影响，便于在不同资料之间对相关程度进行比较。另外，相关系数的取值有一定的范围，即 $|r|\leqslant 1$。计算结果带有正号表示正相关，带有负号表示负相关。

当 $|r|=1$ 时，表示 x 与 y 变量为完全线性相关，也称为确定的函数关系；当 $|r|=0$ 时，表示两变量不存在线性关系；当 $|r|<1$ 时，表示两变量存在一定程度的线性相关。$|r|$ 越接近于 1，表示两变量线性相关越强。反之，$|r|$ 越接近于 0，表示线性相关越差。由此，人们提出了一个对相关程度评价的一般标准：

$0 < |r| \leqslant 0.3$，弱相关；

$0.3 < |r| \leqslant 0.5$，低度相关；

$0.5 < |r| \leqslant 0.8$，显著相关；

$0.8 < |r| \leqslant 1$，高度相关。

例如，根据表 7-1 中的数据计算相关系数。计算过程见表 7-3。

表 7-3 相关系数计算示例表

序号	x	y	$(x-\bar{x})$	$(x-\bar{x})^2$	$(y-\bar{y})$	$(y-\bar{y})^2$	$(x-\bar{x})(y-\bar{y})$	xy
1	2	27	−1.625	2.641	−16.625	276.391	27.016	54
2	4	46	0.375	0.141	2.375	5.641	0.891	184
3	7	73	3.375	11.391	29.375	862.891	99.141	511
4	3	40	−0.625	0.391	−3.625	13.141	2.266	120
5	1	30	−2.625	6.891	−13.625	185.641	35.766	30
6	2	28	−1.625	2.641	−15.625	244.141	25.391	56
7	4	46	0.375	0.141	2.375	5.641	0.891	184
8	6	59	2.375	5.641	15.375	236.391	36.516	354
合计	29	349	0	29.878	0	1 829.878	227.878	1 493

根据表 7-3 计算得

$$\bar{x} = \frac{\sum x}{n} = \frac{29}{8} = 3.625$$

$$\bar{y} = \frac{\sum y}{n} = \frac{349}{8} = 43.625$$

$$r = \frac{\sum (x-\bar{x})(y-\bar{y})}{\sqrt{\sum (x-\bar{x})^2 \sum (y-\bar{y})^2}} = \frac{227.875}{\sqrt{29.875 \times 1\,829.875}} = 0.975$$

对于已分组的资料仍可以计算相关系数，但和简单数列相关系数不同的是要进行加权，因而计算过程复杂一些。单变量分组表计算相关系数的公式为

$$r = \frac{\sum (x-\bar{x})(y-\bar{y})f}{\sqrt{\sum (x-\bar{x})^2 f}\sqrt{\sum (y-\bar{y})^2 f}} \tag{7-4}$$

（三）相关系数的显著性检验

当用样本相关系数去推断总体时，由于受抽样误差的影响，因而结果带有一定的随机性。样本容量越小，随机性越大，如当变量 x 与 y 各有 2 个样本数据时，相关系数总是 1，但这并等于变量完全相关。因此，在对总体两变量相关关系做出结

论之前,必须检验样本相关系数的显著性,这就是相关系数的显著性检验。通过检验相关系数 r 在统计上是否显著,说明它能否作为两变量之间存在线性关系的证据。

在小样本情况下,用费希尔(R. A. Fisher)的 t 检验法,设:

原假设:$H_0:\rho=0$。

备择假设:$H_1:\rho\neq0$。

构造:$t=\sqrt{\frac{r^2}{1-r^2}(n-2)}\sim t(n-2)$。　　(7-5)

根据给定的显著性水平 α 和自由度 $n-2$ 时,查 t 分布表中 $t_{\alpha/2}(n-2)$ 的临界值。若 $|t|\geqslant t_{\alpha/2}$,则拒绝原假设,表明 r 在统计上是显著的,即两变量存在线性关系;若 $|t|<t_{\alpha/2}$,则接受原假设,表明 r 在统计上是不显著的,即两变量不存在线性关系。

例如,对上例中月平均收入和某商品月销售量的样本相关系数进行显著性检验,检验两者之间是否确实存在相关关系(显著性水平 $\alpha=0.05$)。

建立假设:$H_0:\rho=0$。

备择假设:$H_1:\rho\neq0$。

计算相关系数 r 的 t 统计量值:

$$t=\sqrt{\frac{r^2}{1-r^2}(n-2)}=10.789$$

显著性水平 $\alpha=0.05$,自由度 6,查表得 $t_{0.025}(6)=2.447$。

结论:$|t|\geqslant t_{\alpha/2}$,则拒绝原假设,接受备则假设,认为相关系数 r 是显著的,即月均收入和月销售量确实存在线性相关关系。

另外,简单线性相关系数除了用皮尔逊积矩相关系数公式计算外,也可通过一元线性回归模型的判定系数求解,将在后面具体介绍。

第二节　一元线性回归分析

“回归”(regression)最早由英国生物学家高尔顿提出。他在对人体遗传特征的实验研究中发现,父母的身高与子女的身高有一定的关系。父母高,其子女也高,但平均来看,却不如他们的父母高;父母矮,其子女也矮,但平均来看,也不如他们的父母矮。他把这种遗传身高趋向于平均的现象称为“回归”,其后被作为统计概念加以应用。现在统计学中“回归”的概念已经扩展了,主要是指变量之间的依存关系。

回归分析(regression analysis)和相关分析都是对客观事物数量依存关系的分析,在理论和方法上具有一致性。一方面,只有存在相关关系的变量才能进行回归分析,相关程度越高,回归测定的结果越可靠;另一方面,相关系数同回归模型中的参数可以相互换算，特别是多元相关和非线性相关的相关系数必须利用回归模型才能求得。但是，回归分析和相关分析也存在区别：首先，相关分析研究的变量是相互对应，不分主从或因果关系；而回归分析却是控制或给定一个或几个变量来研究对应的某一变量的变化（给定的变量称为自变量，被研究的对应变量称为因变量），显示变量之间存在因果关系。因此，回归分析必须根据研究目的和对象的性质确定哪个是自变量（也称解释变量），哪个是因变量（也称被解释变量）。其次，相关分析主要是测定变量之间相关关系的方向和密切程度；而回归分析却通过对具有相关关系的变量建立一个数学模型来描述变量之间具体的变动关系，进而达到预测控制的效果。

在回归分析中，根据自变量多少可分为一元回归和多元回归，根据变量间变动形式可分为线性回归和非线性回归。将这两种分类方式结合起来，就有多种形式。其中，一元线性回归（linear regression）亦称简单线性回归，是回归分析中最简单和最典型的一种形式。只要掌握了一元线性回归模型的建立思路方法，就容易掌握和理解其他较复杂的回归模型。因此，下面重点介绍一元线性回归分析的过程。

一、一元线性回归模型

如果根据散点图或相关系数判断出两变量之间确实存在线性关系，那么，就可以对这两个变量建立一元线性回归模型，也称总体回归模型，其一般形式为

$$y_i = \beta_0 + \beta_1 x_i + \varepsilon_i \tag{7-6}$$

在此模型中，x 是给定的自变量，不是随机变量；y 是因变量，是随机变量；β_0 和 β_1 都是未知参数，β_1 称为回归系数（coefficient of regression）；ε_i 是不可观测的随机误差，表示 x 出现第 i 个观测值时，y 的随机误差是多少。通常假设 $\varepsilon \sim N(0, \sigma^2)$，且各 $\varepsilon_1, \varepsilon_2, \cdots, \varepsilon_n$ 相互独立。由此可知，$y_1, y_2, \cdots, y_n$ 相互独立，且 $y_i \sim N(\beta_0 + \beta_1 x_i, \sigma^2)$，$i=1,2,\cdots,n$，即

$$E(y_i) = \beta_0 + \beta_1 x_i \tag{7-7}$$

式(7-7)称为总体回归方程，在平面直角坐标系中表现为一条直线，它反应 x 对 y 均值的线性影响，是 x 与 y 两个变量变动的本质关系，也是回归分析的基本依据。β_0 表示当 $x=0$ 时，y 的平均取值；β_1 表示 x 每变动一个单位 y 的平均变动量。β_1 的符号与相关系数的符号是一致的，当 $\beta_1>0$ 时，表示 x 每增加一个单位时 y 平均的增加量，x 与 y 同向变动；当 $\beta_1<0$ 时，表示 x 每增加一单位时 y 平均的减少量，x 与 y 反向变动；当 $\beta_1=0$ 时，表示 x 与 y 之间不存在线性关系，无论 x 取何值，y 的均值总是等于 β_0。

一元线性回归分析就是围绕总体回归方程来处理三大问题。首先，估计未知参数 β_0 和 β_1 以及未知方差 σ^2；其次，检验回归效果，包括总体回归模型的检验和

回归系数的检验，只有通过回归效果检验的方程才可以应用；最后，应用通过检验的回归方程进行预测与控制，从而解决实际问题。

二、回归系数 β_0,β_1 的估计

回归系数 β_0,β_1 一般是未知的，需用样本数据对它们做出估计，可以得到估计值 $\hat{\beta}_0,\hat{\beta}_1$，这样对应估计回归方程为

$$\hat{y}_i=\hat{\beta}_0+\hat{\beta}_1x_i\quad(i=1,2,\cdots,n)\tag{7-8}$$

式(7-8)称为样本回归方程或经验回归方程，把该回归方程绘制在直角坐标系上得到一条直线，称为回归直线，$\hat{y}_i$ 为 y_i 的回归值或拟合值。

那么如何确定 $\hat{\beta}_0,\hat{\beta}_1$？在统计中应用最广泛的是最小平方法，用这种方法求出的回归直线是与实际数据拟合最好的直线，所谓拟合最好，在这里就是指所有观测值 y_i 与由这条回归直线求出的回归值 $\hat{y}_i$ 之间的离差平方和达到最小。设 Q 为离差平方和，即

$$Q=\sum_{i=1}^{n}(y_i-\hat{y}_i)^2=\sum_{i=1}^{n}(y_i-\hat{\beta}_0-\hat{\beta}_1x_i)^2\tag{7-9}$$

为满足离差平方和最小这一要求，我们利用二元函数求极值的原理，分别对 $\hat{\beta}_0$ 和 $\hat{\beta}_1$ 求偏导数，并令其为零来求解 $\hat{\beta}_0$ 和 $\hat{\beta}_1$。

$$\left.\begin{aligned}\frac{\partial Q}{\partial\hat{\beta}_0}&=-2\sum_{i=1}^{n}(y_i-\hat{\beta}_0-\hat{\beta}_1x_i)=0\\\frac{\partial Q}{\partial\hat{\beta}_1}&=-2\sum_{i=1}^{n}(y_i-\hat{\beta}_0-\hat{\beta}_1x_i)x_i=0\end{aligned}\right\}\tag{7-10}$$

经整理后得两个标准方程：

$$\left.\begin{aligned}\sum y_i&=n\hat{\beta}_0+\hat{\beta}_1\sum x_i\\\sum x_iy_i&=\hat{\beta}_0\sum x_i+\hat{\beta}_1\sum x_i^2\end{aligned}\right\}\tag{7-11}$$

方程组式(7-11)称为正规方程组，可以求得该方程组的解，即

$$\left.\begin{aligned}\hat{\beta}_1&=\frac{l_{xy}}{l_{xx}}\\\hat{\beta}_0&=\bar{y}-\hat{\beta}_1\bar{x}\end{aligned}\right\}\tag{7-12}$$

式中：$l_{xx}=\sum_{i=1}^{n}(x_i-\bar{x})^2$；$l_{xy}=\sum_{i=1}^{n}(x_i-\bar{x})(y_i-\bar{y})$。

例如，根据表 7-1 中 8 个城市的样本数据，我们已经绘制了如图 7-2 所示的散点图，计算得到了样本相关系数并对其进行了检验，结果表明月人均收入 x 和月销售量 y 之间确实存在着显著的正相关关系。现在要求建立 x 对 y 的回归方程。

根据表 7-3 计算的相关结果，可以有

$l_{xx}=\sum(x-\bar{x})^2=29.875$，$l_{xy}=\sum(x-\bar{x})(y-\bar{y})=227.875$，根据式(7-12)有

$$\hat{\beta}_1=\frac{227.875}{29.875}=7.628,\ \hat{\beta}_0=43.625-7.628\times 3.625=15.975$$

这样，得到回归方程为 $\hat{y}=15.975+7.628x$

从上述方程可见，城市居民月平均收入每增加 1 000 元，这种商品的月销售量可以平均增加 7.628 万件；当 $x=0$ 时，y 的平均值为 15.975，对于月平均收入为 8 000元的城市，该商品月销售量平均值为 $\hat{y}=15.975+7.628\times 8=76.999$ 万件。

另外，估计量 $\hat{\beta}_0$，$\hat{\beta}_1$ 具有以下性质。

性质 7-1

$$\hat{\beta}_1 \sim N\left(\beta_1, \frac{\sigma^2}{l_{xx}}\right) \tag{7-13}$$

性质 7-2

$$\hat{\beta}_0 \sim N\left(\beta_0,\ \sigma^2\left(\frac{1}{n}+\frac{\bar{x}^2}{l_{xx}}\right)\right) \tag{7-14}$$

上述性质说明 $\hat{\beta}_0$ 和 $\hat{\beta}_1$ 分别是 $\hat{\beta}_0$，$\hat{\beta}_1$ 的无偏估计，还表明 $\hat{\beta}_0$ 和 $\hat{\beta}_1$ 的方差不仅取决于 σ^2 和观测数据 n 的大小，而且也取决于观测数据中自变量的分散程度。数据越多，且 x 的观测值越分散，估计量 $\hat{\beta}_0$ 和 $\hat{\beta}_1$ 的方差就越小，即其估计值就越稳定；反之，估计值越不稳定。

三、拟合优度检验

用最小平方法求得的回归直线 $\hat{y}=\hat{\beta}_0+\hat{\beta}_1 x$ 确定了 x 与 y 的具体变动关系，但是，实际值是不是紧密分布在其两侧？其紧密程度如何？这关系到回归直线的应用价值，因此，必须对回归方程的拟合优度加以测定。

（一）离差平方和的分解

总离差平方和反映观测值 $y_1, y_2, \cdots, y_n$ 的总变动，用 SST 来表示，记为

$$\mathrm{SST}=\sum_{i=1}^{n}(y_i-\bar{y})^2 \tag{7-15}$$

可以把总离差平方和分解成两部分：一部分为残差平方和，表示用回归值 $\hat{y}_1$，$\hat{y}_2$，…，$\hat{y}_n$ 代替相应的观测值 $y_1, y_2, \cdots, y_n$ 后的“剩余变动”，用 SSE 表示，记为

$$\mathrm{SSE}=\sum_{i=1}^{n}(y_i-\hat{y})^2=\sum_{i=1}^{n}\mathrm{e}_i^2 \tag{7-16}$$

另一部分为回归平方和，表示被回归方程解释的部分，用 SSR 表示，记为

$$\mathrm{SSR}=\sum_{i=1}^{n}(\hat{y}_I-\bar{y})^2 \tag{7-17}$$

即

$$\mathrm{SST}=\mathrm{SSR}+\mathrm{SSE} \tag{7-18}$$

证明：

$$\begin{aligned}\mathrm{SST}&=\sum_{i=1}^{n}(y_i-\bar{y})^2=\sum_{i=1}^{n}[(y_i-\hat{y}_i)+(\hat{y}_i-\bar{y})]^2\\&=\sum_{i=1}^{n}(y_i-\hat{y}_i)^2+\sum_{i=1}^{n}(\hat{y}_i-\bar{y})^2+2\sum_{i=1}^{n}(y_i-\hat{y}_i)(\hat{y}_i-\bar{y})\end{aligned}$$

由于

$$\begin{aligned}\sum_{i=1}^{n}(y_i-\hat{y}_i)(\hat{y}_i-\bar{y})&=\sum_{i=1}^{n}[(y_i-\bar{y})-\hat{\beta}_1(x_i-\bar{x})]\hat{\beta}_1(x_i-\bar{x})\\&=\hat{\beta}_1\sum_{i=1}^{n}(y_i-\bar{y})(x_i-\bar{x})-\hat{\beta}_1^2\sum_{i=1}^{n}(x_i-\bar{x})^2=0\end{aligned}$$

所以，得到 SST＝SSR＋SSE

（二）判断系数 r^2

根据(7-18)式，说明在总离差平方和一定时，回归平方和越大，残差平方和就越小；反之，回归平方和越小，残差平方和就越大。那么，如果 y 的实际值都紧密分布在回归直线两侧，即残差平方和 SSE 很小，说明 x 与 y 的依存关系很强，总离差平方和主要由回归平方和来解释，我们可以说回归模型拟合好。极端而言，如果 y_i 都落在回归线上，说明 x 与 y 为确定的函数关系。这时，总离差平方和就完全由回归平方和来解释了。判定系数 r^2 便是以回归平方和占总离差平方和的比例来表示回归方程拟合优度的评价指标。其计算公式为

$$r^2=\frac{\text{回归平方和}}{\text{总离差平方和}}=\frac{\mathrm{SSR}}{\mathrm{SST}}=\frac{\sum(\hat{y}_i-\bar{y})^2}{\sum(\hat{y}_i-\bar{y})^2}=1-\frac{\mathrm{SSE}}{\mathrm{SST}}=1-\frac{\sum(y_i-\hat{y}_i)^2}{\sum(y_i-\bar{y})^2} \tag{7-19}$$

r^2 的取值在 0～1 之间，回归平方和越大，r^2 越接近 1，表明回归模型拟合优度就越好，已知 x 的值就越有助于对 y 值预测。在实际工作中，往往采用简捷公式计算判定系数 r^2：

$$r^2=\frac{\hat{\beta}_0\sum y+\hat{\beta}_1\sum xy-n\bar{y}^2}{\sum y^2-n\bar{y}^2} \tag{7-20}$$

例如，测定上例所确定的回归直线 $\hat{y}_i = 15.975 + 7.628x_i$ 的拟合优度。

由于前面我们已经计算得到

$$\sum y = 349, \quad \sum xy = 1\,493, \quad \sum y^2 = 17\,055$$

根据式(7-20)，有

$$r^2 = \frac{15.975 \times 349 + 7.628 \times 1493 - 8 \times 43.625^2}{17\,055 - 8 \times 43.625^2} = 0.950$$

因而，在该商品月销售量变动中，有95%是由居民月平均收入变化而引起的，只有5%可解释为除了回归模型中月平均收入之外的其他因素引起的，r^2 的计算结果表明这两个变量之间存在着很强的线性相关。可以看出，判定系数 r^2 与前面计算的相关系数 r 具有一致性，而且，一元线性回归的判定系数 r^2 的平方根就是简单线性相关的相关系数 r。正负号取决于回归系数 $\hat{\beta}_i$ 的正负。

（三）估计标准误差

如上所述，y 的实际值同 $\bar{y}$ 的总离差平方和中，回归离差平方和与剩余离差平方和是此长彼消的关系。既然回归离差平方和可以从正面来测定线性模型的拟合优度，那么剩余离差平方和也就可以从反面判定线性模型的拟合优度。估计标准误差公式为

$$s_{yx} = \sqrt{\frac{\sum_{i=1}^{n}(y_i - \hat{y}_i)^2}{n-2}} = \sqrt{\frac{\text{SSE}}{n-2}} \tag{7-21}$$

式中：s_{yx} 是估计标准误差。在回归分析中，估计标准误差越小，表明实际值越紧靠估计值，回归模型拟合越合适；反之，估计标准误差越大，则说明实际值对估计值越分散，回归模型拟合得越差。估计标准误差的展开式为

$$s_{yx} = \sqrt{\frac{\sum y_i^2 - \hat{\beta}_0 \sum y_i - \hat{\beta}_1 \sum x_i y_i}{n-2}} \tag{7-22}$$

对估计标准误差的解释与标准差相似，就如标准差测量变量围绕其算术平均数的变动一样，估计标准误差测量变量围绕其拟合的回归线的变动。

作为对回归模型拟合优度的判断和评价指标，估计标准误差显然不如判定系数 r^2。r^2 是无量纲的系数，有确定的取值范围[0,1]，便于对不同资料回归模型的拟合优度进行比较。而估计标准误差则是有计量单位的，又没有确定的取值范围，不便于对不同资料回归模型的拟合优度进行比较。但是，估计标准误差在回归分析中仍然是一个重要的指标，因为它还是总体标准差 σ 的无偏估计量。

四、一元线性回归分析中的显著性检验

无论 x 与 y 之间是否存在着明显的线性关系,使用最小平方法都可以得到一个回归方程,但是如果 x 与 y 之间本质的线性关系不明显,该回归方程就不能很好地反映 x 与 y 之间的实际关系。因此,我们在应用该回归方程之前,必须对 x 与 y 之间的线性关系进行显著性检验。一元线性回归分析中的显著性检验包括回归方程整体的显著性检验和回归系数的显著性检验。

(一) 回归方程显著性检验

它是检验自变量和因变量之间的整体线性关系是否显著,具体方法是利用对离差平方和分解原理。通过前面的学习,我们可以知道总平方和(SST)可以分解成回归平方和(SSR)与残差平方和(SSE)两个组成部分,其中 SSR 是由回归方程确定的,能够由自变量解释的部分。这样,回归平方和 SSR 越大,回归的效果就越好,可以据此构造 F 统计量,应用 F 检验来分析。

首先,建立假设。

H_0:方程线性关系不显著。

H_1:方程线性关系显著。

其次,构造检验统计量。

$$F=\frac{\text{SSR}/1}{\text{SSE}/(n-2)}=\frac{\sum_{i=1}^{n}(\hat{y}_i-\bar{y})^2/1}{\sum_{i=1}^{n}(y_i-\hat{y})^2/(n-2)}\sim F(1,n-2) \qquad (7\text{-}23)$$

最后,做出决策。

对给定的显著水平 α,并根据分子自由度 1 和分母自由度 $n-2$ 找出临界值 F_α。若 $F\geqslant F_\alpha(1,n-2)$,则拒绝 H_0,认为回归方程整体线性关系显著;反之,认为回归方程整体线性关系不显著。具体计算过程可通过方差分析表(表 7-4)进行。

表 7-4　一元线性回归方差分析表

	平方和	自由度	均方和	F 值
回归平方和	SSR	1	SSR/1	(SSR/1)/(SSE/($n-2$))
残差平方和	SSE	$n-2$	SSE/($n-2$)	
总离差平方和	SST	$n-1$	SST/($n-1$)	

例如,对上面例题中月均收入和销售量回归方程进行 F 检验,利用 SPSS 统计软件,输出结果如表 7-5 所示。

表 7-5 月均收入和销量回归方程方差分析表

Items		Sum of Squares	df	Mean Square	F	Sig
Model 1	Regression	1 738.143	1	1 738.143	113.688	.000
	Residual	91.732	6	15.289		
	Total	1 829.875	7			

Notes: Predictors: (Constant), X

Notes: Dependent Variable: Y

查临界值 $F_{0.05}(1,6)=7.71$，因为 $F=113.688>7.71$，所以拒绝原假设，认为回归方程线性显著，即月均收入和月销售量之间存在显著的线性关系。在 SPSS 软件应用中，也可以通过 Sig 值判断，如果 Sig$>\alpha=0.05$，则接受原假设；反之，拒绝原假设。

另外，对回归方程的 F 检验也可以用判断系数 r^2 计算 F 统计量，把公式(7-19)代入式(7-23)，整理有

$$F=\frac{r^2}{1-r^2}(n-2) \tag{7-24}$$

可见，在样本容量一定的情况下，F 值与 r^2 值同向变动，也即 r^2 值越大，F 值越大，这与理论研究相吻合。

（二）回归系数的显著性检验

在一元线性回归中，回归系数 β_1 是决定 x 和 y 变量依存关系形式的主要参数，因此，对回归系数的显著性检验就是要检验 x 和 y 之间是否真正存在线性关系，即 β_1 是否为 0。如果 $\beta_1=0$，说明 x 和 y 之间不存在线性关系。如果 $\beta_1\neq0$，说明 x 和 y 之间存在线性关系，所建立的一元线性回归方程符合变量间的变化规律。一般采用 t 检验，其步骤如下：

首先，建立原假设 $H_0:\beta_1=0$，备择假设 $H_1:\beta_1\neq0$

其次，构造检验统计量。

由式(7-13)知，$\hat{\beta}_1\sim N\left(\beta_1,\frac{\sigma^2}{l_{xx}}\right)$，于是$\frac{\hat{\beta}_1-\beta_1}{\sigma/\sqrt{l_{xx}}}\sim N(0,1)$

如果上式中的 σ 未知，可以用它的估计量 s_{yx} 代替，并且在原假设成立下，有

$$t=\frac{\hat{\beta}_1}{s_{yx}/\sqrt{l_{xx}}}\sim t(n-2) \tag{7-25}$$

最后，做出决策。对给定的显著水平 α，并根据自由度 $n-2$ 找出临界值 $t_{\frac{\alpha}{2}}(n-2)$。若 $|t|\geqslant t_{\frac{\alpha}{2}}(n-2)$，则拒绝 H_0，即 $\beta_1\neq0$ 显著，说明 x 和 y 之间存在线性关系；反之，接受原假设，说明 x 和 y 之间不存在线性关系。如果是多元回归，有

多个自变量，我们要分别对每个自变量都进行回归系数显著性检验。

例如，对例子中月均收入和月销售量回归方程的回归系数 β_1 进行显著性检验。

设 $H_0:\beta_1=0$，$H_1:\beta_1\neq0$，并设显著性水平 $\alpha=0.05$，已知样本回归系数 $\hat{\beta}_1=7.628$，$s_{yx}=3.91$，$l_{xx}=\sum(x-\bar{x})^2=29.875$

根据式(7-25)，有

$$t=\frac{7.628}{3.91\sqrt{\frac{1}{29.875}}}=10.66,$$

查临界值 $t_{0.025}(6)=2.447$

由于 $t\geqslant t_{0.025}(6)$，故拒绝原假设，认为回归系数通过显著性检验，月均收入与销售量存在线性关系。

利用 SPSS 软件，回归系数显著性检验输出结果如表 7-6 所示。

表 7-6 回归系数显著性检验表

Model	Unstandardized Coefficients		Standardized Coefficients	t	Sig
	B	Std. Error	Beta		
1 (Constant)	15.975	2.939		5.436	0.002
X	7.628	0.715	0.975	10.662	0.000

Notes: Dependent Variable: Y

也可以通过 Sig 值判断，如果 Sig$>\alpha=0.05$，则接受原假设，反之拒绝原假设。回归系数 Sig$=0.000<\alpha=0.05$，所以，拒绝原假设，认为月均收入与销售量存在线性关系。

在一元线性回归分析中，t 检验和 F 检验的原假设和备择假设是相同的，同时还发现 F 统计量是 t 统计量的平方，临界值 $F_\alpha(1,n-2)$ 也是 $t_{\frac{\alpha}{2}}(n-2)$ 的平方。所以在一元线性回归分析中，二者是等价的，在检验时取其一即可。需要注意的是，在多元回归分析中，他们是不等价的，要区别对待。

五、利用回归方程进行预测与控制

建立回归模型的目的是为了应用，而预测和控制是回归模型最重要的应用，因此，我们要讨论利用回归方程进行预测和控制的方法。

(一) 回归预测

所谓回归预测是指利用回归方程，由自变量 x 的值预测(估计)因变量 y 的值，包括点预测和区间预测两种形式。

对于任意给定自变量 x 的一个值 x_0，代入回归方程 $\hat{y}=\hat{\beta}_0+\hat{\beta}_1 x$ 中，求得 $\hat{y}_0$ 作为 y_0 的估计值，称为点预测(估计)。由于这种预测的精确性与可信度受到限制，为此，我们要重点介绍区间预测。

1. $E(y_0)$的区间预测

对于给定的显著性水平 α，求出 y_0 与 $E(y_0)$的置信区间，称为区间预测。在求置信区间之前，首先要了解点预测中 $\hat{y}_0$ 的抽样分布。因为

$$\begin{aligned}\hat{y}_0 &= \hat{\beta}_0+\hat{\beta}_1 x_0 \\ &=\bar{y}+(x_0-\bar{x})\hat{\beta}_1 \\ &=\bar{y}+(x_0-\bar{x})\frac{l_{xy}}{l_{xx}} \\ &=\bar{y}+(x_0-\bar{x})\frac{\sum(x_i-\bar{x})y_i}{l_{xx}} \\ &=\sum_{i=1}^{n}\left[\frac{1}{n}+\frac{(x_0-\bar{x})(x_i-\bar{x})}{l_{xx}}\right]y_i\end{aligned}$$

所以

$$V(\hat{y}_0)=\sum_{i=1}^{n}\left[\frac{1}{n}+\frac{(x_0-\bar{x})(x_i-\bar{x})}{l_{xx}}\right]^2 V(y_i)=\left(\frac{1}{n}+\frac{(x_0-\bar{x})^2}{l_{xx}}\right)\sigma^2 \tag{7-26}$$

由于 $\hat{y}_0$ 是 $y_1,y_2,\cdots,y_n$ 的线性组合，而 $y_1,y_2,\cdots,y_n$ 服从正态分布且相互独立，从而 $\hat{y}_0$ 也服从正态分布，又因为 $E(\varepsilon)=0$，所以

$$\frac{\hat{y}_0-E(y_0)}{\sqrt{V(\hat{y}_0)}}\sim N(0,1)$$

一般用 s_{yx}^2 估计 σ^2，得到 $V(\hat{y}_0)$的无偏估计

$$s^2(\hat{y}_0)=s_{yx}^2\left[\frac{1}{n}+\frac{(x_0-\bar{x})^2}{l_{xx}}\right] \tag{7-27}$$

可以证明

$$\frac{\hat{y}_0-E(y_0)}{s\hat{y}_0}\sim t(n-2) \tag{7-28}$$

因此，$E(y_0)$在 $1-\alpha$ 的预测区间为

$$\hat{y}_0 \pm t_{\frac{\alpha}{2}}(n-2)s(\hat{y}_0) \tag{7-29}$$

2. y_0 的区间预测

由于 y_0 是 $y_1,y_2,\cdots,y_n$ 的函数，而且 y_0 与 $y_1,y_2,\cdots,y_n$ 独立，所以 $\hat{y}_0$ 与 y_0

也独立，又因为 $\hat{y}_0$ 与 y_0 都是服从正态分布的，故 $y_0-\hat{y}_0$ 也服从正态分布，有

$$E(y_0-\hat{y}_0)=E(y_0)-E(\hat{y}_0)=0$$

$$\begin{aligned}V(y_0-\hat{y}_0)&=V(y_0)+V(\hat{y}_0)\\&=\sigma^2+\sigma^2\left[\frac{1}{n}+\frac{(x_0-\bar{x})^2}{l_{xx}}\right]\\&=\sigma^2\left[1+\frac{1}{n}+\frac{(x_0-\bar{x})^2}{l_{xx}}\right]\end{aligned}\tag{7-30}$$

用 s_{yx}^2 估计 σ^2，得到 $V(y_0-\hat{y}_0)$ 的无偏估计

$$s^2(y_0-\hat{y}_0)=s_{yx}^2\left[1+\frac{1}{n}+\frac{(x_0-\bar{x})^2}{l_{xx}}\right]\tag{7-31}$$

同样可以证明

$$\frac{y_0-\hat{y}_0}{s(y_0-\hat{y}_0)}\sim t(n-2)$$

整理得 y_0 置信度为 $1-\alpha$ 的预测区间为

$$\hat{y}_0\pm t_{\frac{\alpha}{2}}(n-2)s(y_0-\hat{y}_0)\tag{7-32}$$

应该指出，$E(y_0)$与 y_0 预测区间都有这样的共性：对 x 水平上不同的 x_0 值，得到的预测区间也是不同的。如果 x_0 值离均值 $\bar{x}$ 越远，即$(x_0-\bar{x})^2$ 越大，因而预测区间就越大；反之，x_0 值离均值 $\bar{x}$ 越近，预测区间就越小。当 $x_0=\bar{x}$ 时，预测区间达到最小。

例如，对前面例题中所确定的回归方程 $\hat{y}=15.975+7.628x$，在 x 取特定值 8 000元时，预测对应 y_0 的 $E(y_0)$和 y_0 的置信区间。

在 $x_0=8\ 000$ 元时，对应 $\hat{y}_0=15.975+7.628\times 8=76.999$(万件)，所以，根据式(7-29)得 $E(y_0)$的 0.95 预测区间为(72.015 万，81.983 万)。

即对每月平均收入为 8 000 的城市，以 95%的把握估计该商品平均月销售量为 72.015 万～81.983 万件。

并且，从式(7-31)可算得 $s^2(y_0-\hat{y}_0)=19.438$，所以根据式(7-32)得 y_0 的 95%预测区间为(66.21 万，87.788 万)。

即对某个月平均收入为 8 000 元的城市，以 95%的把握预测该商品平均月销售量为 66.21 万～87.788 万件。

(二) 回归控制

控制是预测的反问题，即如果要求 y 的观测值落在指定的区间(y_1,y_2)内，在 $1-\alpha$ 的概率保证下，应当把 x 的取值控制在什么范围内？最直观的计算方法是把

y_1,y_2 代入式(7-32),从中分别解出 x_1,x_2,从而确定 x 值的控制范围。当 $\hat{\beta}_1>0$ 时,控制区间为(x_1,x_2);当 $\hat{\beta}_1<0$ 时控制区间为(x_2,x_1)。在这里不详细介绍。

第三节 多元线性回归分析

在许多实际问题中,一个因变量的变化往往受到两个或两个以上变量的影响。例如,某产品的销售额不仅受到投入广告费用的影响,还会受到产品价格,消费者收入等诸多因素的影响。这种研究一个变量与其他多个变量之间关系的主要方法就是多元回归分析,接下来我们将讨论多元回归中最简单的一种——多元线性回归分析。多元线性回归分析是一元线性回归分析的自然推广形式,因而,其思想和方法与一元线性回归分析基本是相同的,只是其中涉及更复杂的计算和更细致的分析。

一、多元线性回归模型

具有 p 个自变量的多元线性回归模型一般形式为

$$y_i=\beta_0+\beta_1x_{1i}+\cdots+\beta_px_{pi}+\varepsilon_i \tag{7-33}$$

式中:β_0,β_1,…,β_p 是回归系数;ε_i 是随机误差项,独立同分布于 $N(0,\sigma^2)$。若 $p=1$,式(7-33)为一元线性回归模型;若 $p=2$,式(7-33)为二元线性回归模型。

在实际中,如果我们获得 n 组观测数据(x_{1i},x_{2i},…,x_{pi};y_i),$i=1,2,\cdots,n$,则线性回归模型式(7-33)可表示为

$$\left.\begin{aligned}y_1&=\beta_0+\beta_1x_{11}+\beta_2x_{21}+\cdots+\beta_px_{p1}+\varepsilon_1\\y_2&=\beta_0+\beta_1x_{12}+\beta_2x_{22}+\cdots+\beta_px_{p2}+\varepsilon_2\\&\cdots\\y_n&=\beta_0+\beta_1x_{1n}+\beta_2x_{2n}+\cdots+\beta_px_{pn}+\varepsilon_n\end{aligned}\right\} \tag{7-34}$$

为了方便计算,一般把多元线性回归模型写成矩阵形式:

$$Y=X\beta+\varepsilon \tag{7-35}$$

式中:Y 是 n 维列向量;X 是 $n\times(p+1)$ 阶矩阵,称为设计矩阵;β 是 $p+1$ 维列向量;ε 是 n 维列向量。即

$$Y=\begin{bmatrix}y_1\\y_2\\\vdots\\y_n\end{bmatrix},\ X=\begin{bmatrix}1&x_{11}&\cdots&x_{p1}\\1&x_{12}&\cdots&x_{p2}\\\vdots&\vdots&&\vdots\\1&x_{1n}&\cdots&x_{pn}\end{bmatrix},\ \beta=\begin{bmatrix}\beta_0\\\beta_1\\\vdots\\\beta_p\end{bmatrix},\ \varepsilon=\begin{bmatrix}\varepsilon_1\\\varepsilon_2\\\vdots\\\varepsilon_n\end{bmatrix} \tag{7-36}$$

对式(7-35)两边取期望值,得

$$E(Y) = X\beta \tag{7-37}$$

此式称为总体多元线性回归方程。

为了检验回归模型及其系数的显著性，一般假设回归模型——式(7-35)满足以下基本条件：

(1)随机误差项 ε 具有 0 均值和等方差，即

$$E(\varepsilon_i) = 0 \qquad (i = 1,2,\cdots,n)$$

$$\text{cov}(\varepsilon_i,\varepsilon_j) = \begin{cases} \sigma^2, & i = j \\ 0, & i \neq j \end{cases} \qquad (i,j = 1,2,\cdots,n)$$

(2)随机误差项服从正态分布，即

$$\varepsilon_i \sim N(0,\sigma^2) \qquad (i = 1,2,\cdots,n)$$

式中：$\varepsilon_1,\varepsilon_2,\cdots,\varepsilon_n$ 相互独立。

(3)要求设计矩阵满秩，即 $Rank(x)=p+1<n$。

二、回归系数的估计

多元线性回归方程回归系数 β 的估计原理与方法同一元线性回归方程类似，都是采用最小二乘法。

若回归系数 $\beta=(\beta_0,\beta_1,\cdots,\beta_p)'$ 的估计量 $\hat{\beta}_0=(\hat{\beta}_0,\hat{\beta}_1,\cdots,\hat{\beta}_p)'$ 使离差平方和

$$Q(\hat{\beta}_0,\hat{\beta}_1,\cdots,\hat{\beta}_p) = \sum_{i=1}^{n}(y_i - \hat{\beta}_0 - \hat{\beta}_1 x_{1i} - \cdots - \hat{\beta}_p x_{pi})^2$$

达到最小值，则 $\hat{\beta}$ 为 β 的最小二乘估计量。同样，利用多元函数求极值的方法，得

$$\hat{\beta} = (X'X)^{-1}X'Y \tag{7-38}$$

而且，$E(\hat{\beta})=\beta, V(\hat{\beta})=\sigma^2(X'X)^{-1}$，具体的证明过程这里不再赘述。

三、拟合优度检验

多元线性回归分析也可以利用判定系数和估计标准误差从正反两个方向对回归模型的拟合优度进行检验。

(一) 判定系数 R^2

同一元回归分析一样，多元回归分析也可以对总离差平方和进行分解，分解成两部分，一部分为残差平方和 SSE，另一部分为回归平方和 SSR，即

$$\text{SST} = \text{SSR} + \text{SSE}$$

我们仍以回归平方和在总离差平方和中所占比例来定义判定系数 R^2，即

$$R^2 = \frac{\text{SSR}}{\text{SST}} = 1 - \frac{\text{SSE}}{\text{SST}}$$

R^2 能反映回归方程拟合优良程度，R^2 越接近 1，拟合得越好。但需要注意的是，增加一个自变量，即使这个自变量在统计上并不显著，回归方程中残差平方和也会变小，而回归平方和会变大，使得判定系数的值增大。为了提高判定系数的可靠性，有必要对 R^2 值进行修正，计算修正的判定系数

$$R_a^2 = 1-(1-R^2)\frac{n-1}{n-p-1} \tag{7-39}$$

式中：p 是回归模型中自变量的个数。如果判定系数 R^2 取平方根，在一元线性回归中等于简单相关系数，但在多元线性回归中等于复相关系数，即 $R_{y1,2,\cdots,p}=\sqrt{R^2}$，它用来衡量作为一个整体的 $x_1x_2\cdots x_p$ 与 y 的线性关系大小，即复相关的大小。由于各自变量对因变量作用方向不一定相同，其偏相关有正有负，但作为自变量整体的复相关系数恒为正值。在多元线性回归分析中，控制其他自变量，研究某一个自变量同因变量的相关关系，我们称为偏相关，衡量其相关程度用偏相关系数，如 y 与 x_1 的偏相关系数计算公式为

$$R_{y1,2,\cdots,p}=\sqrt{\frac{\text{SSE}(x_2,\cdots,x_p)-\text{SSE}(x_1,x_2,\cdots,x_p)}{\text{SSE}(x_2,\cdots,x_p)}} \tag{7-40}$$

（二）估计标准误差

多元线性回归方程的估计标准误差是在给定 $x_1,x_2,\cdots,x_p$ 时 y 的实际值同估计值的平均离差，记做 $s_{y(x_1x_2\cdots x_p)}$，计算公式为

$$s_{y(x_1x_2\cdots x_p)}=\sqrt{\frac{\text{SSE}}{n-p-1}}=\sqrt{\frac{\sum(y_i-\hat{y}_i)^2}{n-p-1}} \tag{7-41}$$

式中：p 是回归模型中自变量的个数。如果是二元线性回归模型，估计标准误差

$$s_{y(x_1x_2)}=\sqrt{\frac{\text{SSE}}{n-3}}=\sqrt{\frac{\sum(y_i-\hat{y}_i)^2}{n-3}}$$

四、多元线性回归分析中的显著性检验

多元线性回归分析也要对回归方程的显著性以及回归系数的显著性进行检验，通过显著性检验的回归方程才具有应用价值。

（一）回归方程的 F 检验

F 检验是用来考察模型(7-35)式中自变量 $x_1,x_2,\cdots,x_p$ 是否对因变量 y 起到解释作用，即

$$H_0:\beta_1=\beta_2=\cdots=\beta_p=0$$

$$H_1:\beta_1,\beta_2,\cdots,\beta_p \text{ 不全为 } 0$$

若原假设 H_0 成立，则说明 y 没有受到这些变量中任何一个影响，此时，回归方程就没有意义。

构造 F 检验统计量

$$F=\frac{\mathrm{SSR}/p}{\mathrm{SSE}/(n-p-1)}=\frac{(n-p-1)R^2}{p(1-R^2)} \tag{7-42}$$

在 H_0 成立的条件下，统计量 F 服从自由度为$(p,n-p-1)$的 F 分布，对于给定的显著水平 α，查临界值 $F_\alpha(p,n-p-1)$，如果 $F\geqslant F_\alpha(p,n-p-1)$，则拒绝原假设 H_0，认为回归方程显著；反之，认为回归方程不显著。如果利用 SPSS 软件进行分析时也可以利用 Sig 值来判断。我们借助方差分析表 7-7 来了解计算过程。

表 7-7 多元线性回归方程显著性检验的方差分析表

平方和	平方和	自由度	均方和	F 值
回归平方和	SSR	p	$\frac{\mathrm{SSR}}{p}$	$\frac{\mathrm{SSR}}{p}\Big/\frac{\mathrm{SSE}}{(n-p-1)}$
残差平方和	SSE	$n-p-1$	$\frac{\mathrm{SSE}}{(n-p-1)}$	
总离差平方和	SST	$n-1$	$\frac{\mathrm{SST}}{n-1}$	$F_\alpha(p,n-p-1)$

（二）回归系数的 t 检验

对于多元线性回归，回归方程通过了显著性检验，只说明 y 与自变量$(x_1,x_2,\cdots,x_p)$"整体上"线性相关关系显著，并不能说明每一个回归变量与 y 都是线性相关关系，为此，还要对每个回归系数进行显著性检验，也就是说，在多元回归分析中 F 检验和 t 检验不是等价的，二者的作用是不同，所以，二者缺一不可。建立假设：

$$\begin{aligned}H_0:\beta_i&=0\\H_1:\beta_i&\neq 0\end{aligned}\quad (i=1,2,\cdots,p)$$

如果接受 H_0，则说明自变量 x_i 与 y 线性关系不显著，应从回归模型中剔除或者考虑构建非线性回归模型。

在 H_0 成立的条件下，使用 t 检验统计量

$$t_i=\frac{\hat{\beta}_i}{s_{\hat{\beta}_i}}\sim t_{\alpha/2}(n-p-1)\quad i=1,2,\cdots,p \tag{7-43}$$

式中：$s(\hat{\beta}_i)=s_{yx}\sqrt{\alpha_{ii}}$，为 $\hat{\beta}_i$ 的标准差的估计值。其中，s_{yx} 为标准残差，α_{ii} 为矩阵 $(\boldsymbol{X}'\boldsymbol{X})^{-1}=(\alpha_{ij})_{(p+1)(p+1)}$ 的主对角线上第 i 个元素。

对给定的显著性水平 α，查临界值 $t_{\alpha/2}(n-p-1)$，若 $|t|\geqslant t_{\alpha/2}(n-p-1)$，则拒

绝原假设 H_0，即认为自变量 x_i 与 y_i 的线性关系显著；反之，不显著。或者利用 Sig 值进行判断。

在实际问题中，如果有多个回归系数都不显著，则不能同时将相应的变量都从回归方程中剔除，而只能先将 t 绝对值最小的一个剔除，再对剩余的 $p-1$ 个回归变量重新建立回归方程，并进行回归系数的显著性检验，直到所有变量的系数都显著为止。

应用已通过检验的多元线性回归方程进行预测与控制的原理与一元线性回归分析类似，只是计算更为复杂，在实际中我们更多需要借助计算机来完成，具体的计算过程可以参看第三章。

例如，一家电视台想了解该台美工的待工时间。考虑了 4 个自变量：总出勤人数、外出工作时间、职责不明时间和总工时数。抽取了过去 26 周的数据，这些数据见表 7-8。试用这些自变量建立一个多元线性回归模型并去预测美工的待工时间。

表 7-8 根据总出勤人数、外出工作时间、职责不明时间和总工时数预测待工时间

周次	待工时间 y/小时	总出勤人数 x_1/人	外出工作时间 x_2/小时	职责不明时间 x_3/小时	总工时数 x_4/小时
1	245	338	414	323	2 001
2	177	333	598	340	2 030
3	271	358	656	340	2 226
4	211	372	631	352	2 154
5	196	339	528	380	2 078
6	135	289	409	339	2 080
7	195	334	382	331	2 073
8	118	293	399	311	1 758
9	116	325	343	328	1 624
10	147	311	338	353	1 889
11	154	304	353	518	1 988
12	146	312	289	440	2 049
13	115	283	388	276	1 796
14	161	307	402	207	1 720
15	274	322	151	287	2 056
16	245	335	228	290	1 890
17	201	350	271	355	2 187
18	183	339	440	300	2 032
19	237	327	475	284	1 856
20	175	328	347	337	2 068
21	152	319	449	279	1 813
22	188	325	336	244	1 808
23	188	322	267	253	1 834
24	197	317	235	272	1 973
25	261	315	164	223	1 839
26	232	331	270	272	1 935

利用 SPSS 软件计算的相关结果见表 7-9～表 7-11。

表 7-9 回归统计表

Multiple R	0.789 352 16
R Square	0.623 076 833
Adjusted R Square	0.551 281 944
标准误差	31.835 007 43
观测值	26

表 7-10 方差分析表

	df	SS	MS	F	Sig F
SSR	4	35 181.793 73	8 795.448 432	8.678 568 098	0.000 268 015
SSE	21	21 282.821 66	1 013.467 698		
SST	25	56 464.615 39			

表 7-11 回归系数的显著性检验表

项目	Coefficients	标准误差	Sig	P-value	Lower 95%	Upper 95%
Intercept	−330.831 845	110.895 357	−2.983 279	0.007 087	−561.451 364	−100.212 325
总出勤人数	1.245 629	0.412 060	3.022 933	0.006 473	0.388 704	2.102 554
外出工作时间	−0.118 418	0.054 324	−2.179 831	0.040 795	−0.231 392	−0.005 444
职责不明时间	−0.297 059	0.117 931	−2.518 912	0.019 945	−0.542 310	−0.051 807
总工时数	0.130 535	0.059 323	2.200 412	0.039 107	0.007 166	0.253 904

从表 7-11 可以看出，该回归方程为

$$\hat{y} = -330.83 + 1.25x_1 - 0.12x_2 - 0.30x_3 + 0.13x_4$$

在 $\alpha=0.05$ 的显著性水平下，4 个自变量的 Sig 值都小于 0.05，因而都是显著的。而且也通过了 F 检验，说明回归方程整体上是显著的。

第四节 非线性回归

在实际问题中，有时因变量和自变量之间的依存关系并非是线性形式而是某种曲线，这时就需要拟合适当类型的曲线模型，在统计上称之为非线性回归或曲线回归。非线性回归按自变量的个数也可分为一元非线性回归和多元非线性回归；曲线的形式也因实际资料不同而有多种，如双曲线、指数曲线、二次曲线等。拟合何种曲线为宜，有的可以根据理论分析或过去积累的经验事先确定，有的则必须根据实际资料的散点图或残差图来确定。统计上通常采用变量代换法把非线性形式转换为线性形式来处理，按线性模型求解参数，而后再变换为曲线模型。下面是几种常见的非线性回归模型。

一、双曲线回归模型

$$y_i = \alpha + \frac{\beta}{x_i} + \varepsilon_i \tag{7-44}$$

可进行倒数代换，即令 $x' = \frac{1}{x}$，用样本回归系数(a,b)来估计总体的参数(α,β)，则双曲线模型的回归方程式可转换为

$$\hat{y}_i = a + \frac{b}{x_i} = a + bx'_i \tag{7-45}$$

二、指数曲线回归模型

$$y_i = \alpha\beta^{x_i+\varepsilon_i} \tag{7-46}$$

可用样本回归系数(a,b)来估计总体的参数(α,β)，并进行对数代换，即令 $\hat{y}' = \lg\hat{y}$，$A=\lg a$，$B=\lg b$，则指数曲线模型的回归方程式可转换为

$$\hat{y}'_i = A + Bx_i \tag{7-47}$$

三、二次曲线回归模型

$$y_i = \beta_0 + \beta_1 x_i + \beta_2 x_i^2 + \varepsilon_i \tag{7-48}$$

可用样本回归系数(b_0,b_1,b_2)来估计总体的参数$(\beta_0,\beta_1,\beta_2)$，并用 x_2 代换 x_i^2，则二次曲线模型的回归方程式可转换为

$$\hat{y}_i = b_0 + b_1 x_{1i} + b_2 x_{2i} \tag{7-49}$$

式中：b_0 表示 y 的截距；b_1 表示 x 对 y 的线性影响；b_2 表示 x 对 y 二次曲线的影响。

➢思考与练习

1. 什么是相关关系？有哪些特点？
2. 简要说明相关系数的取值范围及其意义。
3. 最小平方法在回归分析中的作用是什么？
4. 用 SPSS 统计软构建回归模型及统计检验的步骤是什么？
5. 在多元线性回归中，对参数做了 t 检验以后，为什么还要做 F 检验？
6. 在腐蚀刻线试验中，已知腐蚀深度 y 与腐蚀时间 x 有关，现收集到如下数据：

x/s	5	10	15	20	30	40	50	60	70	90	120
y/μm	6	10	10	13	16	17	19	23	25	29	46

(1)试做出散点图，能否认为 y 与 x 之间有线性相关关系？

(2)构造 y 关于 x 的一元线性回归方程。

(3)检验 x 与 y 之间的线性相关的显著性($\alpha=0.05$)。

7. 某种商品的销售价格和销售量资料如下表。

价格/元	7	12	6	9	10	8	12	6	11	9	12	10
销售量/件	57	72	51	57	60	55	70	55	70	53	76	56

要求：

(1)试判断该种商品销售量与价格之间回归函数的类型，并确定该回归方程。

(2)对该回归方程做出拟和优度评价并进行检验($\alpha=0.05$)。

(3)计算估计标准误差，并以95%概率估计价格为5元时销售量均值和特定值的置信区间。

8. 已知某造纸厂间接生产费用与直接劳动时间和机器运转时间为线性相关。有关资料如下。

月份	间接费用 y/万元	直接劳动时间 x_1/千小时	机器运转时间 x_2/千小时
1	29	45	16
2	24	42	14
3	27	44	15
4	25	45	13
5	26	43	13
6	28	46	14
7	306	44	16
8	28	45	16
9	285	44	15
10	27	43	15

要求：

(1)试确定间接费用对直接劳动时间和机器运转时间的二元线性回归方程；

(2)对该方程进行 F 检验($\alpha=0.05$)；

(3)对该方程拟合优度进行评价；

(4)计算估计标准误差，并以90%概率估计劳动时间为50千小时、机器运转时间为18千小时时的间接费用特定值置信区间。

时间数列分析与预测

第一节　时间数列基本概述

一、时间数列的意义

世界上任何事物都不是静止不变的，都会随着时间的推移发生变化。统计的基本任务之一就是对现象的发展变化从数量上加以描述和分析，这就是时间数列分析。而时间数列(time series，又称动态序列)则是描述和分析的基本手段，它是把反映客观现象的数据或称观测值按时间顺序先后记录下来所形成的一系列数据，如表 8-1 所示。

表 8-1　某地区 2000～2005 年粮食总产量及人口数

项目＼年份	2000	2001	2002	2003	2004	2005
粮食总产量/万吨	960	966	978	985	998	1 010
年末人口数/万人	2 196	2 200	2 217	2 230	2 232	2 240

很明显，时间数列由两部分构成：一是时间范围，通常这个时间都是按相同间隔排列的，如按年、按季、按月或按日等；二是与各时间对应的观测值，可以是时期数，也可以是时点数，可以是相对数，也可以是平均数。

时间数列的分析应用始于 19 世纪 80 年代，西方一些经济学家和统计学家运用时间数列对社会经济周期波动及商情进行研究与预测。关于时间数列分析的方法技术不断丰富发展，逐步形成统计学科一个有广泛应用价值的分支系列。时间数列分析有传统时间数列分析和现代时间数列分析两种。传统时间数列分析的特点是对研究对象的发展变化状况和程度进行指标描述，并将研究对象发展变化过程分解为若干基本构成因素，并采用相应的技术方法对这些构成因素分别加以测定。而现代时间数列分析是20世纪40年代计算机出现以后开始发展起来的，它把时间数列看成各种复杂因素交织影响的随机过程，运用大量数据构造综合模型，借助计算机进行复杂的计算，主要用于趋势分析和预测。

研究时间数列的主要目的在于：

(1)用时间数列描述社会经济现象发展变化的过程、状态和结果；

(2)用时间数列研究社会经济现象发展变化的规律及趋势，并对其进行预测；

(3)用时间数列去对比分析不同国家及地区间社会经济发展变化的差异情况等。

二、时间数列种类

时间数列根据指标的性质不同可分为三种：绝对数时间数列、相对数时间数列、平均数时间数列。其中，绝对数时间数列是基本数列，相对数、平均数时间数列都可以看做是绝对数时间数列的派生数列。

(一) 绝对数时间数列

绝对数时间数列是指由一系列同类的总量指标数据按时间先后顺序排列而形成的数列，也称总量指标时间数列。它是用来反映现象在各个时间上达到的绝对水平及其发展变化的过程。例如，表8-1所示的粮食总产量数列和年末人口数数列都是绝对数时间数列。由于绝对数指标分为时期指标和时点指标，所以绝对数时间数列又可分为时期数列和时点数列两种。

1. 时期数列及其特点

由时期指标数值排列而成的绝对数时间数列就称为时期数列，它是反映社会经济现象在一定时期内的发展过程。表8-1中粮食总产量数列就是一个时期数列。

时期数列的特点主要表现在以下几个方面：

(1)时期数列中各个数值可以相加，相加后表示社会经济现象在一个较长时期内的总量。例如，各月的产值相加就是全年的产值，一、二、三月的销售额相加就是第一季度的销售额，等等。

(2)时期数列中指标数值的大小与时期长短有直接联系，一般讲，时期越长，指标数值越大，反之则小。例如，一个季度的产量比一个月的产量高，一年的产值比一个季度的产值大，“十五”时期的国民经济总量比其中一年的总量要大。

(3)时期数列中各期数值是通过连续不断的登记汇总取得的。一般情况下不能有间断，否则，可能会出现数值不准的情况发生。

2. 时点数列及其特点

由时点指标数值排列而成的绝对数时间数列称为时点数列。例如，各年末人口数数列，各月初库存额数列等。它是反映社会经济现象在某一瞬间上所达到的总量。

时点数列的特点表现为三个方面：

(1)时点数列中指标值是不能相加的，相加后没有经济意义。因为时点数列中指标值是一个瞬间总量，相加后的数值无法确定是哪一个时点上的数值。

(2)时点数列中指标值的大小与两个数值间隔长短无直接关系，如单位年末的职工人数不一定比各月末的职工人数多；但如果所研究的现象呈趋势变化时，则指标值的大小与间隔长短有关，如我国人口变化呈增长趋势，所以间隔越长，人口数越多。

(3)时点数列中指标值是经过一次性调查登记取得的。因为时点指标是反映现象在某一时点上的总量，只需要在某一时点上进行统计即可。

(二) 相对数时间数列

将一系列的同类相对数按时间先后顺序排列所成的数列就叫相对数时间数列。它是反映社会经济现象之间数量对比关系的发展变化过程及其规律性的数列，它是由两个有联系的绝对数时间数列派生的。具体派生情况有以下三种。

1. 由两个时期数列派生而成

例如，我国国内生产总值中第三产业所占比重这一相对数时间数列，就是由第三产业增加值和国内生产总值两个时期数列相应项对比构成的，如表 8-2 所示。

表 8-2 2000～2004 年我国第三产业比重

项目＼年份	2000	2001	2002	2003	2004
第三产业增加值/亿元	29 904.6	33 153.0	36 074.8	39 188.0	43 720.6
国内生产总值/亿元	89 468.1	97 314.8	105 172.3	117 390.2	136 875.9
比重/%	33.4	34.1	34.3	33.4	31.9

2. 由两个时点数列派生而成

例如，我国年末男性人口所占比重这一相对数时间数列，就是由男性人口数和人口总数这两个时点数列派生而成的，如表 8-3 所示。

表 8-3　2000～2004 年我国男性人口比重

项目＼年份	2000	2001	2002	2003	2004
年末男性人口数/万人	65 437	65 672	66 115	66 556	66 976
年末人口总数/万人	126 743	127 627	128 453	129 227	129 988
比重/%	51.6	51.5	51.5	51.5	51.5

3. 由一个时期数列和一个时点数列派生而成

例如，某企业流动资金周转次数这一相对数时间数列就是由产品销售收入时期数列与流动资金占用额时点数列派生而成，如表 8-4 所示。

表 8-4　某企业 2007 年各季流动资金周转次数

项　目	上年四季	一季	二季	三季	四季
产品销售收入/万元	360	380	410	410	450
季末流动资金占用额/万元	100	110	110	120	128
流动资金周转次数/次		3.6	3.7	3.6	3.6

（三）平均数时间数列

将一系列同类平均数按时间先后顺序排列所形成的数列称为平均数时间数列。它是用来反映社会经济现象一般水平的变化过程或发展趋势，它也是由两个有联系的绝对数时间数列派生而来的。

例如，我国职工平均货币工资就是一个平均数时间数列，它是由工资总额和职工人数两个绝对数时间数列所派生的，如表 8-5 所示。

表 8-5　2000～2004 年全国职工平均货币工资　　单位：元

年 份	2000	2001	2002	2003	2004
平均货币工资	9 371	10 870	12 422	14 040	16 024

需要注意的是三种类型的时间数列，只有绝对数时间数列的时期数列各指标值可以相加，相加后有实际意义，而其他数列各指标值相加没有实际意义。

三、时间数列编制原则

当我们把一系列数据按时间发生的先后顺序进行编排时，必须保持各期数据具有可比性，这是一个基本的原则。当然要想使各期数据百分之百地可比是不易做到的，我们要做的是使各期数据尽量地可比，只有这样，时间数列的描述和分析功能才能得到较好的发挥。具体来讲，可比性可以从以下几个方面加以考虑。

1. 各期数据的内容要保持可比

例如，某地区各年年末的人口数，若前三年是指常住人口数，那么以后各年也应该是常住人口数，而不能是现有人口数。

2. 各期数据的范围要保持可比

这个范围一般是指数据所说明的总体范围，主要包括行政区划、地理范围、系统界限、总体界限等内容，在这些方面要保持可比。若在不同的时期发生了变化，则需要做出相应的调整后，才能进行数据的排列。

3. 各期数据的所属时间要保持可比

若是时期数列，各期数值的时期长度应该一致，若是时点数列，时点间的间隔也应尽量一致。

4. 各期数据的计算方法、计量单位等方面要保持可比

如果遇到在不同时期计算方法的变动，那么应对数据做出相应的调整或必要的说明，以免影响分析结论的正确性。

总之，时间数列的编制是为了进行动态对比分析、研究现象的发展变化过程及其变化规律，借以进行预测。为了保证这种分析研究的正确性，就必须注意保持各期数据的可比性，所以在搜集资料后，要注意对资料的审核及调整，剔除不可比的因素。

第二节　时间数列分析指标

时间数列编制好以后，对各期数据进行直接观测，虽然可以对现象的发展过程和发展趋势有一个大致的了解，但缺乏明确的定量认识。为了更加准确地显示现象动态发展变化的数量特征，必须在时间数列编制基础上，计算一系列动态分析指标。这些分析指标主要包括两大类：时间数列水平指标和时间数列速度指标。

一、时间数列水平指标

（一）发展水平与平均发展水平

1. 发展水平

发展水平（development level）就是时间数列中各期的实际数据，也称为实际观测值或序列值。习惯上用符号 $a_i(i=1,2,\cdots,n)$ 表示，有时也用 y_i 表示，当然也可用其他类似的符号表示。发展水平即可以是绝对数，也可以是相对数和平均数。

对于发展水平，有这样几个简单的概念要说明：

最初水平，是时间数列中的第一期数据，符号为 a_1；最末水平，是时间数列中的最后一期的数据，符号为 a_n；中间水平，是在 a_1 与 a_n 之间的各期数据，符号为 $a_2, a_3, \cdots, a_{n-1}$。

报告期水平，是作为研究分析的那个时期的发展水平；基期水平，是作为对比基础的那个时期的发展水平。

2. 平均发展水平

平均发展水平就是各期发展水平的平均数，也称为序时平均数或动态平均数，用 $\bar{a}$ 表示。由于数据的性质不同，根据不同类型的时间数列计算序时平均数的方法也不同。下面分三个方面加以说明：

(1)根据时期数列计算序时平均数。

由于时期数列中指标值具有可加性，所以可用算术平均法计算。例如，根据表 8-1的资料计算该地区平均每年的粮食总产量为 982.8 万吨。这种方法可用下式表达

$$\bar{a} = \frac{a_1 + a_2 + \cdots + a_n}{n} = \frac{\sum a_i}{n} \tag{8-1}$$

(2)根据时点数列计算序时平均数。

若各时点之间间隔相等，可采用下列式子计算

$$\bar{a} = \frac{\frac{1}{2}a_1 + a_2 + \cdots + a_{n-1} + \frac{1}{2}a_n}{n-1} \tag{8-2}$$

如根据表 8-1 年末人口数资料计算年平均人口数。则

$$\text{年平均人口数} = \frac{\frac{1}{2} \times 2\,196 + 2\,200 + 2\,218 + 2\,230 + 2\,232 + \frac{1}{2} \times 2\,240}{6-1}$$

$$= 2\,219.6\ (\text{万人})$$

这种计算要注意时间跨度，就此例而言，是从 2000 年末到 2005 年末，时间跨度是五年而非六年。另外，也要注意这种计算具有一定的假定性，即假定相邻点数据的变动是均匀的。例如，从 2000 年末的 2 196 万人增加到 2001 年末的 2 200 万人，我们是假定平均每个月增加了 0.3$\left(\frac{2\,200 - 2\,196}{12}\right)$万人。

若各时点之间的间隔不等，则要考虑间隔期的长短，可采用下式计算 $\bar{a}$：

$$\bar{a} = \frac{\frac{a_1 + a_2}{2} \times f_1 + \frac{a_2 + a_3}{2} \times f_2 + \cdots + \frac{a_{n-1} + a_n}{2} \times f_{n-1}}{f_1 + f_2 + \cdots + f_{n-1}} \tag{8-3}$$

式中：f_i 表示相邻时点的间隔长度。

例如，某商店 2007 年商品库存额资料如表 8-6 所示。

表 8-6 某商店 2007 年商品库存额 单位:万元

时间	1月初	3月末	5月末	9月末	12月末
库存额	52	36	30	42	56

则

$$2007\text{年的平均商品库存额}=\frac{\frac{52+36}{2}\times 3+\frac{36+30}{2}\times 2+\frac{30+42}{2}\times 4+\frac{42+56}{2}\times 3}{3+2+4+3}$$

$$=40.8(\text{万元})$$

(3)根据相对数时间数列和平均数时间数列计算序时平均数。

由于相对数时间数列或平均数时间数列中各期数值不能简单相加求平均,所以,根据这两种数列求序时平均数要用其他的形式。根据相对数时间数列或平均数时间数列计算序时平均数的基本方法是:先分析这个相对数或平均数的分子和分母,然后确定相对数或平均数时间数列的分子数列与分母数列,再分别计算分子数列和分母数列的序时平均数,用这两个数列的序时平均数进行对比,从而得到相对数或平均数时间数列的序时平均数。这种方法可用下式表示其计算思路:

$$\bar{c}=\frac{\bar{a}}{\bar{b}} \tag{8-4}$$

式中:c 为相对数或平均数时间数列中指标值;a、b 分别为分子数列和分母数列中指标数值。

由于 $c=\frac{a}{b}$,所以 $a=bc$ 或 $b=\frac{a}{c}$,因此 $\bar{c}=\frac{\overline{bc}}{\bar{b}}$ 或 $\bar{c}=\frac{\bar{a}}{\overline{a/c}}$。下面举两个例子说明这种方法的应用。

例如,某企业上半年各月的产品资料如表 8-7 所示。求各月平均合格率。

表 8-7 某企业上半年各月产品资料

月份	1	2	3	4	5	6
产品产量 b/万件	12	10	13	16	17	22
合格品产量 a/万件	11.6	9.8	12.2	15.1	16.7	21.5
合格率 c/%	96.7	98.0	93.8	94.4	98.2	97.7

首先要注意,各月平均合格率即 $\bar{c}$ 不能这样计算

$$\bar{c}=\frac{\sum c_i}{n}=\frac{96.7\%+98\%+93.8\%+94.4\%+98.2\%+97.7\%}{6}=96.5\%$$

因为相对数和平均数时间数列中指标值相加没有实际意义。

正确的计算应是

$$\bar{c}=\frac{\bar{a}}{\bar{b}}=\frac{(11.6+9.8+12.2+15.1+16.7+21.5)\div 6}{(12+10+13+16+17+22)\div 6}$$

$$=\frac{14.5}{15}=96.7\%$$

即该企业上半年平均每月的产品合格率为96.7%，而不是96.5%。

又如，某市2001～2005年人均粮食产量及人口数资料如表8-8所示（2000年末人口为47万人）。求“十五”时期该市平均每年的人均粮食产量。

表8-8　某市“十五”时期人口数与人均粮食产量资料

年份	2001	2002	2003	2004	2005
年末人口数 b/万人	48	48.6	49.4	49.8	50.8
人均粮食产量 c/公斤/人	380	384	386	392	395

由于人均粮食产量＝粮食总产量÷平均人口数，所以

$$\begin{matrix}\text{平均每年人}\\\text{均粮食产量}\end{matrix}=\begin{matrix}\text{平均每年}\\\text{粮食总产量}\end{matrix}\div\begin{matrix}\text{平均每年}\\\text{人口数}\end{matrix}$$

由表8-8中数据可得各年的平均人口数(b)分别为47.5万人、48.3万人、49.0万人、49.6万人、50.3万人，则

$$\bar{b}=\frac{47.5+48.3+49.0+49.6+50.3}{5}=48.9(\text{万人})$$

由以上数据可得各年的粮食总产量(a)分别为18 050.0、18 547.2、18 914.0、19 443.2、19 868.5，则

$$\bar{a}=\frac{18\,050.0+18\,547.2+18\,914.0+19\,443.2+19\,868.5}{5}$$

$$=18\,964.6(\text{万公斤})$$

所以，平均每年人均粮食产量 $\bar{c}=\frac{\bar{a}}{\bar{b}}=\frac{18\,964.6}{48.9}=387.8$(公斤/人)

根据相对数或平均数时间数列求序时平均数有两点需要说明：

①上述方法是按严格的理论要求进行的，需要有比较完整的数据资料(分子的或分母方面的)。但实际应用中有时可能不会有那么完整的资料，即缺少相对数或平均数的分子、分母的资料，这时也可以用各期数值简单相加求平均的方法计算序时平均数。

②以上所述根据相对数时间数列、平均数时间数列求序时平均数的问题，不包含这样两种数列求序时平均数：一是根据动态相对数时间数列求序时平均数，这个

问题将在平均发展速度和平均增长速度的计算中解决；二是根据动态平均数时间数列求序时平均数，这个问题前面已有所提及。下面再举两例简要说明一下。

例如，某企业 1995～2006 年利润额资料如表 8-9 所示。

表 8-9 某企业各年利润额 单位：万元

年 份	1995～1998	1999～2001	2002～2006
平均年利润	242	268	300

求 12 年平均每年的利润。计算过程是

$$平均每年利润=\frac{242\times 4+268\times 3+300\times 5}{12}=272.2(万元)$$

再如，某批发商店某商品 2007 年各季度平均库存量资料如表 8-10 所示。

表 8-10 某批发商店某商品各季平均库存量 单位：箱

时 间	一季	二季	三季	四季
平均库存量	24	20	23	18

求平均每季的库存量。计算过程是

$$平均每季的库存量=\frac{24+20+23+18}{4}=21.25(箱)$$

综上，根据动态平均数时间数列求序时平均数是采用简单平均还是加权平均法，主要是看数列中各期数值所属的时间长度是否一样。若一样，用简单平均；若不一样，则用加权平均。

（二）增长量与平均增长量

1. 增长量

增长量就是报告期水平与基期水平之差，反映报告期水平比基期水平增长的绝对数值。其结果为正，表示绝对增长；若为负，表示负增长，即绝对降低。

在计算增长量时，由于基期水平选择不同，增长量可分为逐期增长量和累计增长量。

(1)逐期增长量。它是报告期水平与报告期的前一期水平之差，反映逐期增长的绝对数量。用式子表示为

$$逐期增长量=a_i-a_{i-1}(i=1,2,\cdots,n) \tag{8-5}$$

各期的逐期增长量分别为：$a_2-a_1, a_3-a_2, \cdots, a_n-a_{n-1}$。

(2)累计增长量。它是报告期水平与最初水平之差，反映累计增长的绝对数

量。用式子表示为

$$累计增长量 = a_i - a_1 (i = 2,3,\cdots,n) \tag{8-6}$$

各期的累计增长量分别为：$a_2 - a_1, a_3 - a_1, \cdots, a_n - a_1$。

一般来说，累计增长量是在时间数列分析中经常使用的。

例如，根据表 8-1 资料计算各年粮食产量的增长量，结果如表 8-11 所示。

表 8-11　某地区各年粮食产量及增长量　　单位：万吨

年份		2001	2002	2003	2004	2005	2006
粮食总产量 a_i		$a_1=960$	$a_2=966$	$a_3=978$	$a_4=985$	$a_5=998$	$a_6=1010$
增长量	逐期 a_i-a_{i-1}		6	12	7	13	12
	累计 a_i-a_1		6	18	25	38	50

很明显，两种增长量存在如下关系：

第一，某期累计增长量等于本期及以前各期逐期增长量之和，如 2005 年的累计增长量 38＝13＋7＋12＋6；

第二，某期逐期增长量等于本期累计增长量与前一期累计增长量之差，如 2005 年的逐期增长量 13＝38－25。

2. 平均增长量

从上面的例子可以看到，各期逐期增长的绝对数量是不均衡的。为进一步比较和分析，可以计算平均增长量，以此反映各期增长的一般水平。平均增长量就是各期逐期增长量的序时平均数。它的计算可有两种形式：

$$\begin{aligned}平均增长量 &= \frac{各期逐期增长量之和}{逐期增长量个数} \\ &= \frac{最末一期的累计增长量}{时间数列项数 - 1}\end{aligned} \tag{8-7}$$

如根据表 8-11 资料：

$$\begin{matrix}平均每年粮食\\产量的增长量\end{matrix} = \frac{6+12+7+13+12}{5} = \frac{50}{6-1} = 10(万吨)$$

即粮食产量平均每年增加 10 万吨。

二、时间数列速度指标

（一）发展速度与增长速度

1. 发展速度

发展速度是报告期水平与基期水平之比，反映现象数量变化的相对程度。发

展速度可用百分数或倍数表示。它的计算公式为

$$发展速度 = \frac{报告期水平}{基期水平} \tag{8-8}$$

通常,根据时间数列来计算发展速度由于基期水平的确定不同,发展速度可分为环比发展速度和定基发展速度两种:

(1)环比发展速度。它是报告期水平与报告期的前一期水平之比,反映现象在前后两期变化的相对程度。用式子表示为

$$环比发展速度 = \frac{a_i}{a_{i-1}} \quad (i = 1,2,\cdots,n) \tag{8-9}$$

各期的环比发展速度分别为$\frac{a_2}{a_1},\frac{a_3}{a_2},\cdots,\frac{a_n}{a_{n-1}}$。

(2)定基发展速度。它通常是指报告期水平与最初水平之比,反映现象在较长时期发展变化的相对程度,也称为总速度。用式子表示为

$$定基发展速度 = \frac{a_i}{a_1} \quad (i = 1,2,\cdots,n) \tag{8-10}$$

各期的定基发展速度分别为$\frac{a_2}{a_1},\frac{a_3}{a_1},\cdots,\frac{a_n}{a_1}$。

例如,根据表 8-1 资料计算各年粮食产量的发展速度,结果如表 8-12 所示。

表 8-12 某地区各年粮食产量发展速度计算示例

年 份		2001	2002	2003	2004	2005	2006
粮食总产量 a_i/万吨		$a_1=960$	$a_2=966$	$a_3=978$	$a_4=985$	$a_5=998$	$a_6=1010$
发展速度/%	环比$\frac{a_i}{a_{i-1}}$		100.6	101.2	100.7	101.3	101.2
	定基$\frac{a_i}{a_1}$	100	100.6	101.9	102.6	104.0	105.2

很明显,两种发展速度之间存在如下关系:

(1)某期的定基发展速度等于本期的环比发展速度与以前各期环比发展速度之积。例如,2005 年的定基发展速度 104.0%=101.3%×100.7%×101.2%×100.6%。

(2)某期的环比发展速度等于本期定基发展速度与前一期定基发展速度之商。例如,2005 年的环比发展速度 101.3%=104.0%÷102.6%。

发展速度不仅表明现象发展变化的程度,还表明其发展的方向。若发展速度大于 100%,说明现象是上升的发展趋势;反之,是下降的发展趋势。

发展速度是非常重要和经常使用的一种动态分析指标,它更便于不同空间或

不同现象发展程度的比较。

2. 增长速度

增长速度(growth rate)是增长量与基期水平之比,用公式表示

$$增长速度 = \frac{增长量}{基期水平} = \frac{报告期水平 - 基期水平}{基期水平}$$

$$= 发展速度 - 1 \tag{8-11}$$

它用以说明现象数量增长的相对程度。其结果若大于0,表明现象增长的程度;若小于0,为负增长,表明现象下降的程度。由于增长速度与发展速度存在着上述关系,所以增长速度也有环比与定基两种。

(1)环比增长速度。它是逐期增长量与前期水平之比,用来反映现象逐期增长的相对程度,可以表示为

$$环比增长速度 = \frac{a_i - a_{i-1}}{a_{i-1}} = \frac{a_i}{a_{i-1}} - 1 \quad (i = 1,2,\cdots,n) \tag{8-12}$$

各期的环比增长速度分别为$\frac{a_2}{a_1}-1,\frac{a_3}{a_2}-1,\cdots,\frac{a_n}{a_{n-1}}-1$。

(2)定基增长速度。它是累计增长量与最初水平之比,用来反映现象在较长时期的增长中相对程度,可以表示为

$$定期增长速度 = \frac{a_i - a_1}{a_1} = \frac{a_i}{a_1} - 1 \quad (i = 1,2,\cdots,n) \tag{8-13}$$

各期的定基增长速度分别为$\frac{a_2}{a_1}-1,\frac{a_3}{a_1}-1,\cdots,\frac{a_n}{a_1}-1$。

要注意的是两种增长速度之间不存在直接的换算。如果需进行两种增长速度的换算,必须要以发展速度为中介,即要把相应的增长速度转化成发展速度。

(二) 平均速度

平均发展速度和平均增长速度都称为平均速度。它是各个时期环比速度的平均数,说明社会经济现象在较长时期内速度变化的平均程度。平均发展速度表示现象逐期发展的平均速度,平均增长速度则是反映现象递增的平均速度。平均速度指标消除了现象发展过程中各期有快有慢的起伏状况,便于不同阶段速度的比较。平均速度指标也是制定长期计划的一种依据,还可用于推算和预测。

平均增长速度是依据平均发展速度来计算的,即

$$平均增长速度 = 平均发展速度 - 1 \tag{8-14}$$

平均发展速度由于人们考虑问题的侧重点不同,通常有两种基本计算方法。

1. 水平法(几何平均法)

这是经常采用的一种平均发展速度的计算方法。若在考虑现象的发展变化

时，把侧重点放在一段时期的最末水平，则可用此法。这种方法是通过计算各期环比发展速度的几何平均数求得平均发展速度。

设：$\frac{a_2}{a_1}, \frac{a_3}{a_2}, \cdots, \frac{a_n}{a_{n-1}}$为各期环比发展速度；$G$ 表示平均发展速度；n 表示时间数列项数。则平均发展速度公式可表示为

$$G = \sqrt[n-1]{\frac{a_2}{a_1} \times \frac{a_3}{a_2} \times \cdots \times \frac{a_n}{a_{n-1}}} = \sqrt[n-1]{\prod_{i=1}^{n-1} \frac{a_{i+1}}{a_i}} \tag{8-15}$$

根号里是各期环比发展速度的连乘积，它等于最末一期的定基发展速度或称总速度(用 R 表示)，所以上式又可表示为

$$\begin{aligned} G &= \sqrt[n-1]{\frac{a_n}{a_1}} \\ &= \sqrt[n-1]{R} \end{aligned} \tag{8-16}$$

下面举例说明这三个公式的运用。

例如，已知我国财政收入 2000～2004 年各年的环比发展速度分别为 117.0%、122.3%、115.4%、114.9%、121.6%，计算财政收入的年平均递增速度。

$$\begin{aligned} G &= \sqrt[n-1]{\prod_{i=1}^{n-1} \frac{a_{i+1}}{a_i}} \\ &= \sqrt[5]{117.0\% \times 122.3\% \times 115.4\% \times 114.9\% \times 121.6\%} \\ &= 118.2\% \end{aligned}$$

年平均递增速度＝118.2%－100%＝18.2%

若已知我国 1999 年财政收入为 11 444.1 亿元，2004 年为 26 396.5 亿元，也可以求财政收入的年平均递增速度。

$$G = \sqrt[n-1]{\frac{a_n}{a_1}} = \sqrt[5]{\frac{26\ 396.5}{11\ 444.1}} = \sqrt[5]{2.31} = 118.2\%$$

年平均递增速度为 18.2%，计算的结果与前面一致。

再如，已知某企业 2007 年的利润额比 1997 年增长了 23%，问平均每年增长了百分之几？

$$G = \sqrt[n-1]{R} = \sqrt[10]{123\%} = 102.1\%$$

年平均增长速度＝102.1%－100%＝2.1%，即平均每年增长了 2.1%。

由平均发展速度的公式可以清楚地看到，水平法的侧重点是在最末水平 a_n 上，实质上它是要求现象从最初水平出发，如果各期都按平均发展速度发展，经过若干期后，应达到最末水平，即要求最末一期的理论水平与最末一期的实际水平相等。

$$\underbrace{a_n}_{\text{实际水平}} = \underbrace{a_1 \cdot G^{n-1}}_{\text{理论水平}}$$

2. 累计法(方程式法)

这种方法是把考虑问题的侧重点放在全期水平的累计总量上,它要求现象从最初水平 a_1 出发,每期若按平均速度向前发展,经过若干期后,各期的理论水平之和要与各期的实际水平之和相等。用式子表示就是

$$\underbrace{a_1 \cdot G + a_1 \cdot G^2 + \cdots + a_1 \cdot G^{n-1}}_{\text{各期理论水平之和}} = \underbrace{a_2 + a_3 + \cdots + a_n}_{\text{各期实际水平之和}}$$

$$G^1 + G^2 + \cdots + G^{n-1} = \frac{\sum_{i=2}^{n} a_i}{a_1} \tag{8-17}$$

这样建立起一个关于平均发展速度的一元高次方程,这个方程的正根,就是平均发展速度。求解这个方程式是比较复杂的,在实际应用中,可直接在《平均增长速度查对表》中来查找。

三、其他动态分析指标

时间数列中的水平指标和速度指标是时间数列分析中最基本的也是最常用的分析指标。除此之外,还有一些分析指标也比较常用。

(一) 年距增长量、年距发展速度和年距增长速度

在统计分析中,为了消除现象在发展变化过程中所受到的季节变动的影响,经常计算所谓的年距指标。它是根据本期水平与去年同期水平计算的,其计算公式如下:

$$\text{年距增长量} = \text{本期发展水平} - \text{去年同期水平}$$

$$\text{年距发展速度} = \text{本期发展水平} \div \text{去年同期水平}$$

$$\begin{aligned}\text{年距增长速度} &= \text{本期年距增长量} \div \text{去年同期水平} \\ &= \text{年距发展速度} - 1\end{aligned} \tag{8-18}$$

(二) 增长 1%绝对值

这是一个将速度指标与水平指标结合在一起的动态分析指标。它是用增长量与增长速度进行对比,或者用基期水平除以 100。通常是根据逐期增长量与环比增长速度来计算,即

$$增长1\%绝对值=\frac{a_i-a_{i-1}}{\frac{a_i-a_{i-1}}{a_{i-1}}\times 100}=\frac{a_{i-1}}{100} \quad (8\text{-}19)$$

例如，甲、乙两地财政收入资料见表 8-13。

表 8-13 甲、乙两地财政收入

地区	财政收入/亿元		增长量/亿元	增长速度/%	增长1%绝对值/亿元
	2006 年	2007 年			
甲	210	225	15	7.1	2.1
乙	560	584	24	4.3	5.6

从上例中可以看到，虽然甲地区财政收入增长速度比乙地区快，但甲地区每增长百分之一只相当于增加财政收入 2.1 亿元，而乙地区每增长百分之一则相当于增加财政收入 5.6 亿元，比甲地区多了 3.5 亿元。通过这个指标可以使我们对现象的发展变化有了更加全面深入的认识，避免了高速度可能掩盖的低水平，避免了认识上的片面性。

第三节 长期趋势分析与测定

一、时间数列影响因素的分解与分析模型

（一）时间数列影响因素的分解

影响社会经济现象发展变化的因素很多，有些因素是属于基本因素，它对事物的发展起决定作用，会使事物的发展呈现出一定的规律性；有些因素是属于偶然的非基本因素，对事物的发展只起局部的非决定性作用，使事物的发展表现出不规则的波动。为了研究社会经济现象发展变化的趋势或规律，并且据此预测未来，就要将这些影响时间数列变动的因素加以分解，分别进行测定。在具体分析中，可按影响因素的性质不同加以分类。一般将社会经济现象时间数列的总变动分解为长期趋势、季节变动、循环变动和不规则变动四种主要因素：

(1) 长期趋势是指客观现象在一个相当长的时期内，受某种稳定性因素影响所呈现出的上升或下降趋势；

(2) 季节变动是指客观现象受季节更换因素的影响，在一年或更短的时间内，随时间的变化而呈现的周期性波动；

(3) 循环变动是指客观现象以若干年为周期的涨落起伏相同的变动；

(4) 不规则变动是指客观现象由于突发事件或偶然因素引起的无周期性的

变动。

(二) 时间数列的分析模型

时间数列四种影响因素的变化构成了事物在一定时期内的变动。在对时间数列分析时,首先要明确的是这四种类型因素变动的构成形式,即它们是如何结合及相互作用的。把这些构成要素和时间数列的关系用一定的数学关系式表示,就构成了时间数列影响因素分解模型。一般常用的数学模型有加法模型和乘法模型。

1. 加法模型

加法模型是假定四种影响因素是相互独立的,则时间数列各期发展水平是各个影响因素相加的总和。其分析模型为

$$Y = T + S + C + I \tag{8-20}$$

式中:T 表示长期趋势;S 表示季节变动;C 表示循环变动;I 表示不规则变动。

2. 乘法模型

乘法模型是假定四种因素存在着某种相互影响关系,互不独立。因此,时间数列各期发展水平是各个影响因素相乘之积。其分析模型为

$$Y = T \cdot S \cdot C \cdot I \tag{8-21}$$

由于乘法模型在两边取对数后,也成为加法模型的形式,因此,可以理解这两种假设在原则上没有区别,都是假设时间数列诸因素是可加的。

二、长期趋势及其分析方法

长期趋势是时间数列变动的基本形式,研究长期趋势,有助于认识客观现象的变动规律,可以为预测事物未来的发展情况提供依据,对编制计划、指导生产和经营、管理国民经济、进行正确决策都有重要意义。

测定和分析现象变动的长期趋势,主要是对时间数列进行修匀。修匀的方法很多,常用的有时距扩大法、移动平均法和趋势线配合法。

(一) 时距扩大法

时距扩大法是把原来时间数列中各指标值的时间间隔(时距)扩大,求各指标值的和或平均数,得出较长时距的资料,组成新的时间数列,用以消除由于时距较短受偶然因素影响所引起的波动。这样,经过整理后的时间数列就可以清楚地反映出某一现象变动的总趋势。例如,某商品 2004～2007 年连续 16 个季度的某种商品的销售量和季初库存量资料,如表 8-14 所示。

表 8-14　某商店 2004～2007 年各季商品销售量及库存　　单位:万件

指标	2004 年				2005 年				2006 年				2007 年			
	一季度	二季度	三季度	四季度	一季度	二季度	三季度	四季度	一季度	二季度	三季度	四季度	一季度	二季度	三季度	四季度
销售量/万件	13	18	5	8	14	18	6	10	16	22	8	12	19	25	15	17
季初库存量/万件	15	20	20	15	16	20	20	18	18	22	20	15	20	22	20	20

注:2004 年 1 月初库存量为 22 万件

从表 8-14 中可看出,2004～2007 年各季的销售量由于受多种因素的影响,增长趋势不够明显。同样,季初库存量的发展变化趋势也不明显。如果将按季统计的销售量和库存量扩大时距为年度数据,则可整理出新的时间数列,如表 8-15 所示。

表 8-15　某商店 2004～2007 年商品销售量及库存　　单位:万件

指标	2004 年	2005 年	2006 年	2007 年
销售量	44	48	58	76
季平均销售量	11.0	12.0	14.5	19.0
季平均库存量	17.5	18.8	19.0	20.8

表 8-15 的销售量是时距扩大后按年计算的总数,季平均销售量和季平均库存量是扩大时距后计算的序时平均数。从此表可以看出,销售量和库存量都呈明显的上升趋势。

运用时距扩大法修匀时间数列时,应该使各时期扩大的时距长短保持一致,否则难以比较。在确定时距时,时距的大小要适中。如果时距过大,整理出的新时间数列指标值少,现象的发展趋势较为明显,但现象的具体变化过程被掩盖了;反之,时距扩大不够,则偶然因素不易消除,分析现象发展趋势的目的就不能达到。此外,扩大时距应与现象变化周期相一致,否则也会影响对发展趋势的分析。

(二) 移动平均法

移动平均法(moving average)是采取逐项依次递移的方法将时间数列的时距扩大,计算扩大时距后的序时平均数,形成一个新的时间数列。在这一新的时间数列中,由于短期中起作用的偶然因素影响已经削弱,甚至已被排除,从而可以比较明显地显示现象发展的基本趋势。下面以表 8-16 中某企业 2007 年各月总产值的资料为例,说明移动平均法的应用过程。

表 8-16　某企业 2007 年各月总产值及移动平均值　　　单位:万元

月份	总产值	三项移动平均	四项移动平均	四项移正平均
1	81.0			
2	70.0	78.4		
			79.1	
3	84.2	78.5		80.5
			81.9	
4	81.2	85.8		85.3
			88.6	
5	92.0	90.0		89.7
			90.7	
6	96.8	93.8		92.8
			94.8	
7	92.6	95.7		95.6
			96.4	
8	97.6	96.2		97.2
			98.0	
9	98.4	99.8		99.0
			100.0	
10	103.4	100.7		101.4
			102.8	
11	100.4	104.2		
12	108.8			

从表 8-16 可以明显看到,由这一系列移动平均数构成的新数列,比较明显地反映出各月产值变动的总趋势。

表 8-16 包括奇、偶项两种移动平均。需要说明的是:奇数项移动平均求得的平均值,应对准所平均时期的中间,一次平均即可。而偶数项移动平均求得的平均值,应位于所平均时期的中间两项之间。例如,表 8-16 中四项移动平均栏的第一项[79.1=(81.0+70.0+84.2+81.2)/4]应放在第二个月与第三个月之间,以下各项类同。这样组成的新数列中,每个值都错后半期,可采用再进行一次两项移动平均,使之与具体的时间相对应(如表 8-16 中的移正平均)。

采用移动平均法所得的新数列项数比原时间数列的项数要少。一般来说,被平均的项数越多,修匀的作用就越大,而所得的移动平均数就越少;反之,被平均的项数越少,修匀的作用就越小,所得的移动平均数就越多。所以,项数的选择要适中,否则不利于揭示现象的发展趋势。在一般情况下,数列如果存在自然周期,应根据周期确定被平均的项数。

长期趋势分析的重要目的在于对现象的发展做出预测。然而必须指出,由于移动平均数所求出的数列,比原数列项数要少,因此进行预测时,必须对修匀后的数字做进一步加工,而不宜直接依据修匀数据进行预测。

(三) 趋势线配合法

趋势线配合法是依据数学模型给时间数列配合一条较为理想的趋势线(趋势方程),然后据此求趋势值,反映趋势变化的一种方法。在建立趋势方程之前,首先要确定趋势的形态。最常用的确定方法是画散点图。若散点图属直线趋势形态,可配合直线方程;若为曲线趋势形态,则可配合曲线方程。此外,还可根据动态分析指标判断。例如,若时间数列的逐期增长量近似于一个常量,则趋势近似一条直线;若时间数列中的二级增长量大体相同,则趋势近似一条抛物线;若时间数列中各期环比发展速度大体相等,则趋势近似一条指数曲线等。

下面仅就直线趋势方程加以介绍。

直线趋势方程的一般表达式为

$$T_t = a + bt \tag{8-22}$$

式中:T_t 表示数列水平 Y 的长期趋势;t 表示时间数列中指标所属的时间;a、b 表示待定参数。

只要求出待定参数 a、b 的值,将数列的时间 t 依次代入方程,便可得出对应的趋势值 T_t。常用求 a、b 值的方法有半数平均法和最小平方法。

1. 半数平均法

半数平均法又称分段平均法,其基本要求是实际值(Y_t)与趋势值(T_t)的离差之和等于零,即 $\sum(Y_t - T_t)=0$。其原理是将时间数列分成相等的两部分,分别求出各部分的平均数作为直线上的两个点,代入直线方程,求出两个参数 a、b 的值,确定直线方程。

具体过程是:将 $T_t=a+bt$ 代入 $\sum(Y_t - T_t)=0$ 式中:得

$$\sum Y_t = na + b\sum t$$

所以 $\bar{Y}_t = a + b\bar{t}$ 。

根据上式和数列两段的平均数,可建立二元联立方程组:

$$\left.\begin{aligned}\bar{Y}_1 &= a + b\bar{t}_1 \\ \bar{Y}_2 &= a + b\bar{t}_2\end{aligned}\right\} \tag{8-23}$$

即可求解出参数 a、b 值。

例如,某市 2000～2007 年啤酒产量资料,如表 8-17 所示。根据该表资料,配合直线方程。

由于时间数列为 8 项,设前四项为一组,后四项为一组,分别计算分段平均数。前四项的平均数为

$$\left.\begin{aligned}\bar{Y}_1 &= 43.37/4 = 10.8 \\ \bar{t}_1 &= 10/4 = 2.5\end{aligned}\right\}$$

后四项的平均数为

$$\left.\begin{aligned}\bar{Y}_2 &= 51.27/4 = 12.8 \\ \bar{t}_2 &= 26/4 = 6.5\end{aligned}\right\}$$

表 8-17　某市 2000～2007 年啤酒产量　　　单位:万吨

年份	t	产量 Y_t	趋势值 T_t
2000	1	10.54	10.05
2001	2	10.80	10.55
2002	3	10.87	11.05
2003	4	11.16	11.55
2004	5	11.51	12.05
2005	6	12.40	12.55
2006	7	13.61	13.05
2007	8	13.75	13.55
合计		94.64	

将各段平均数代入公式(8-23)得

$$\left.\begin{aligned}10.8 &= a + 2.5b\\ 12.8 &= a + 6.5b\end{aligned}\right\}$$

解方程组得　$a=9.55;b=0.5$

则直线趋势方程为　$T_t=9.55+0.5t$

若将 $t=1,2,3,\cdots,8$ 依次代入方程,可以求得各年的趋势值,如表 8-17 最后一列所示。

另外,根据趋势方程还可预测未来的发展水平。例如,预测 2009 年($t=10$)该地区啤酒产量为

$$T_t = 9.55 + 0.5 \times 10 = 14.55(\text{万吨})$$

在利用半数平均法时,各段时期应相等,如不能等分,则可删除最初一期。

2. 最小平方法

最小平均法的基本要求是实际值(Y_t)与趋势值(T_t)的离差平方和应为最小,即 $\sum (Y_t-T_t)^2$ 为最小值。具体求解未知参数 a、b 的过程,可参见第七章中一元线性回归模型的构建过程。求解 a、b 的方程组如下:

$$\left.\begin{aligned}\sum Y &= an + b\sum t\\ \sum tY &= a\sum t + b\sum t^2\end{aligned}\right\}$$

由方程解得

$$\left.\begin{aligned}a &= \bar{Y} - b\bar{t}\\ b &= \frac{n\sum tY - \sum t\sum Y}{n\sum t^2 - (\sum t)^2}\end{aligned}\right\} \tag{8-24}$$

下面仍以表 8-17 的资料为例进行说明，并将有关数据列于表 8-18 中。

表 8-18　某市 2000～2007 年啤酒产量　　单位：万吨

年份	t	产量 Y_t	t^2	tY_t	T_t
2000	1	10.54	1	10.54	10.08
2001	2	10.80	4	21.60	10.58
2002	3	10.87	9	32.61	11.08
2003	4	11.16	16	44.64	11.58
2004	5	11.51	25	57.55	12.08
2005	6	12.40	36	74.40	12.58
2006	7	13.61	49	95.27	13.08
2007	8	13.75	64	110.00	13.58
合计	36	94.64	204	446.61	

将 $\sum t = 36, \sum t^2 = 204, \sum Y = 94.64, \sum tY = 446.61, n = 8$ 代入公式(8-24)：

$$b = \frac{n\sum tY - \sum t \cdot \sum Y}{n\sum t^2 - (\sum t)^2} = \frac{8 \times 446.61 - 36 \times 94.64}{8 \times 204 - (36)^2} = 0.5$$

$$a = \bar{Y} - b\bar{t} = \frac{94.64}{8} - 0.5 \times \frac{36}{8} = 9.58$$

将 a、b 值代入直线趋势方程 $T_t = a + bt$ 中，得

$$T_t = 9.58 + 0.5t$$

若将 $t = 1, 2, 3, \cdots, 8$ 依次代入趋势方程，就可求出对应的趋势值 T_t，见表 8-18 中最后一列。若预测 2009 年啤酒产量，将 $t = 10$ 代入方程即可：

$$T_t = 9.58 + 0.5 \times 10 = 14.58\text{(万吨)}$$

表 8-19

时间	t
1	−2
2	−1
3	0
4	1
5	2
合计	0

表 8-20

时间	t
1	−5
2	−3
3	−1
4	1
5	3
6	5
合计	0

有时为了简化计算，可以将时间变量 t 的原点移动若干期，其中最简便的方法是把原数列中间项作为原点。其具体方法是：当时间数列的项数为奇数时，可令中间一项的时间顺序号为零，其前后时间顺序号如表 8-19 所示；当时间数列的项数为偶数项时，可取中间两项分别为 −1 与 1，其前后时间顺序号如表 8-20 所示。

如果 t 按上述取值，则 $\sum t=0$，所以 a、b 参数方程可简化为

$$\left.\begin{aligned} a &= \frac{\sum Y}{n} = \overline{Y} \\ b &= \frac{\sum tY}{\sum t^2} \end{aligned}\right\} \tag{8-25}$$

第四节　季节变动分析与测定

一、季节变动分析的意义

季节变动(seasonal fluctuation)的测定就是运用一定的方法，对按日、周、月、季等排列的时间数列进行处理，计算季节比率(也称为季节指数)，用以反映现象季节变动的方向和程度。测定季节变动，进而认识和掌握其变动规律，对制定计划、组织生产经营活动、科学地管理及预测决策等，都具有重要意义。测定季节变动，还可以用来消除时间数列中的季节因素的影响，为测定其他因素的影响提供条件。

二、季节变动分析测定的方法

测定季节变动的方法很多，从其与长期趋势的关系看，可分为两类：一类是不考虑长期趋势的影响，或者说假定数列中不存在长期趋势，可采用观察值平均法；另一类是考虑长期趋势影响，可采用趋势剔除法。无论使用哪种方法，都必须具有较长时期的时间数列资料。就季节变动的周期而言，至少应具备三个周期以上的资料，这样才能比较正确的观察季节变动情况。如果资料太少，会出现较大的偶然性，达不到发现季节变动规律的目的。

(一) 观测值平均法

这是测定季节变动最简便的方法，它是通过若干期的时间数列资料，首先求出同期实际观测值的平均数，然后再计算各期观测值的总平均数，最后将同期平均数与总平均数进行对比，计算出各期的季节比率。即

$$\text{季节比率} = \frac{\text{同期观测值平均}}{\text{各期观测值的总体平均}} \times 100\% \tag{8-26}$$

例如，某公司 2005～2007 年各季饮料销售额资料如表 8-21 所示，试计算饮料销售额的季节比率。

表 8-21 某公司 2005～2007 年各季饮料销售额及其季节比率

项目＼季度	一	二	三	四	合计
2005 年/万元	38.6	25.0	42.9	37.5	144.0
2006 年/万元	40.5	24.6	44.8	38.2	148.1
2007 年/万元	42.2	26.2	46.5	40.8	155.7
同季年平均/万元	40.4	25.3	44.7	38.8	37.3
季节比率/%	108.31	67.83	119.84	104.02	400

各季度的季节比率说明各季销售额比总平均销售额高或低的程度，反映了季节变动的一般规律。上例中该公司的饮料销售存在明显的季节变动，第三季度的季节比率最高，为 119.84%，说明旺季的到来；第二季度的季节比率最低，为 67.83%，说明淡季的到来。

观测值平均法的优点是计算过程简单，容易理解和掌握。但是这种方法由于没有考虑时间数列中长期趋势的影响，所以若根据存在长期趋势的时间数列计算的季节比率就自然不够精确，不能确切地反映季节变动的程度。如果时间数列中存在比较明显的趋势变动，则要使用趋势剔除法来测定季节比率。

（二）趋势剔除法

这种方法是先将时间数列的趋势影响消除，然后再计算季节比率。它的基本步骤是：

(1)采用长期趋势分析测定法求出趋势值 T；

(2)在实际观测值 Y 中剔除趋势 T 部分，一般是用实际观测值 Y 除以趋势值 T，这样得到了一个只含季节变动和部分不规则变动并以相对数表示的一个新的时间数列；

(3)把 Y/T 重新按期排列，按照观测值平均法求出各期的季节比率。

趋势剔除法根据趋势的测定方法不同，又可分为移动平均趋势剔除法和趋势模型趋势剔除法两种。移动平均趋势剔除法比较常用。下面就以表 8-22 中的资料为例说明移动平均趋势剔除法的应用。

将剔除长期趋势因素影响的数值 Y/T 重新列表，按观测值平均法求季节比率（表 8-23）。

表 8-22　趋势值的计算与剔除示例表

年份	季度	销售额/万元	趋势值 T		Y/T/%
			四季移动平均	四季移正平均	趋势剔除
2005	一	38.6			
	二	25.0	36.000		
	三	42.9	36.475	36.237 5	118.39
	四	37.5	36.375	36.425 0	102.95
2006	一	40.5	36.850	36.612 5	110.62
	二	24.6	37.025	36.937 5	66.60
	三	44.8	37.450	37.237 5	120.31
	四	38.2	37.850	37.650 0	101.46
2007	一	42.2	38.275	38.062 5	110.87
	二	26.2	38.925	38.600 0	67.88
	三	46.5			
	四	40.8			

表 8-23　季节比率计算表

项目	季度			
	一	二	三	四
2005 年			118.39	102.95
2006 年	110.62	66.60	120.31	101.46
2007 年	110.87	67.88		
同季平均数	110.745	66.740	119.350	102.205
季节比率/%	110.873	66.817	119.487	102.323

趋势剔除法比较客观，计算也不复杂，凡资料时间较长，且有趋势，均可采用此法测定季节变动。

第五节　时间数列预测

通过对时间数列的分析，我们能够比较全面地把握现象的发展过程、变化趋势及其规律。在此基础上，就可以对现象在未来时期的发展变化情况进行科学的估计和推算，这就是时间数列预测。“鉴往知来”是一种重要的认识方法，是提高人们决策水平的重要手段，预测是决策的基础。预测可以减少盲目性，通过预测可以对现象在未来时期的发展方向、规模和程度等做出大致的判断和说明，这样使人们制定的措施、采取的行动更具针对性。

时间数列预测是一种考虑现象随时间变化的规律，并通过对时间数列资料进行分析，建立相应的模型进行外推预测的方法。当然，从结果而言必然会存在一定的预测误差。近些年来，预测的技术方法发展很快，模型方法众多，有简有繁，下面只能择其一二做一简要介绍。

一、趋势外推预测法

趋势外推预测法就是运用本章第三节介绍的趋势模型，对现象在未来的变动趋势进行测算和推断。这种方法只需把预测期对应的时间自变量 t 的取值代入趋势模型，即可得出未来趋势值的估计，前面已经举过例子，这里不再赘述。趋势外推预测法适用于具有明显上升或下降趋势的时间数列的预测。

二、自回归预测法

当时间数列前后期数值之间存在明显的相关关系时，可以建立自回归趋势模型，通过前期指标值预测未来的趋势值。

当各期指标值之间呈线性相关关系时，相应的自回归模型一般形式为

$$\hat{y}_t = b_0 + b_1 y_{t-1} + b_2 y_{t-2} + \cdots + b_n y_{t-n} \tag{8-27}$$

式(8-27)称为 n 阶自回归趋势模型，t 期的指标值 y_t 为因变量，t 期之间的指标值为自变量，$b_0, b_1, \cdots, b_n$ 为待估参数。特别地，若时间数列各期指标仅受前一期或前第 i 期指标值的影响，相应的自回归模型称为一阶自回归模型，即

$$\hat{y}_t = b_0 + b_1 y_{t-i} \quad (i = 1, 2, \cdots, n) \tag{8-28}$$

当时间数列各期指标值之间呈非线性相关关系时，相应的自回归模型表现为各种曲线模型，最常见的是二次曲线自回归模型：

$$\hat{y}_t = b_0 + b_1 y_{t-i} + b_2 y_{t-i}^2 \quad (i = 1, 2, \cdots, n) \tag{8-29}$$

自回归模型能否用于预测，还必须通过误差项的自相关检验才能确定。

三、移动平均预测法

时间数列预测中所使用的移动平均法和我们进行长期趋势值测定的移动平均法的基本思想是一致的，即，都是通过对若干期指标值求平均来消除或减少时间数列由于偶然因素所造成的短期波动，以显示时间数列的根本趋势。当用于预测时，前提是假设时间数列的变动是平衡的，即各期指标围绕某一水平上下波动，其差异是由随机因素引起的，可以用最近 N 期的平均数作为下期的预测值。相应的预测公式是

$$\hat{y}_{t+1} = M_t^{(1)} = \frac{1}{N}(y_t + y_{t-1} + \cdots + y_{t-N+1}) \tag{8-30}$$

式中：$M_t^{(1)}$ 是第 t 期的一次移动平均数，用它作为第 $t+1$ 期的预测值。这里的 $M_t^{(1)}$ 和趋势值测定中所用的移动平均数不同之处在于：这种用于预测的移动平均数不是代表移动中各项的趋势值，因此，无论移动平均的项数 N 为奇数还是偶数不影响计算公式。

根据时间数列最近 N 期指标值的简单移动平均数来进行下一期的预测，但通常认为各期数值对预测值的影响是不同的。一般来说，近期值比远期值更重要，因而，在移动平均时应给予更大的权重，相应的移动平均法称加权移动平均法，其公式为

$$\hat{y}_{t+1} = M_{wt}^{(1)} = \frac{w_0 y_t + w_1 y_{t-1} + \cdots + w_{N-1} y_{t-N+1}}{w_0 + w_1 + \cdots + w_{N-1}} \tag{8-31}$$

式中：$M_{wt}^{(1)}$ 是 t 期的一次加权移动平均数，用它作为第 $t+1$ 期的预测值；w_i 为 y_{t-i} 的权数，应满足 $w_0 > w_1 > \cdots > w_{N-1}$，以保证各期值对预测值的影响由近及远逐渐减小。

移动平均法只能有一期的预测能力，若要进行多期预测，则必须对预测值再计算移动平均数，这可能产生预测误差的积累，而且加权移动平均法中权数的选择也具有较大的随意性，因此，预测的准确性较差。

四、指数平滑预测法

（一）一次指数平滑法

一次指数平滑法是平衡型时间数列的另一种预测方法，它以时间数列预测期之前所有时期指标值的加权平均数作为预测值，即

$$\begin{aligned}\hat{y}_{t+1} &= S_t^{(1)} = \sum_{i=0}^{\infty} a(1-a)^i y_{t-i} \\ &= a y_t + a(1-a) y_{t-1} + a(1-a)^2 y_{t-2} + \cdots \end{aligned} \tag{8-32}$$

式中：a 称为平滑系数，其取值在 0～1 之间。各期的权数 $a(1-a)^i$ 是一个由近及远呈指数衰减的无穷等比数列，说明越远期的指标值对预测值的影响越小。根据等比数列的主和公式，可以证明各期的权数之和为 1。$S_t^{(1)}$ 是第 t 期的一次指数平滑值，它是 t 期及其之前各期所有指标的加权平均数，用它作为 $t+1$ 期的预测值。

显然，指数平滑预测法综合了各期数据对预测值的影响，克服了移动平均法舍弃远期信息的损失。指数平滑法的一般公式为

$$S_t^{(1)} = a y_t + (1-a) S_{t-1}^{(1)} \tag{8-33}$$

式中：$S_t^{(1)} = \hat{y}_{t+1}$ 是 $t+1$ 期的预测值；$S_{t-1}^{(1)} = \hat{y}_t$，是 t 期的预测值。

可以看出，指数平滑法虽然综合考虑了各期指标值对预测值的影响，但在计算时并不要求保存大量的历史数据，只需要根据本期实际值和本期预测值便可预测

下期的数值。指数平滑法具有根据本期的预测误差对下期的预测值进行调整的机制：当 $y_t-\hat{y}_t>0$ 时，说明本期的预测值低估了，则下期预测值 $\hat{y}_{t+1}$ 要在本期预测值 $\hat{y}$ 的基础上适当增大；当 $y_t-\hat{y}_t<0$ 时，说明本期的预测值高估了，则下期预测值 $\hat{y}_{t+1}$ 要在本期预测值 $\hat{y}_t$ 的基础上适当减小，以提高预测的准确性。

（二）二次指数平滑法

二次指数平滑法也称布朗指数平滑法，记为 $S_t^{(2)}$，它是对一次指数平滑值 $S_t^{(1)}$ 计算的平滑值，即

$$S_t^{(2)}=aS_t^{(1)}+(1-a)S_{t-1}^{(2)} \tag{8-34}$$

关于二次指数平滑法的具体内容，请学习统计预测中相关内容，这里不加以介绍。

五、季节型时间数列的预测

所谓季节型时间数列是指历史数据在一定时期内观察，出现了一种以日、周、月、季等为周期的有高峰和低谷的变动形态。这种变动反复出现且程度相差不大，周期的长度也大致相同，如图 8-1 所示。

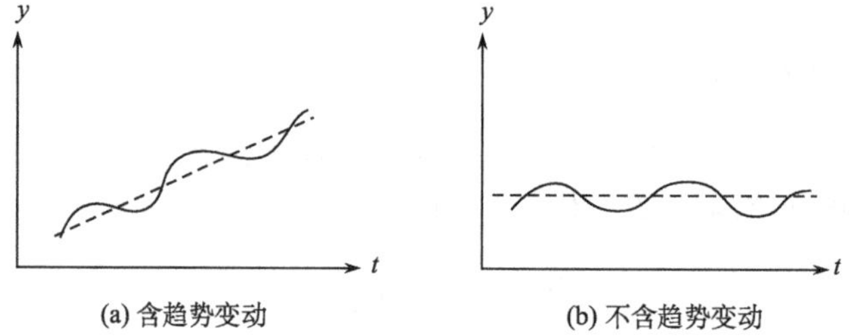

图 8-1 季节型时间数列

从图 8-1 可以看到，季节型时间数列有两类：一类是含有趋势变动的，见图 8-1(a)；另一类是不含趋势变动的季节型时间数列，见图 8-1(b)。这在进行季节型时间数列预测时应给予足够的重视。季节型时间数列的预测方法就是从这两种类型的数列分别考虑的。

（一）周期平均法

周期平均法是直接以各年的同期平均数作为“季度”预测值。如果时间数列中没有趋势波动或即使有一定的趋势波动，但不很明显，则可以采用这种方法。

例如，某商店某种商品 2003～2007 年销售量资料如表 8-24 所示。

表 8-24　某商店 2003～2007 年某种商品销售量　　单位：万打

年份＼季度	一	二	三	四	合计
2003	66	32	50	44	192
2004	74	35	52	42	203
2005	70	36	57	46	209
2006	69	34	55	50	208
2007	73	37	56	47	213
同季合计	352	174	270	229	1 025
同季平均	70.4	34.8	54.0	45.8	

如果要预测 2008 年商品的各季度销售量，那么

一季度预测销售量为 70.4 万打，二季度为 34.8 万打，三季度为 54 万打，四季度为 45.8 万打。同期平均也可以采用加权平均的方法。例如，权数分别高 5、4、3、2、1，则 2008 年一季度预测销售量为

$$\frac{73\times5+69\times4+70\times3+74\times2+66\times1}{15}=71(\text{万打})$$

依此类推。这种方法非常简单明了，但不很准确，只能是针对没有趋势变动的季节型时间数列的预测。但是前面已经讲过，一般来说，时间数列都是由多种因素综合作用形成的，既具有趋势变动又具有季节变动的数列更为常见。所以，对含有趋势变动的季节型时间数列进行预测就显得更为重要。

（二）趋势比率综合法

趋势比率综合法是在进行季节预测的时候要考虑趋势的影响，把长期趋势值与季节比率综合在一起进行季节预测的方法。由于趋势测定、季节测定和因素剔除因素组合方式的不同，所以趋势比率综合法也有很多种，如趋势季节比率预测法指数平滑季节预测法（温斯特法）、环比法等。这里通过两个例子介绍两种简单但很实用的方法。

例如，某公司决策层经过对各种因素的综合分析，预计该公司的业务量 2008 年会在 2007 年 500 万个单位的基础上增长 3.6%，试以此为基础预测 2008 年各季度的业务量。由于该公司的业务活动具有明显的季节性波动，所以，首先根据前四年业务统计资料算出了各季度的季节比率（%），见表 8-25。

表 8-25　某公司业务量季节比率表

项目＼季度	一	二	三	四	合计
季节比率/%	32.8	88.7	152.6	125.9	400.0

据此，2008年各季度业务量的预测值计算如下：

2008年全年预计业务量＝500×(1＋3.6%)＝518(万个单位)

2008年平均每个季度的预测业务量＝518÷4＝129.5(万个单位)

则：

一季度的预计业务量＝129.5×32.8%＝42.5(万个单位)

二季度的预计业务量＝129.5×88.7%＝114.9(万个单位)

三季度的预计业务量＝129.5×152.6%＝197.6(万个单位)

四季度的预计业务量＝129.5×125.9%＝163.0(万个单位)

这种方法是在事先给出年度趋势预测值后进行分季或分月预测的方法。通常这里的年度趋势预测值不是模型生成的，而是通过一些定性预测方法确定的。

再如，已知某商店2004～2007年各季商品销售量资料，如表8-26所示。试预测2008年度各季的销售量。

首先，根据表中各年各季的实际销售量用最小平方法建立直线趋势预测模型，求出各季度的趋势值。过程和结果见表8-26。

根据表8-26中计算结果可求得直线趋势预测模型中参数 $a=12.175$，$b=0.3471$，则

$$\hat{y}=a+bt=12.175+0.3471t$$

将各季度的 t 值代入模型中，即可得到各季度的销售量的趋势值 $\hat{y}_t$，并从中予以剔除，见表8-26中最后一列。根据此栏数据可求出该商品销售量的季节比率，结果分别为一季为113.2%，二季为143.7%，三季为62.5%，四季为80.5%。

如果预测2008年各季度销售量，那么首先根据直线趋势预测模型求出2008年各季度的趋势预测值，结果见表8-27。

表8-26　某商店2004～2007年各季商品销售量及相关计算表

年份	季度	季顺序 t	销售量/万件 y_t	t^2	ty_t	$\hat{y}_t$	$y_t/\hat{y}_t$/%
2004	一	1	15	1	15	12.52	119.81
	二	2	19	4	38	12.87	147.63
	三	3	7	9	21	13.22	52.95
	四	4	10	16	40	13.56	73.75
2005	一	5	16	25	80	13.91	115.03
	二	6	20	36	120	14.26	140.25
	三	7	8	49	56	14.60	54.79
	四	8	11	64	88	14.95	73.58

续表

年份	季度	季顺序 t	销售量/万件 y_t	t^2	ty_t	$\hat{y}_t$	$y_t/\hat{y}_t/\%$
2006	一	9	16	81	144	15.30	104.58
	二	10	22	100	220	15.65	140.58
	三	11	9	121	99	15.99	56.29
	四	12	12	144	144	16.34	73.44
2007	一	13	19	169	247	16.69	113.84
	二	14	25	196	350	17.03	146.80
	三	15	15	225	225	17.38	86.31
	四	16	18	256	288	17.73	101.52
合计		136	242	1 496	2 175	242	

表 8-27　2008 年各季趋势预测值计算表

季度	一	二	三	四
时间	17	18	19	20
长期趋势值 $\hat{y}_t$	18.08	18.42	18.77	19.12

最后，将趋势预测值和季节比率综合起来求出各季度的预测销售量为

2008 年第一季度预测销售量＝18.08×113.2％＝20.47(万件)

2008 年第二季度预测销售量＝18.42×143.7％＝26.47(万件)

2008 年第三季度预测销售量＝18.77×62.5％＝11.73(万件)

2008 年第四季度预测销售量＝19.12×80.5％＝15.39(万件)

关于时间数列的预测问题，由于预测者对同一种资料可以采用不同的模型，对同一模型又可采用不同的参数估计方法，所以，需要对不同的模型和预测方法进行比较择优。包括：对资料的要求多还是少，预测的速度快还是慢，所需的预测费用高还是低，预测的时间长还是短，预测误差大还是小，等等。这需要预测人员对这些因素进行综合衡量。一般说来，在比较不同的预测模型和预测方法的优劣时，都是根据预测误差的大小，应该选择的是预测误差最小的模型和方法。

➢思考与练习

1. 什么是时间数列？由哪几部分组成？
2. 如何理解编制时间数列的可比性问题？
3. 发展速度有哪几种类型？其相互关系如何？
4. 为什么要计算增长 1％的绝对值？如何计算？

5. 为什么要分析测定长期趋势，主要方法有哪些？

6. 什么是季节比率？简述季节比率的计算步骤。

7. 直线趋势测定的最小平方法与相关回归分析中的有什么异同？

8. 某商场 2008 年上半年每月的商品储存额资料如下：

月份	1	2	3	4	5	6
月末储存额/万元	26	34	28	32	31	36

已知 2007 年末的商品储存额为 24 万元。试计算 2008 年上半年该商场每月平均商品储存额是多少？

9. 某公司 2007 年职工人数的时点资料如下：

日期	1月1日	3月31日	5月1日	11月1日	12月31日
人数/人	3 020	3 260	2 950	3 200	3 270

要求：计算该公司 2007 年全年职工平均人数。

10. 某企业 2007 年各季度产值和产值计划完成程度的资料如下表：

季度	计划产值/万元	产值计划完成程度/%
一	860	130
二	887	135
三	875	138
四	898	125

试计算该企业 2007 年计划平均完成百分比。

11. 某企业集团公司 2008 年第二季度职工人数及产值资料如下：

指标	4月	5月	6月	7月
销售产值/万元	4 000	4 200	4 500	4 800
月初人数/人	4 640	4 660	4 680	4 600

要求：

(1)编制第二季度各月劳动生产率的时间数列；

(2)计算第二季度的月平均劳动生产率；

(3)计算第二季度的劳动生产率。

12. 某钢厂“九五”、“十五”时期钢产量资料如下：

年份	钢产量/百吨	年份	钢产量/百吨
1996	230	2001	257
1997	236	2002	262
1998	241	2003	276
1999	246	2004	281
2000	252	2005	286

试用最小平方法配合直线趋势方程，并预测该企业2010年可能达到的钢产量。

13. 某企业"十五"时期主要经济指标如下，试对该企业"十五"时期经济效益进行分析评价。

指标	2001年	2002年	2003年	2004年	2005年
总产值/万元	74 739.9	108 145	136 541	129 797	125 082
销售收入/万元	72 187	105 441	133 789	130 279	122 174
平均职工人数/人	12 605	12 333	12 109	12 410	11 670
工资总额/万元	6 452.6	9 460	12 047	13 618	13 870
原材料消耗总额/万元	37 370	56 776	76 463	71 575	70 045
原材料占产值比例/%	50.0	52.50	56.00	55.40	56.0
利息支出额/万元	1 729	2 514	3 471	3 839	3 596
固定资产原值/万元	44 333	56 831	99 742	102 055	103 987
利润总额/万元	1 492	1 677	1 621	1 345	1 104

14. 某企业原煤消耗量很大，由于各月消耗量不平衡，物资供应很难准确把握，有时库存过多，有时供应紧张。为正确制定各月能源消耗计划和物资供应计划，提高经济效益，试根据近5年各月原煤消耗情况(下表)进行原煤消耗季节变动统计分析，并利用最小平方法预测2008年全年原煤消耗量以及各月的原煤消耗量。

月份	2003年	2004年	2005年	2006年	2007年
1	3 031.0	4 030.2	2 843.0	3 296.0	2 723.0
2	3 028.0	3 017.0	2 862.0	3 017.3	2 824.0
3	2 189.4	2 911.0	2 400.0	2 615.0	2 500.3
4	1 297.0	1 310.0	1 012.0	1 203.0	1 200.5
5	954.0	701.0	822.0	950.0	856.0
6	811.0	468.0	650.0	800.0	858.0
7	773.9	432.0	672.4	755.0	800.0
8	893.0	450.0	822.0	1 000.0	860.0
9	900.0	478.4	825.0	865.0	750.0
10	920.0	900.0	1 012.0	1 008.0	1 000.0
11	1 873.6	2 833.0	1 662.0	1 594.0	1 826.0
12	2 803.0	2 842.5	2 826.9	2 822.0	3 233.0

15. 下表按公司类别列出 1980 年、1986～1993 年美国倒闭的工商企业数，试采用时间数列分析指标进行统计分析。

年份	商业服务	建筑	制造和采矿	零售	批发
1980	1 594	2 355	1 599	4 910	1 284
1986	20 911	7 035	5 641	13 509	4 808
1987	23 802	6 735	4 900	12 240	4 336
1988	22 686	6 791	4 698	11 488	4 455
1989	12 779	7 120	4 284	11 120	3 687
1990	16 063	8 072	5 090	12 826	4 376
1991	22 852	11 963	7 006	17 242	6 170
1992	26 871	12 452	7 550	19 084	6 744
1993	24 287	10 411	6 396	15 482	5 930

第九章

统计指数

统计指数是统计方法中历史悠久、应用广泛的组成部分之一，它产生于18世纪欧洲资本主义迅速发展时期，当时由于物价上涨引起社会动荡不安，经济学家们开始尝试编制物价指数。在其后的200多年间，指数的理论与应用不断发展，逐步扩展到工业等其他行业、进出口、生活费用、股票等各个方面。现在指数不仅是分析经济现象的重要工具，而且还被应用于生活质量、综合国力、社会发展等方面的综合评价研究。

第一节　统计指数基本概述

一、统计指数的含义、性质与作用

（一）统计指数的含义

统计指数(index number)，简称指数，起源于对物价变动的研究。1675年，英国经济学家伏亨(Rice Vaughan)将1650年的谷物、家畜、鱼类、布帛与皮革等商品的价格分别与1652年的价格相比较来考察商品价格的变动情况，这是个体价格指数和统计指数的萌芽。

在现实生活中，“指数”一词的使用频率非常高，如居民消费价格指数、商品零售价格指数、房地产价格指数、股票价格指数(如我国的上证指数、深证指数、香港恒生指数，美国的道·琼斯股票价格指数)等一些人们非常熟悉的指数，也有小康指数、环境指数、景气指数、居民生活质量指数等一些非常重要的社会管理类指数，还有气象指数(具体又分为晨练指数、舒适度指数、穿衣指数、紫外线指数等)、情感指数(如快乐指数、幸福指数、成功指数),还有诚信指数、人气指数等一些具有特殊含义的指数。

那么,到底什么是统计指数?从广义上说,统计指数是指一切说明现象数量变动或差异程度的相对比率,包括我们通常所说的动态相对数、比较相对数、计划完成程度等一系列相对指标。在现实中,人们总希望能借助一定的统计指标来反映现象发展变化的方向及其达到的程度,以便能对现象的发展变化进行客观的比较、定位和认识。上述各种指数虽然难易繁简程度有别,但都能在一定程度上反映现象发展变化的方向和所达到的相对程度。例如,人们往往会关心现在的物价水平比过去上升了还是降低了?不同区域居民收入的差距扩大了还是缩小了?中国的经济增长率比其他国家高还是低?要回答这些问题,就必须将其在时间上、空间上进行对比,这就是统计指数。所以,广义的统计指数可以泛指一切用来说明现象发展变化程度的相对数。

然而,狭义的统计指数并不以研究个别事物或简单现象的数量变动为主要任务,而是以研究复杂现象总体某种数量的综合变化作为主要任务。即狭义的统计指数是表明不能直接相加的、多个项目组成的复杂现象总体的综合变化方向和程度的一种特殊相对数。例如,我们研究居民消费价格水平的变化,并不是只针对一种商品,而是针对调查范围内的所有消费品,即居民消费价格指数反映了居民在一定时期消费的所有商品和服务的价格综合变化的方向和程度。例如,某地区 2008 年 4 月与 3 月相比,居民消费价格指数为 106%,这说明居民消费价格变动的方向是上升趋势,上升的幅度是 6%。

(二) 统计指数的性质

1. 综合性

统计指数是综合反映某一场合诸多事项的数量与另一场合的比较,是对多种事物或多个项目数量变动综合反映的结果。

2. 平均性

统计指数所反映的综合变动实际上是多种事物或多个项目某一数量方面的平均变动,是各事物或各项目某一数量变动的平均结果。

3. 相对性

所谓相对性有两层含义:其一是统计指数都用相对数或比率来表示,属于相对数的范畴;其二是在编制总指数时要在假定其他指标或因素不变的情况下来反映指数化指标的变动情况,其结果具有相对准确性。

4. 代表性

在编制总指数时,有时由于所涉及的事物或项目太多,难以一一加以考虑,只能选择部分有代表性的事物或项目(如代表规格品)作为编制指数的依据。

（三）统计指数的作用

1. 统计指数能够综合反映复杂现象总体的变动方向和程度

例如，要了解全国居民生活消费品价格水平的总变动，由于不同的消费品计量单位和价格不同，就不能把所有消费品的单价直接进行加总并对比，而单件消费品价格的变化又不能反映整体消费品价格的变化，因此必须找到某种能够综合反映全部消费品价格变化的统计方法，这就是统计指数法。

2. 统计指数可以对现象总体的价值总量变动进行因素分析

在现实中，很多现象的价值总量变动都要受多种不同因素的影响。例如，企业生产总成本的变动受产品总产量和产品单位成本这两个基本因素变动的影响，采用统计指数法，不仅可以反映企业生产总成本的变动情况，而且还可以分别从产品总产量变动和产品单位成本变动这两个方面对总成本变动的影响进行因素分析，包括影响的方向、影响的程度和影响的绝对效果。

3. 统计指数可以研究和反映现象的长期变动趋势

在由连续编制的动态指数数列中，可以发现事物的发展变化过程、规律和趋势，从而为我们更深入了解和掌握事物发展的本质提供依据。例如，把历年的居民消费价格指数加以排列，就可以清楚地表明居民消费价格的长期变化过程、所呈现的规律及其可能的发展趋势。

二、统计指数的分类

1. 统计指数按现象的范围不同，可以分为个体指数与总指数

个体指数是仅考察总体中单个事物或单个项目数量对比关系的相对数，也就是一般的相对数或广义的指数，如电视机产量指数、大米价格指数等。

总指数则是通过总体数量对比关系来反映总体某种数量综合变动情况的相对数，也就是狭义的指数，如商品零售价格指数、居民消费价格指数等。

此外，介于个体指数与总指数之间的指数叫做类指数，说明总体中某一组或某一类现象变动的相对数。类指数是由个体指数加权平均得到的，个体指数、类指数、总指数都是相对的，小类指数相对于中类指数就是个体指数。例如，在居民消费价格指数中，服务价格指数就是其中的一个类指数。总指数和类指数都属于狭义的指数，它们的编制方法相同，只是计算范围不同而已。

按照编制的方法不同（主要由于所掌握的数据资料条件不同），总指数（加权总指数）又分为综合指数和平均数指数两种。综合指数是应用综合法由两个总量指标对比而形成的指数，平均数指数是应用加权平均法由个体指数（或类指数）加权平均而形成的指数。综合指数与平均数指数是统计指数的重点内容，我们特予以着重介绍。

2. 统计指数按指数化指标的性质不同，可以分为数量指标指数与质量指标指数

所谓指数化指标，也称为指数化因素，就是在指数中要反映其数量变化或对比关系的指标。例如，在居民消费价格指数中，“价格”就是指数化指标，在股票成交量指数中，“成交量”就是指数化指标。

数量指标指数简称数量指数，就是指数化指标为某一数量指标的指数，也就是反映总体某种数量指标变动程度的相对数，如产品产量指数、商品销售量指数、能源消耗量指数等。

质量指标指数简称质量指数，就是指数化指标为某一质量指标的指数，亦即反映总体某种质量指标变动程度的相对数，如商品零售价格指数、产品单位成本指数、股票价格指数、劳动生产率指数等。

3. 统计指数按对比的性质不同，可以分为动态指数与静态指数

动态指数也叫时间指数，是通过不同时间上同类现象的水平对比来计算的指数，考察的是同类现象的某种数量在不同时间上的发展变化情况。动态指数是最为常见的指数，商品零售价格指数、股票价格指数、居民消费价格指数、房地产价格指数等都是动态指数。动态指数按照所采用的基期不同又可分为定基指数和环比指数两种。在指数数列中，如果各指数以某一固定时期作为对比基期，这种指数称为定基指数；如果各指数均以前一期作为对比基期，则这种指数称为环比指数。同理，还可以计算年距指数，即同比指数等。

静态指数是动态指数在应用上的扩展，包括空间指数与计划完成指数两种。空间指数是通过不同空间(如不同国家、不同区域、不同企业)上的同类现象水平的对比来计算的指数，考察的是同类现象的某种数量在不同空间上的发展变化情况或差异程度。例如，地区人均国内生产总值比较指数，地区价格比较指数等，都是空间指数。计划完成指数则是现象的实际水平与计划水平对比的结果，考察计划目标实现的程度。例如，能耗降低计划完成指数、全面小康建设进程指数等，就属于这一类。

此外，为了分析的需要，我们有时还编制计算平均指标指数(如某企业、某行业职工平均工资指数)，即通过同类平均指标在不同时间上的水平对比来计算动态相对数，以便对其变动的原因进行因素分析。某些可进行因素分解的相对指标，也可以编制计算相对指标指数，原理与平均指标指数相同。

第二节　综合指数

综合指数的编制是指数原理的主要应用与分析工具。历史上，早期的价格指数曾用各种价格的总和进行对比，或采用简单平均方法计算，这种方法由于不考虑各种商品的使用价值与权重，难以反映价格的真实变动，因此逐渐被各种加权方法

计算的总指数即综合指数所取代。

一、综合指数的含义和特点

综合指数(aggregative index)是通过两个具有经济意义并紧密联系的总量指标对比求得的指数。计算综合指数的分子和分母都是由两个或两个以上因素(或指标)所决定的总值指标(尤其是价值总量指标),其中一个因素(或指标)就是指数化指标,其他因素则是把原来不能直接相加的因素转化为能直接相加的因素,称为同度量因素。由于综合指数反映的是复杂现象总体某一因素的数量总变动,因此要求分子、分母的研究对象(如商品)、资料范围等必须一致,并且具备完整的各因素不同时间或空间的数据。

综合指数的特点是:先综合,后对比。所谓先综合就是要先通过同度量因素,把总体中不能直接相加的各事物或各项目的指数化因素综合成为能直接相加的总量指标,解决复杂现象总体内各事物或各项目的数量不能直接相加或相加后不可比的问题。例如,要编制物价指数以反映商品价格的变化,由于不同商品(事物或项目)的价格(指数化因素)不能直接相加,因此无法进行对比,必须先借助商品销售量这个同度量因素把它转化为商品销售额这个能直接相加的量,进而综合为可比的商品销售总额。同样,如果要编制商品销售量指数以反映商品销售量的变化,也先要把不能直接相加的不同商品的销售量,通过商品价格这个同度量因素转化为销售额这个能相加的量,再综合为可比的商品销售总额。所谓后对比,就是在得到可比的总量指标的基础上,通过固定同度量因素的时间,选择两个合适的总量指标进行对比来得到所需要的指数。在对比时,处于分子的指数化因素属于报告期,处于分母的指数化因素则属于基期。

关于同度量因素,还需要说明以下几点:

一是在决定总量指标的各因素中,指数化因素与同度量因素的区分是相对的,实际上它们互为同度量因素。例如,在决定商品销售总额的因素中,商品的价格以销售量为同度量因素,商品销售量以价格为同度量因素。在决定企业总成本(生产多种不同产品)的因素中,产品单位成本以产量为同度量因素,产品产量则以单位成本为同度量因素。

二是在编制综合指数时,同度量因素的时间必须加以固定,即分子、分母总量指标中的同度量因素的数量是相同的,只有这样才能反映指数化因素的变化情况。至于如何固定同度量因素的时间,则有多种不同的方法,后面将要加以介绍。

三是同度量因素在起到同度量的同时,也起到一定的加权的作用,即指数化因素与同度量因素乘积大的项目,其指数化因素变动对总指数的影响就大。

四是在两因素的问题中,确定同度量因素的性质(数量化因素还是质量化因素)比较容易,而在超过两个因素的问题中,确定同度量因素的性质就困难一些,必须注重各因素的内在联系。例如，企业原材料总消耗额的支出取决于产品产量、单位产品原材料消耗量和原材料单价三个因素，从它们的内在联系出发，我们可以认为：相对于产品产量而言，后两者是质量化因素；相对于原材料单价而言，前两者是数量化因素；相对于单位产品原材料消耗量而言，前者是数量化因素，后者是质量化因素。

二、综合指数的计算形式和常用公式

在两因素的综合指数中，习惯上以 q 表示数量化因素，以 p 表示质量化因素，以 1 表示报告期(或所要考察的空间)，以 0 表示基期(或对照的空间)，以 I 表示指数，以 I_q 表示数量指标指数，以 I_p 表示质量指标指数。

综合指数有很多种不同的形式或编制方法，其基本编制方法主要有两种。

(一) 基期加权综合法

基期加权综合法就是在编制指数时，所使用的同度量因素是固定在基期水平上的。这是由德国经济学家拉斯贝尔(E. Laspeyres)首先提出的。拉斯贝尔于 1864 年创建的这种指数方法被后人称为拉氏指数。其编制公式为

$$I_p = \frac{\sum p_1 q_0}{\sum p_0 q_0} \tag{9-1}$$

$$I_q = \frac{\sum p_0 q_1}{\sum p_0 q_0} \tag{9-2}$$

不难发现，在上述公式中，$\sum p_0 q_0$ 是基期真实的价值总量，而 $\sum p_1 q_0$ 和 $\sum p_0 q_1$ 都是假设的价值总量。可见，指数的计算具有一定的假定性。

拉氏指数的公式一经问世，便在社会上得到了广泛应用。人们发现了一种综合反映社会经济发展状况的行之有效的方法：当我们研究总体的变化时，可将此总体分解为对其产生影响的若干因素，在假定其他因素不变的前提下研究其中一种因素的变化对总体所产生的影响。这种分析方法就是今天被广泛使用的指数分析法。

我们可以具体分析一下拉氏指数的意义。以价格指数为例，由于我们需要研究的是价格变动，因此分子是报告期价格，分母是基期价格，但是由于多种商品的使用价值不同，多种商品的价格是不能直接相加的，因此在公式中引入了销售量因素，由于销售量因素的引入，使得不能直接相加的价格转化成了能够直接相加的销售额，这里销售量即是同度量因素，也叫权数。

例如，某商场销售三种商品，有关销售资料如表 9-1 所示，要求利用拉氏指数

形式编制价格总指数和销售量总指数。

表 9-1 某商场三种商品有关销售资料

商品	价格/元		销售量	
	1月	2月	1月	2月
甲	10	12	100 吨	80 吨
乙	220	180	120 件	150 件
丙	360	370	80 米	100 米

根据表 9-1 资料可计算相关销售额数据如表 9-2 所示。

表 9-2 某商场三种商品拉氏指数计算示例表

商品	价格/元		销售量		销售额/元		
	p_0	p_1	q_0	q_1	p_1q_0	p_0q_1	p_0q_0
甲	10	12	100 吨	80 吨	1 200	800	1 000
乙	220	180	120 件	150 件	21 600	33 000	26 400
丙	360	370	80 米	100 米	29 600	36 000	28 800
合计					52 400	69 800	56 200

根据表 9-2 计算得出

$$I_p = \frac{\sum p_1q_0}{\sum p_0q_0} = \frac{52\ 400}{56\ 200} = 93.24\%$$

$$\sum p_1q_0 - \sum p_0q_0 = 52\ 400 - 56\ 200 = -3\ 800(\text{元})$$

$$I_q = \frac{\sum p_0q_1}{\sum p_0q_0} = \frac{69\ 800}{56\ 200} = 124.20\%$$

$$\sum p_0q_1 - \sum p_0q_0 = 69\ 800 - 56\ 200 = 13\ 600(\text{元})$$

计算结果表明,虽然该商场三种商品各自的销售价格有升有降,但按照拉氏指数,2 月份三种商品的综合价格水平比 1 月下降了 7.76%,使总销售额减少 3 800 元;同样,虽然三种商品的销售量有不同的变化,但总的来讲增长了 24.20%,使总销售额增加 13 600 元。可见,无论是商品价格指数 93.24%还是商品销售量指数 124.20%,都是三种不同商品的价格或销售量变动的综合结果,也是它们变动的平均结果。

拉氏指数的特点是，由于同度量因素的时间固定在基期，因此能单纯反映指数化因素的变动情况。一般而言，拉氏指数形式对于数量指数的编制意义更为重要。在编制拉氏销售量指数时，所用的假定销售总额是 $\sum p_0q_1$，它表示若基期价格不变的条件下，销售报告期数量的商品应该是多少销售额，而报告期的商品销售数量是已经发生的事实。在上例中，商品销售量指数 124.20%除了表示在假定价格不变的情况下销售量增加了 24.20%，更深层的含义是表示了由于商品销售量增加使销售额增加了 24.20%。可见，拉氏销售量指数不仅可以单纯反映出销售量的综合变动水平，而且符合计算销售量指数的实际要求。由于方法合理，现实意义明确，拉氏数量指数在实际中应用较多。

相比较之下，拉氏价格指数的现实意义不够明确，因为所用的假定销售总额是 $\sum p_1q_0$，它表示如果按报告期的价格销售了基期数量的商品应该是多少销售额，显然，拉氏价格指数虽然可以单纯反映价格的变动水平，但不能反映出销售量的变化，因此存在明显的缺陷。从实际生活角度看，人们更关心在报告期销售量条件下价格变动对实际生活的影响，而在报告期销售基期数量的商品是不符合现实意义的。正因如此，拉氏价格指数等质量指数在实际中应用很少。

（二）报告期加权综合法

报告期加权综合法就是在编制指数时所使用的同度量因素是固定在报告期水平上的。在拉氏指数被广泛使用了 10 年以后，1874 年德国经济学家派许(Paasche)创建了综合指数的另一种计算方法，被人们称为派氏指数。所谓派氏指数就是把同度量因素的时间固定在报告期的一种综合指数形式，其编制公式为

$$I_p=\frac{\sum p_1q_1}{\sum p_0q_1} \tag{9-3}$$

$$I_q=\frac{\sum p_1q_1}{\sum p_1q_0} \tag{9-4}$$

不难发现，在上述公式中，$\sum p_1q_1$ 是报告期真实的价值总量，而 $\sum p_0q_1$ 和 $\sum p_1q_0$ 都是假设的价值总量，指数的计算同样具有一定的假定性。

例如，根据表 9-1 中的数据，要求采用派氏指数形式编制商品价格总指数和商品销售量总指数。计算过程如表 9-3 所示。

表 9-3　某商场三种商品派氏指数计算示例表

商品	价格/元		销售量		销售额/元		
	p_0	p_1	q_0	q_1	p_1q_0	p_0q_1	p_1q_1
甲	10	12	100 吨	80 吨	1 200	800	960
乙	220	180	120 件	150 件	21 600	33 000	27 000
丙	360	370	80 米	100 米	29 600	36 000	37 000
合计					52 400	69 800	64 960

根据表 9-3 计算得出

$$I_p = \frac{\sum p_1 q_1}{\sum p_0 q_1} = \frac{64\ 960}{69\ 800} = 93.07\%$$

$$\sum p_1 q_1 - \sum p_0 q_1 = 64\ 960 - 69\ 800 = -4\ 840(\text{元})$$

$$I_q = \frac{\sum p_1 q_1}{\sum p_1 q_0} = \frac{64\ 960}{52\ 400} = 123.97\%$$

$$\sum p_1 q_1 - \sum p_1 q_0 = 64\ 960 - 52\ 400 = 12\ 560(\text{元})$$

计算结果表明，按派氏指数形式，该商场三种商品的综合价格水平下降了 6.93%，使总销售额减少 4 840 元；总销售量上升了 23.97%，使总销售额增加 12 560元。

派氏指数将同度量因素固定在报告期，不能消除权数变动对指数的影响，因此在编制指数数列时(无论是定基的还是环比的)，不同时期指数的权数结构以及分母总量都不同，不能直接对比。但派氏指数可以同时反映出价格和消费结构的变化，具有比较明确的经济意义。在实际应用中，派氏价格指数等质量指数比较常用。而派氏数量指数由于包含了价格变动因素——这意味着按照调整后的价格来测定数量的综合变动，这本身不符合计算数量指数的目的，因此派氏数量指数在实际中应用很少。

三、编制综合指数的一般原则与方法

综上所述，拉氏指数将权数固定在基期，派氏指数将权数固定在报告期，两种方法各有所长。对于同样的资料，采取不同的公式，计算的结果并不相同。如前所述，销售量总指数按照拉氏公式计算，价格总指数按照派氏公式计算，是比较合理的。扩展开来，可以得出综合指数的一般原则与计算方法：当计算质量指标总指数时，将相应的数量指标作为同度量因素，固定在报告期；当计算数量指标总指数时，

将相应的质量指标作为同度量因素,固定在基期。这种方法不仅保持了综合指数计算的可比性,同时也使得各因素之间保持了平衡关系,便于形成指数体系进行因素分析。常用的公式如下:

$$I_p = \frac{\sum p_1 q_1}{\sum p_0 q_1} \tag{9-5}$$

$$I_q = \frac{\sum p_0 q_1}{\sum p_0 q_0} \tag{9-6}$$

第三节 加权平均数指数

一、加权平均数指数的含义及特点

在运用综合指数公式时,确定了同度量因素,把不可直接相加的变量转化为可相加的价值总量指标时,要求具备完整的资料,既要具备基期的数量指标和质量指标数值,又要具备报告期的数量指标和质量指标数值,缺一不可。当研究范围很大、包括产品种类很多时,要同时取得两个时期相互对应的产量和价格的原始资料有时候是相当困难的,这就给实际应用增加了难度。当收集的资料相对缺乏时,就不能直接利用综合指数公式编制总指数,此时往往采用其变形形式,即加权平均数指数,对个体指数进行加权平均。它可以根据抽样调查资料利用代表商品的数量或价格的个体指数计算。

加权平均数指数是以价值量为权数计算的综合指数。编制加权平均数指数的特点是:先对比,后综合。所谓先对比,就是先计算出所研究现象总体中各事物或各项目的指数化因素的个体指数,获得反映单个事物或单个项目指数化因素变动的相对数;所谓后综合,就是通过选择适当的权数,采用适当的加权方法,对指数化因素的个体指数进行加权平均,把单个的个体指数综合成为总指数。一般所选择的权数是数量指标与质量指标相乘后形成的总值指标。可见,在加权平均数指数的编制过程中,加权平均只是获得总指数的一种方法,是把个体指数综合成为总指数的一种手段,综合的过程就是平均的过程。

实际上,针对同一现象总体和相同的指数编制范围,综合指数与平均数指数的结果应该是一致的。如果能够具备编制范围内各项目的所有各因素的基期、报告期数据资料,那么可用综合指数公式计算。如果只能掌握各项目的个体指数数据以及相应的总值资料,则要通过加权平均数指数的形式来编制。

加权平均数指数与综合指数都是计算总指数的形式,它们之间既有联系又有区别。两者的联系是,在一定条件下两种指数公式存在变形关系,两者的区别是出发点不同。综合指数是从复杂现象的总体总量出发，固定同度量因素，以观察指数化因素的变动情况。而加权平均数指数则是从独立的个体事物出发，对个体数量的变化比率进行加权平均，以观察总体数量的平均变化。因此，加权平均数指数有其自身的特点与应用价值。

二、加权平均数指数的基本形式

在两因素的平均数指数中，习惯上以 i_q 表示个体数量指数，以 i_p 表示个体质量指数，即

$$i_q = \frac{q_1}{q_0} \tag{9-7}$$

$$i_p = \frac{p_1}{p_0} \tag{9-8}$$

由于常用的加权平均方法为加权算术平均与加权调和平均两种，因而，加权平均数指数的基本形式也分为加权算术平均与加权调和平均两种形式。

（一）加权算术平均数指数

所谓加权算术平均数指数，就是采用加权算术平均的方法，对个体指数进行加权平均。一般以 p_0q_0 表示绝对数形式的权数，则加权算术平均数指数的基本形式为

$$I_q = \frac{\sum i_q \cdot p_0q_0}{\sum p_0q_0} \tag{9-9}$$

这是以基期数据 p_0q_0 为权数的算术平均数指数，我们称之为数量指标基期加权的平均数指数。也就是说，我们一般采用基期加权算术平均数指数来编制数量指标指数。

不难发现，该公式与数量指标总指数的公式是相通的，即

$$I_q = \frac{\sum i_q \cdot p_0q_0}{\sum p_0q_0} = \frac{\sum p_0q_1}{\sum p_0q_0}$$

正因为如此，有人把数量指标基期加权的平均数指数称为拉氏数量指标指数的变形。

例如，某企业 2008 年 2 月与 1 月相比，生产三种产品的产量个体指数与 1 月产值数据如表 9-4 所示，要求计算产值总指数。

表 9-4 某商场三种商品的加权算术平均数指数计算示例表

商品	产量		i_q/%	p_0q_0/元	$i_q \cdot p_0q_0$/元
	q_0	q_1			
甲	250 台	200 台	80	1 000	800
乙	1 200 件	1 320 件	110	22 000	24 200
丙	800 件	1 000 件	125	18 000	22 500
合计				41 000	47 500

该企业三种商品的销售量总指数为

$$I_q = \frac{\sum i_q \cdot p_0q_0}{\sum p_0q_0} = \frac{47\ 500}{41\ 000} = 115.85\%$$

即该企业 2008 年 2 月与 1 月相比产品总产量增长 15.85%。

(二) 加权调和平均数指数

所谓加权调和平均数指数,就是采用加权调和平均的方法,对个体指数进行加权平均。一般以 p_1q_1 表示绝对数形式的权数,那么加权调和平均数指数的基本形式为

$$I_p = \frac{\sum p_1q_1}{\sum \frac{1}{i_p} \cdot p_1q_1} \tag{9-10}$$

这是报告期数据 p_1q_1 为权数的调和平均数指数,我们称之为质量指标报告期加权平均数指数。也就是说,我们一般采用报告期加权调和平均数指数来编制质量指标指数。例如,根据表 9-4 资料计算调和平均数指数,如表 9-5 所示。

表 9-5 某商场三种商品的加权调和平均数指数计算示例表

商品	单价/元		i_p/%	p_1q_1/元	$\frac{1}{i_p} \cdot p_1q_1$/元
	p_0	p_1			
甲	1 000 台	1 200 台	120	960	800
乙	220 件	154 件	70	16 940	24 200
丙	35 件	42 件	120	27 000	22 500
合计				44 900	47 500

$$I_p = \frac{\sum p_1q_1}{\sum \frac{1}{i_p} \cdot p_1q_1} = \frac{44\ 900}{47\ 500} = 94.53\%$$

即该企业产品2008年2月与1月相比价格总指数下降5.47%。

第四节 指数体系与因素分析

一、指数体系的含义与构建原则

（一）指数体系的含义

我们知道，现象之间是相互联系，彼此制约的。一种现象的变动，往往会受到两个因素或更多因素共同变动的影响，这种变动与影响可以通过数量表现出来。因此，反映现象总体总变动的指数和反映各因素变动的指数之间就具有一定的联系，不仅个体指数之间存在这种联系，总指数之间也存在这种联系。这种联系可以通过指数体系表现出来。

为了利用指数体系进行因素分析，在对复杂现象总体进行分解时，重要的是分解的各个要素之间需要具有因素关系。例如，

商品销售额 = 商品销售量 × 商品价格

产品总成本 = 产品产量 × 单位产品成本

产品产值 = 产品产量 × 产品价格

等式左边是被影响因素，等式右边则是它的两个影响因素。静态上有这种数量联系，在动态上同样也存在，即商品销售额的变动一定是由销售量和价格这两个因素的变动引起的；产品总成本的变动一定是由产量和单位成本这两个因素的变动引起的；产品产值的变动一定是由产品产量和产品价格这两个因素变动引起的。由于现象的总变动和各因素的变动都可以通过前面介绍的统计指数形式来反映，因此，被影响因素与影响因素之间的动态数量关系也就可以通过统计指数的关系表现出来，即

商品销售额指数 = 商品销售量指数 × 商品价格指数

产品总成本指数 = 产品产量指数 × 单位成本指数

产品产值指数 = 产品产量指数 × 产品价格指数

它们的通用公式可以表示为

$$I_{pq} = I_p \cdot I_q \tag{9-11}$$

即

$$\frac{\sum p_1 q_1}{\sum p_0 q_0} = \frac{\sum p_1 q_1}{\sum p_0 q_1} \times \frac{\sum p_0 q_1}{\sum p_0 q_0}$$

不仅现象与影响因素之间具有这种相对数上的数量联系，而且也具有绝对数

上的数量联系，即商品销售额的实际增减额是商品销售量变动影响额与商品价格变动影响额之和，产品总成本的实际增减额是产品产量变动影响额与单位成本变动影响额之和，产品产值的实际增减额是产品产量变动影响额与产品价格变动影响额之和。即

$$\sum p_1q_1 - \sum p_0q_0 = \left(\sum p_1q_1 - \sum p_0q_1\right) + \left(\sum p_0q_1 - \sum p_0q_0\right) \quad (9\text{-}12)$$

由此可见，所谓指数体系就是由三个或三个以上具有内在本质联系的统计指数所组成的有机整体。

研究和利用指数体系，可以达到两个主要目的：

(1) 利用指数体系中各个指数之间的数量关系，进行指数之间的相互推算。即根据有关现象的变动程度来推算其他现象的变动程度。例如，某生产企业的平均单位成本 2007 年比 2006 年降低 10%，产量增长 20%，根据指数关系可以推算总成本指数：

$$I_{pq} = I_p \cdot I_q = 90\% \cdot 120\% = 108\%$$

即总成本 2007 年比 2006 年提高 8%。

(2) 利用指数体系进行因素分析。由于一个复杂现象总体的变动是由多个因素的变动共同作用的结果，利用指数体系就可以分别测定各个影响因素对该现象的影响，从相对数和绝对数两方面进行因素分析，说明现象总变动中各个影响因素的变动方向和影响程度。

（二）构建指数体系的基本原则

指数体系是因素分析的基本依据，因此在构建指数体系时应遵循下列基本原则：

(1) 指数体系中的各个指数之间必须保持等式关系，以便从相对数和绝对数两方面进行因素分析。一般说来，相对数之间是乘除的关系，绝对数之间是加减的关系。

(2) 在利用指数体系进行多因素分析时，必须分清各个因素（指标）的性质，即科学区分数量指标和质量指标，以便选择合适的方法来编制各相关的指数。

(3) 为了保持与统计指数一般原则的一致性，在一个指数体系中，质量指数采用派氏公式，数量指数采用拉氏公式。

同样，完美的指数体系是不存在的，因为统计指数的编制具有一定的假定性，所以指数体系的构建也就具有相应的假定性。

二、因素分析

(一) 因素分析的含义与分类

1. 因素分析的含义

所谓因素分析,就是利用指数体系中各个指数之间的数量联系,对引起现象总体变动的各个影响因素进行分解,分析各因素变动对现象总体变动的影响程度和绝对数量。可见,因素分析是针对受多因素影响的复杂现象总体而言的,最基本的因素分析是两因素分析。在因素分析中,必须借助指数体系的等式关系,遵循统计指数编制的一般原则,确定影响因素之间的联系(多因素分析时要对各个影响因素按性质进行排序)。

当然,由于统计指数体系具有一定的假定性,因此因素分析的结果也具有一定的假定性,即在所利用的指数体系的前提下说明各因素的影响程度和效果。

因素分析时可以按以下三步进行:

第一步,要明确分析研究的目的和要求,确定各影响因素之间的相互关系,构造合适的指数体系;

第二步,遵循综合指数的一般原则和方法,选用合适的指数公式计算出反映现象总体变动和各影响因素变动的指数;

第三步,从相对数和绝对数两方面对各影响因素进行综合分析和验证。

2. 综合指数因素分析的分类

综合指数因素分析就是要利用综合指数体系,对现象总体的变动原因进行分析。由于综合指数是统计指数的基本形式,因此综合指数因素分析也是统计指数因素分析的基础。

前面已经指出,复杂现象总体是由不可相加的个体(个别事物或项目)所组成的,而复杂现象总体的总量则是由两个或两个以上因素所决定的。因此,根据影响因素多少的不同,综合指数因素分析可以分为两因素分析和多因素分析。

需要指出的是,影响因素多少的确定不是绝对的,因为影响因素本身还可以再分解或合并。例如,前面曾指出,企业原材料消耗额取决于产品产量、单位产品原材料消耗量和原材料单价三个因素。实际上"产品产量、单位产品原材料消耗量"这两个因素可以合并为"企业原材料消耗总量"这一个因素,而"单位产品原材料消耗量、原材料单价"这两个因素可以合并为"单位产品原材料消耗额"这一个因素。当然,确定的影响因素多一些,分析的工作量会增加一些,但分析也会更深入、透彻一些。

（二）因素分析的应用

1. 两因素分析

如果现象总体的某种总量指标的变动只受两个相关因素变动的影响，或只需要分解为两个影响因素，那么就可以进行两因素分析。我们仍以总产值为例来加以说明。

如前所述，因为，总产值＝产品产量×出厂价格，所以，综合指数因素分析的相对数体系与绝对数体系可以表示为

$$I_{pq}=I_q\cdot I_p$$

$$\sum p_1q_1-\sum p_0q_0=\left(\sum p_0q_1-\sum p_0q_0\right)+\left(\sum p_1q_1-\sum p_0q_1\right)$$

例如，某企业产品的出厂价格和产量数据如表 9-6 所示，试对该企业总产值的变动进行因素分析。

表 9-6　某企业产品出厂价格和产量表

产品	出厂价格/元		产品产量	
	2006 年	2007 年	2006 年	2007 年
甲	100	120	100 万件	200 万件
乙	2 000	1 800	12 万台	13 万台

根据表 9-6，计算过程如表 9-7 所示。

表 9-7　某企业指数分析计算示例表

产品	出厂价格/元		产量		总产值/万元		
	p_0	p_1	q_0	q_1	p_0q_1	p_0q_0	p_1q_1
甲	100	120	100 万件	200 万件	20 000	10 000	24 000
乙	2 000	1 800	12 万台	13 万台	26 000	24 000	23 400
合计					46 000	34 000	47 400

根据表 9-7 的数据，可计算该企业产量总指数为

$$I_q=\frac{\sum p_0q_1}{\sum p_0q_0}=\frac{46\ 000}{34\ 000}=135.29\%$$

分子与分母之差为

$$\sum p_0q_1-\sum p_0q_0=46\ 000-34\ 000=12\ 000(\text{万元})$$

结果表明：该企业总产量 2007 年比 2006 年增长了 35.29%，使总产值增加了 12 000万元。

经计算得到该企业出厂价格总指数为

$$I_p = \frac{\sum p_1 q_1}{\sum p_0 q_1} = \frac{47\ 400}{46\ 000} = 103.04\%$$

分子与分母之差为

$$\sum p_1 q_1 - \sum p_0 q_1 = 47\ 400 - 46\ 000 = 1\ 400(\text{万元})$$

结果表明：该企业产品的出厂价格 2007 年比 2006 年上升了 3.04%，使总产值增加了 1 400 万元。

经计算得到该企业总产值指数为

$$I_{pq} = \frac{\sum p_1 q_1}{\sum p_0 q_0} = \frac{47\ 400}{34\ 000} = 139.41\%$$

2007 年与 2006 年总产值之差为

$$\sum p_1 q_1 - \sum p_0 q_0 = 47\ 400 - 34\ 000 = 13\ 400(\text{万元})$$

结果表明：该企业总产值 2007 年比 2006 年增长 39.41%，即总产值增加 13 400万元。

上述产量总指数、出厂价格总指数、总产值指数存在如下关系：

$$135.29\% \times 103.04\% = 139.41\%$$

$$12\ 000 + 1\ 400 = 13\ 400(\text{万元})$$

综上所述，由于总产量增长 35.29%，使总产值增加了 12 000 万元；由于出厂价格上升 3.04%，使总产值增加了 1 400 万元。两个因素共同作用的结果，使得该企业 2007 年总产值增长了 39.41%，绝对数增加了 13 400 万元。

2. 多因素分析

前面讨论了两因素分析，如果将一个总体现象的影响因素进一步细分，分解为两个以上的影响因素，分别测定各影响因素的变动程度及其影响作用，则称之为多因素分析。采用多因素分析时，应该注意以下问题：

第一，各因素计算分析时的排列顺序应该以它们之间的相互联系为依据，使其两两相乘具有一定的经济意义，以便确定同度量因素的所属时期。

以工业企业生产产品的原材料消耗总额为例：

原材料消耗总额 = 原材料消耗总量 × 原材料价格

= 产品产量 × 单位产品原材料消耗量 × 原材料价格

第二，测定其中某个因素的作用时，要将其余所有的因素固定下来。即计算各影响因素指数时，作为同度量因素的指标不是一个，而是两个或者两个以上。在全部影响因素中，数量指标和质量指标的时期所属是相对而言的。

在上述工业企业生产产品的原材料消耗总额的分析中，首先，在计算产量总指数时，产量是数量指标，单位产品原材料消耗量和原材料价格均为质量指标，因此，计算产量总指数时应将这两个因素固定在基期；其次，计算单位产品原材料消耗量指数，将产品产量固定在报告期，原材料价格固定在基期；再次，计算原材料价格指数，由于产品产量与单位产品原材料消耗量的乘积等于原材料消耗总量，属于数量指标，因此二者均固定在报告期。

我们用 q 表示产品产量，m 表示单位产品原材料消耗量，p 表示单位原材料价格，根据多因素指数编制的一般原则和统计指数体系的要求，原材料消耗总额指数公式及其指数体系的相对数关系为

原材料消耗总额指数＝产品产量指数×单位产品原材料消耗量指数×单位原材料价格指数，即

$$I=\frac{\sum q_1 m_1 p_1}{\sum q_0 m_0 p_0}=\frac{\sum q_1 m_0 p_0}{\sum q_0 m_0 p_0}\times\frac{\sum q_1 m_1 p_0}{\sum q_1 m_0 p_0}\times\frac{\sum q_1 m_1 p_1}{\sum q_1 m_1 p_0} \tag{9-13}$$

指数体系的绝对数体系则为

$$\begin{aligned}&\sum q_1 m_1 p_1-\sum q_0 m_0 p_0\\&=\left(\sum q_1 m_0 p_0-\sum q_0 m_0 p_0\right)+\left(\sum q_1 m_1 p_0-\sum q_1 m_0 p_0\right)\\&\quad+\left(\sum q_1 m_1 p_1-\sum q_1 m_1 p_0\right)\end{aligned} \tag{9-14}$$

例如，某工业企业 2007 年与 2006 年的产品产量、单位产品原材料消耗量和单位原材料价格的资料如表 9-8 所示，要求对该企业原材料消耗总额的变动进行因素分析。

表 9-8 某企业产品原材料消耗情况表

产品	产品产量 q		单位产品原材料消耗量 m		原材料价格 p/元	
	2006 年	2007 年	2006 年	2007 年	2006 年	2007 年
甲	10 万件	12 万件	8	8	15	18
乙	20 万台	22 万台	11	10	16	17

根据表 9-8 可得到计算表 9-9。

表 9-9 某工业企业原材料消耗情况计算表 单位:万元

产品	$q_1m_0p_0$	$q_0m_0p_0$	$q_1m_1p_0$	$q_1m_1p_1$
甲	1 440	1 200	1 440	1 728
乙	3 872	3 520	3 520	3 740
合计	5 312	4 720	4 960	5 468

由表 9-9 计算得出

(1) 原材料消耗总额指数:

$$I = \frac{\sum q_1 m_1 p_1}{\sum q_0 m_0 p_0} = \frac{5\ 468}{4\ 720} = 115.85\%$$

原材料消耗总额的增加额为

$$\sum q_1 m_1 p_1 - \sum q_0 m_0 p_0 = 5\ 468 - 4\ 720 = 748(\text{万元})$$

(2) 产量指数:

$$I_q = \frac{\sum q_1 m_0 p_0}{\sum q_0 m_0 p_0} = \frac{5\ 312}{4\ 720} = 112.54\%$$

由于产量变化而增加的原材料消耗额为

$$\sum q_1 m_0 p_0 - \sum q_0 m_0 p_0 = 5\ 312 - 4\ 720 = 592(\text{万元})$$

(3) 单位产品消耗量指数:

$$I_m = \frac{\sum q_1 m_1 p_0}{\sum q_1 m_0 p_0} = \frac{4\ 960}{5\ 312} = 93.37\%$$

由于单位产品消耗量变化而增加的原材料消耗额为

$$\sum q_1 m_1 p_0 - \sum q_1 m_0 p_0 = 4\ 960 - 5\ 312 = -352(\text{万元})$$

(4) 单位原材料价格指数:

$$I_p = \frac{\sum q_1 m_1 p_1}{\sum q_1 m_1 p_0} = \frac{5\ 468}{4\ 960} = 110.24\%$$

由于原材料价格的上涨而增加的原材料消耗额为

$$\sum q_1 m_1 p_1 - \sum q_1 m_1 p_0 = 5\ 468 - 4\ 960 = 508(\text{万元})$$

可以验证,从相对数来看:115.85% =112.54%×93.37%×110.24%

从绝对数来看:748=592+(-352)+508

结果表明,该企业产品原材料消耗总额 2007 年增长了 15.85%,增加了 748

万元。其中,由于产量增长了12.54%,使原材料消耗总额增加了592万元;由于单位产品原材料消耗量下降了6.63%,使原材料消耗总额减少了352万元;由于单位原材料价格上涨了10.24%,使原材料消耗总额增加了508万元。

3. 平均指标因素分析

前面介绍的两因素分析和多因素分析均是对总量指标的因素分析,平均指标的变动也可以进行因素分析。

前面已经指出,现象总平均数变动要受各组变量值水平和各组权数(结构)这两个因素变动的影响,因此,平均指标因素分析就在于对总平均指标变动的结果,从各组变量值水平变动和各组权数(结构)变动这两个方面因素进行分解分析。

根据指数体系与因素分析的基本原理可以计算出三个指数,即总平均指标指数,它是报告期总平均工资与基期总平均工资之比;固定构成指数,它是假定结构不变,单纯反映各组水平变动对总平均指标的影响;结构变动影响指数,它是假定各组水平不变,单纯反映各组结构变动对总平均指标的影响。具体公式为

$$\text{总平均指标指数}=\frac{\bar{x}_1}{\bar{x}_0}=\frac{\sum x_1 f_1}{\sum f_1}\Big/\frac{\sum x_0 f_0}{\sum f_0} \tag{9-15}$$

$$\text{固定构成指数}=\frac{\bar{x}_1}{\bar{x}_n}=\frac{\sum x_1 f_1}{\sum f_1}\Big/\frac{\sum x_0 f_1}{\sum f_1} \tag{9-16}$$

$$\text{结构变动影响指数}=\frac{\bar{x}_n}{\bar{x}_0}=\frac{\sum x_0 f_1}{\sum f_1}\Big/\frac{\sum x_0 f_0}{\sum f_0} \tag{9-17}$$

三者之间的关系为

$$\frac{\bar{x}_1}{\bar{x}_0}=\frac{\bar{x}_1}{\bar{x}_n}\cdot\frac{\bar{x}_n}{\bar{x}_0} \tag{9-18}$$

$$\bar{x}_1-\bar{x}_0=(\bar{x}_1-\bar{x}_n)+(\bar{x}_n-\bar{x}_0) \tag{9-19}$$

例如,某企业工人人数与各组年平均工资的资料如表9-10所示。试对工人总的年平均工资变动进行因素分析。

表9-10 某企业工人年平均工资情况表

工人构成	工人人数/人		平均工资/万元	
	基期 f_0	报告期 f_1	基期 x_0	报告期 x_1
熟练工人	600	800	1.8	2.2
非熟练工人	400	300	1.5	1.5
合计	1 000	1 100		

根据表 9-10 数据计算可得

(1) 总平均工资指数：

$$\frac{\overline{x}_1}{\overline{x}_0}=\frac{2.01}{1.68}=119.64\%$$

总平均工资增加额为

$$\overline{x}_1-\overline{x}_0=2.01-1.68=0.33(\text{万元})$$

(2) 固定构成指数：

$$\frac{\overline{x}_1}{\overline{x}_n}=\frac{2.01}{1.72}=116.86\%$$

由于各组工资水平变化引起的总平均工资增加额为

$$\overline{x}_1-\overline{x}_n=2.01-1.72=0.29(\text{万元})$$

(3) 结构变动影响指数：

$$\frac{\overline{x}_n}{\overline{x}_0}=\frac{1.72}{1.68}=102.38\%$$

由于各组工人结构变动影响引起的总平均工资增加额为

$$\overline{x}_n-\overline{x}_0=1.72-1.68=0.04(\text{万元})$$

容易验证，总平均指标指数、固定构成指数和结构变动影响指数三者之间的相对数关系：

$$119.64\%=116.86\%\times 102.38\%$$

三者之间的绝对数关系：

$$0.33(\text{万元})=0.29(\text{万元})+0.04(\text{万元})$$

计算结果表明，从相对数来看，该企业工人总平均工资上升 19.64%，是各组职工工资水平变动使总平均工资上升 16.86%和各组工人人数(结构)变动使总平均工资上升 2.38%的共同结果；从绝对数来看，该企业工人总平均工资增加3 300元，是各组职工工资水平变动使平均工资增加 2 900 元和各组工人人数(结构)变动使平均工资增加 400 元。

第五节 常用的统计指数

我国目前常用的统计指数主要是几种价格指数，如商品零售价格指数、居民消费价格指数、股票价格指数以及工业生产指数等。

一、零售价格指数及其编制

零售价格指数(retail price index，RPI)是反映城乡商品零售价格变动趋势的一种综合指数。它的变动直接影响到城乡居民的生活支出和国家财政收入,影响居民购买力和市场供需平衡以及消费和积累的比例。因此,零售价格指数是观察和分析经济活动的重要工具之一。

零售价格指数的资料是采用分层抽样的方法取得的,即在全国选择不同经济区域和分布合理的地区以及有代表性的商品作为样本,对市场价格进行经常性的调查,以样本推断总体。该指数的编制过程如下。

1. 调查地区和调查点的选择

调查地区按经济区域和地区分布合理等原则,选出具有代表性的大、中、小城市和县作为国家的调查地区,目前,国家一级抽选出的调查市、县 226 个。在此基础上选择经营规模大、商品种类多的商场、集市作为调查点。

2. 代表商品和代表规格品的选择

代表商品选择那些消费量大、价格变动有代表性的商品。代表规格品的确定是根据商品零售资料和 3.6 万户城市居民、6.7 万户农村居民的消费支出记账资料,按有关规定筛选的。筛选原则是:①与社会生产与人民生活密切相关;②销售量(金额)大;③市场供应保持稳定;④价格变动趋势有代表性;⑤所选的代表规格品之间差异大。

3. 价格调查方式

采用派员直接到调查点登记调查,同时社会聘请近万名辅助调查员协助登记调查。

4. 权数的确定

零售价格指数的计算权数是根据社会商品零售额统计确定的。

二、居民消费价格指数及其编制

居民消费价格指数(consumer price index,CPI)是世界各国普遍编制的一种指数,但不同国家的叫法不同,有的国家称为生活费用指数,我国称之为居民消费价格指数。

居民消费价格指数是反映一定时期城乡居民所购买的生活消费品价格和服务项目价格的变动趋势和程度的一种相对数。通过这一指数,可以观察消费价格的变动水平及对城乡居民实际生活费支出的影响程度,也用它研究通货膨胀和货币购买力的变动状况。

居民消费价格指数可就全国编制,也可就城乡分别编制。城市居民消费价格指数是反映城市居民所购买的生活消费品价格和服务项目价格变化趋势和程度的相对数;农村居民消费价格指数是反映农村居民所购买的生活消费品价格和服务项目价格变化趋势和程度的相对数。居民消费价格指数的编制过程与零售价格指数类似,具体步骤如下:

(1) 选择调查地区和调查点。方法与零售价格指数相同。

(2) 选择代表性商品和代表规格品。选择的原则是与人民生活关系密切、销售量(金额)大、市场供应保持稳定、价格变动趋势有代表性和代表规格品之间差异大的商品。我国把居民消费分为食品、衣着、家庭设备及用品、医疗保健用品、交通和通信工具、娱乐教育文化用品、居住、服务项目八大类，每一类又分若干中类和小类，在小类中选择具有代表性的消费品及服务项目，有大约 700 多个项目。

(3) 收集价格资料。直接派员到调查点收集登记价格资料，根据不同情况，每月收集登记 2～5 次。同一种代表品的价格由各调查点的价格简单平均计算。目前全国有 550 个样本市县近 3 万个采价点。

(4) 根据城乡居民家庭消费构成确定各种代表品的权数。CPI 的权数是依据全国 12 万户城乡居民家庭调查资料中的消费支出构成计算的，每年都要做一些调整，每 5 年做一次大的调整。从 2006 年 1 月起，CPI 数据启用新的权数，其中，食品类权重有所下调，而居住和服务类权重则有所上升。包括建房及装修材料、房租、自有住房及水、电、煤气等与居住有关的项目占 13.2%，上网费、物业管理费、教育软件开支等作为新商品，首次列入 CPI 统计中。

(5) 计算价格指数。计算方法采用固定权数(即固定消费量结构)公式，以便使价格指数能够真实地反映固定时期总体价格水平变动中的纯价格变动，准确地解释价格的走势。计算公式如下：

$$I_p = \sum i_p W \tag{9-20}$$

式中：i_p 表示个体商品价格指数；W 是根据销售额构造的权数；$\sum W = 100\%$。

在实际计算过程中，首先由各小类价格指数计算出中类价格指数；再由各中类价格指数计算出大类指数，以此类推，反复使用式(9-20)，最终得到消费价格总指数。

三、股票价格指数及其编制

股票价格指数(stock price index)是反映某一股票市场上多种股票价格变化趋势的一种相对数，简称股价指数，其单位一般用“点”(point)表示，即将基期指数作为 100，每上升或下降一个单位称为“1 点”。股票价格指数一般由证券交易所、金融服务机构等编制和发布。

股票价格指数和居民消费价格指数一样，越来越受到人们的普遍关注，它是反映证券市场的重要经济指标之一，在很大程度上，股票价格指数已经成为社会经济繁荣或低迷的警示器。

1. 股票价格指数编制的步骤

(1) 根据上市公司的行业分布、经济实力、资信等级等因素，选择有代表性的

一些股票作为样本股票,样本股票可以随时更换或进行数量上的增减,以使其具有一定的代表性;

(2) 按期在股票市场上采集样本股票的价格;

(3) 利用科学方法和先进手段计算出指数值;

(4) 通过新闻媒体向公众发布。

2. 股票价格指数的计算方法

(1) 总和法。

总和法即将报告期的股价总和与基期股价总和直接对比计算的股票指数。其公式为

$$\text{股票价格指标} = \frac{\sum p_1}{\sum p_0} \tag{9-21}$$

美国道·琼斯指数就是采用这种方法编制的。道·琼斯指数是以1928年10月1日为基期,因为这一天收盘时的道·琼斯指数恰好约为100美元,所以将其定为基准日。道·琼斯指数的入编股票为65种,包括30种工业股,20种运输业股,15种公用事业股。

(2) 简单平均法。

简单平均法即对所有样本股票的个体股价指数进行简单平均,算出总体股价指数。其计算公式为

$$\text{股票价格指标} = \frac{\sum \frac{p_1}{p_0}}{n} \tag{9-22}$$

采用该方法计算出的股票价格指数可以灵敏地反映股价的短期波动。英国“经济学家杂志普通股股价指数”就是采用此法编制的。

(3) 加权综合指数法。

加权综合指数法是以样本股票的发行量或交易量为同度量因素计算的股票价格指数。其计算公式按同度量因素所属时期不同,分为以下两种:

$$\text{股票价格指数} = \frac{\sum p_1 q_0}{\sum p_0 q_0} \tag{9-23}$$

$$\text{股票价格指数} = \frac{\sum p_1 q_1}{\sum p_0 q_1} \tag{9-24}$$

式(9-23)是以基期的发行量或交易量加权的股票价格指数,式(9-24)是以报告期的发行量或交易量加权的股票价格指数。大多数股票价格指数是以报告期发行量为权数计算的。其中,以发行量加权的股票价格指数,称为市价总指数;以交

易量加权的股票价格指数，称为成交总额指数。

香港恒生指数、美国的 SP500 指数等，都是采用加权综合指数公式编制的。我国的上证股价指数也是采用综合指数形式计算的，包括上海证券交易所全部上市股票，基期为 1990 年 12 月 19 日，上证指数可以较为贴切地反映上海证券交易所股票价格的变化情况。我国深证股价指数以 1991 年 4 月 3 日为基期，以在深圳证券交易所上市交易的全部股票为计算对象，用每日各种股票的收盘价乘以其发行量后求和得到的市价总值，除以基期市价总值后求得，是反映深证股价变动的有效统计指标。

四、工业生产指数及其编制

工业生产指数(industry produce index)是概括反映一国或一地区工业发展变化的相对数，其实质是采用综合指数法计算的工业产品产量指数。它是衡量经济增长水平的重要指标之一。下面介绍工业生产指数几种常用的编制方法。

1. 不变价格法

不变价格又称固定价格，即采用某一时间的产品平均出厂价格作为同度量因素的固定权数综合指数。该方法是我国长期以来沿用的编制方法。其基本编制过程如下：

(1) 对各种工业产品分别制定相应的产品不变价格标准(p_n)。

(2) 逐项计算各种产品的不变价格产值，对其进行加总，就得到全部工业产品的不变价格总产值；将报告期与基期的不变价格总产值对比，就得到工业生产指数。计算公式为

$$I_q = \frac{\sum p_n q_1}{\sum p_n q_0} \tag{9-25}$$

采用不变价格法编制工业生产指数的特点是，必须具备完整的不变价格产值资料，但是，不变价格的制定和不变价格产值的计算却是一项非常复杂的工作，它必须连续不断地、全面性地进行统计，尤其是在市场经济条件下，要在整个工业生产领域运用不变价格计算完整的产值资料，面临着许多实际困难。

2. 价格指数紧缩法

由于不变价格标准的确定有一定的困难，我国从 2002 年开始试行采用价格紧缩法计算工业发展速度。

价格指数紧缩法是根据指数体系原理，利用价格指数消除产品价值量中的价格因素的影响，反映工业发展速度。计算方法有单紧缩法和双紧缩法。

(1) 单紧缩法。

单紧缩法是在工业产品的出厂价格指数与工业原材料等的投入价格指数所包

含的内容相差不大的情况下，用工业产品的出厂价格指数对现行价格的工业发展速度进行缩减。计算公式为

$$I_q = \frac{\sum p_1 q_1}{\sum p_0 q_0} \bigg/ \frac{\sum r_1 z_1}{\sum r_1 z_0} \tag{9-26}$$

式中：右边第一项是现价计算的工业发展速度，第二项是工业产品出厂价格指数。

（2）双紧缩法。

双紧缩法是利用产品的出厂价格指数和原材料、燃料、动力等购进价格指数，同时消除总产品和中间消耗中的价格变动因素，计算出可比价格工业发展速度。计算公式如下：

$$I_q = \frac{\sum p_1 m_1}{\sum p_0 m_0} \bigg/ \frac{(\sum z_1 q_1 - \sum k_1 s_1)}{(\sum z_0 q_1 - \sum k_0 s_1)} \tag{9-27}$$

式中：右边第一项是现价计算的工业增加值发展速度；第二项是双紧缩法计算的工业增加值价格指数；q 与 z 分别为工业总产品的数量和价格；s 与 k 分别为中间消耗的数量和价格。

（3）工业生产指数法。

工业生产指数法为世界上大多数市场经济国家所采用，它首先根据代表产品报告期与基期的产量数据，分别计算出各种产品的个体产量指数，然后用其各自的权数对个体产量指数进行加权平均，计算出各类指数。例如，对小类所有代表品产量的个体指数进行加权平均，即为小类指数；对中类所有代表品产量的个体指数进行加权平均，即为中类指数。类似地，可以计算出大类及总指数，综合反映工业发展速度。编制工业生产指数，一般采用基期固定权数，计算公式为

$$I_q = \frac{\sum i_q p_0 q_0}{\sum p_0 q_0} \tag{9-28}$$

式中：i_q 为各种工业品的个体产量指数；$p_0 q_0$ 为相应产品的基期增加值。

在实际中，为了简化起见，常以各种工业品的增加值所占的比重 W 作为权数，并且将其相对固定下来，采用“固定加权算术平均数指数”连续地编制各个时期的工业生产指数。计算公式为

$$I_q = \sum i_q W \tag{9-29}$$

➢思考与练习

1. 什么是统计指数？与一般相对数相比较，有什么特点？
2. 什么是指数化指标？什么是同度量因素？二者有何关系？
3. 总指数有哪两种基本编制方式？它们各自有什么特点？

4. 为了进行因素分析，编制综合指数的原则是什么？

5. 什么是因素分析？如何对现象总体进行两因素分析？

6. 某市场上四种蔬菜的销售资料如下表：

品种	销售量/千克		销售价格/(元/千克)	
	基期	报告期	基期	报告期
甲	500	550	1.60	2.00
乙	224	250	2.00	1.90
丙	400	320	1.00	0.90
丁	200	170	2.50	3.00

(1) 用拉氏公式编制四种蔬菜的销售量总指数和价格总指数；

(2) 用派氏公式编制四种蔬菜的销售量总指数和价格总指数；

(3) 比较两种公式编制出来的销售量总指数和价格总指数的差异。

7. 某工业企业生产甲、乙两种产品，基期和报告期的产量、单位成本和出厂价格资料如下：

产品	产量/件		单位成本/(元/件)		出厂价格/(元/件)	
	基期	报告期	基期	报告期	基期	报告期
甲	2 000	2 200	10.5	10.0	12.0	12.5
乙	5 000	6 000	6.0	5.5	6.2	6.0

(1) 利用指数体系从相对数和绝对数对总产值变动做因素分析；

(2) 利用指数体系从相对数和绝对数对总成本变动做因素分析。

8. 某市 2000 年社会商品零售额 12 000 万元，2007 年增加到 15 600 万元，这七年零售物价指数提高 12%，问零售量指数是多少？

9. 某企业 2007 年比 2006 年产量增长 15%，产品成本下降 4%，2006 年企业总成本支付了 30 万元，问 2007 年总成本比 2006 年要多支付多少万元？

10. 已知某地区 2006 年的农副产品收购总额为 360 亿元，2007 年比 2006 年的收购总额增长 12%，农副产品收购价格总指数为 110%。试考虑 2007 年与 2006 年对比：

(1) 农民因销售农副产品共增加多少收入？

(2) 农副产品收购量增加了百分之几？农民因此增加了多少收入？

(3) 由于农副产品收购价格提高 10%，农民又增加了多少收入？

(4) 验证以上三方面的分析结论能否保持协调一致。

11. 某城市三个市场上某一种商品的销售资料如下：

市场	销售价格/(元/千克)		销售量/千克	
	基期	报告期	基期	报告期
A市场	2.50	3.00	500	580
B市场	2.60	2.90	600	1 000
C市场	2.70	3.10	550	400
合计			1 650	1 980

(1) 分别编制该商品总平均价格的可变构成指数、固定构成指数和结构变动影响指数；

(2) 建立指数体系，进行总平均价格变动的因素分析。

12. 据调查，某地区甲、乙、丙、丁四种代表商品的个体价格指数分别为110%、95%、100%和105%，各代表商品的固定权数分别为10%、30%、40%和20%，试求这四种商品的价格总指数。

13. 某城市的餐馆连锁店的总经理近六年给各分店经理的奖金如下，请结合当时当地的消费物价指数对实际奖金进行统计分析，并写出简要的分析报告。

年份	奖金/元	消费价格指数/%
2001	13 000	105
2002	14 000	108
2003	16 000	108
2004	18 000	114
2005	20 000	120
2006	22 000	152

第十章 综合评价

第一节 综合评价基本概述

一、综合评价法的含义及特点

（一）综合评价法的含义

统计是研究总体现象数量特征及其变化规律的。作为最基本的数量描述和分析的工具是统计指标，虽然多种多样的统计指标，在从数量方面描述、分析、评价现象总体的状况中发挥着相应的作用，但是从功能上来讲，还存在一定的局限性。这些统计指标不能给研究对象一种整体性的数量描述结论，即不能把各方面的数量描述结果进行有效的合成，形成一个整体性的数量概念。而这样的问题，在研究社会问题和经济问题时又很必要。例如，我们经常提到的综合国力的强弱、整体素质的高低、生活质量的好坏等，都需要应用一种能给出“整体性数量描述结果”的方法去进行评价、排序。在这里，我们可以举一个最简单的例子，假设用包含 A、B 两个正指标来评价甲、乙两个企业的优劣。若 A 指标，甲企业高于乙企业，B 指标，乙企业高于甲企业，那么我们怎样去评价两者谁优谁劣？统计指标和指标体系在这样的问题面前就显得束手无策，也正因为如此，促使人们去探索综合评价的手段、方法。

综合评价法就是把多个描述被评价事物不同方面特征的统计指标，按照某种方法进行处理，并对处理后的指标值进行综合，从而得出一个整体性的数量描述值，以此为根据进行比较和排序的一种统计分析方法。

（二）综合评价法的特点

从综合评价法的含义可以看出，综合评价法有以下几个特点：

(1) 综合评价法是以指标和指标体系为基础的，这种指标体系应该是包含被评价事物的全面信息的一个系统，在这个系统里，既包含各种客观指标，也可能包含某些主观评价指标；

(2) 综合评价法要对具有不同量纲、不同方向性的统计指标进行处理；

(3) 综合评价法最后要给出一个整体性的数量描述结果——综合评价值。这个综合评价值是对指标体系内各单项评价指标的合成；

(4) 运用综合评价法对现象或事物进行综合评价的目的是为了进行不同现象或事物之间的静态比较、排序，或者是同一现象或事物的动态比较。

二、综合评价法的作用

综合评价法作为一种新的统计分析方法，在对社会经济活动和现象进行综合分析方面发挥着越来越重要的作用，其应用范围也越来越广。尤其是在一个比较开放的社会系统里，如关于国家国力的综合评价、企业经济效益的综合评价、企业素质或职工素质的综合评价、地区经济发展水平及战略目标实现程度的综合评价、国家或地区社会生活质量的综合评价以及关于工业产品质量的综合评价等，很多方面都要使用这种方法。

综合评价法的主要作用表现在以下几个方面：

(1) 使用这种方法可以使人们对研究评价对象的某方面问题有一个综合性认识，这种综合性认识，可以说是认识上的一种升华。综合评价本质上是多指标综合，是由具体到抽象的过程。它是把各个具体的评价指标的实际值进行相应转化后变成评价值，然后对各个评价值进行加总平均，最后得到综合评价值。

(2) 在获得综合评价值基础上，可以进行不同空间或时间关于评价问题的比较和排序。比较和排序不仅是人们在认识上更是人们在管理和决策上的迫切要求。在这个充满着各种竞争的社会里，不同国家、地区，不同企业、不同阶层的人之间的比较和排序就显得更为重要。例如，某国际组织要根据我国不同地区社会经济发展状况的综合评价结果，来确定它的投资重点、贷款形式、贷款期限以及贷款管理办法等；又如，一国政府可根据不同地区居民生活质量状况的综合评价结果来制定相应的宏观政策和措施，这样就能够使宏观管理更趋科学化。

从统计学本身来看，综合评价法也起到了弥补统计指标和指标体系描述功能缺陷的重要作用。这种方法是对传统统计学方法体系的重要补充，在统计方法论上具有非常重大的意义。

第二节 综合评价指标的选择与数据预处理

一、评价指标的选择方法

在综合评价过程中,选择评价指标体系是一个关键性问题,我们既希望确定的指标体系尽可能全面,又希望指标数量不是太多。而在预选的评价指标中,可能存在着一些次要指标,并且指标间也可能存在重复,这就需要进行筛选,以剔除代表性不强以及交叉或重复的指标,确定合理的评价指标体系。

在实际应用中,评价指标的筛选可以采用征询专家意见的方法,也可以采用一些定量的统计分析方法来进行。

(一) 指标筛选的定性法

指标筛选的定性法即专家调研法,评价者可能在调查表中列出一系列预选的评价指标,分别征询专家对所设计的评价指标的意见,然后进行统计处理,并反馈咨询结果。经几轮咨询后,如果专家的意见趋于集中,则由最后一次咨询确定的具体指标组成评价指标体系。

专家调研法所确定的指标体系是否具有代表性,很大程度上取决于专家的知识、经验和偏好,带有一定的主观性。

(二) 指标筛选的定量法

定量的指标筛选方法可以在一定程度上弥补专家调研法的不足。下面着重介绍几种常用的定量指标筛选方法。

1. 次要指标的删除

在综合评价中,某项指标重要与否在很大程度上取决于该指标对评价结果所起的作用。如果一项评价指标在所有被评价对象中的取值相差不大,那么,即使该项指标从理论上讲是非常重要的,但对于评价结果来说却起不了很大的作用。因为,既然所有被评价对象在该项指标上差距不大,那么有无该项指标对最终评价结果的影响也就不大,因此,为了减少计算量就可以删除这项指标。根据这种指导思想,我们可以通过衡量各项指标在所有被评价对象中取值的离散程度来确定指标的重要性:离散程度越大,说明该指标对评价结果影响越大,应保留;反之,说明该指标对评价结果影响越小,可以考虑从评价指标体系中删除。

2. 重要指标的筛选

在进行综合评价时,要求所选的指标尽可能全面反映事物的发展状况,而反映事物某一侧面的指标通常有若干个,如果把这些指标都纳入指标体系,就会产生信息的重复,既加大了工作量,又会影响评价结果的准确性,因此,有必要对重复指标进行筛选。筛选方法有两种：一种是删除能为其他指标所替代的指标，另一种是选出具有代表性的指标，这两种方法都可以借助指标间的相关分析来实现。

(1) 删除重复指标。

设有 m 个备选指标，可以通过分别计算各个指标与其余 $m-1$ 个指标的复相关系数来衡量一个指标被其他指标替代的程度。复相关系数越低，说明该指标与其余指标的相关程度越低，因此不能用其他指标来替代，在进行综合评价时应保留；复相关系数越大，说明该指标与其他指标的线性相关程度越好，可以用其他指标来替代，因而可以考虑删除。当然，最好根据经验首先确定一个删除标准，即当某个指标与其余 $m-1$ 个指标的复相关系数大于某个临界值时才删除。

(2) 选取代表性指标。

同类指标中，典型指标的选取可以根据某个指标与其他同类指标的单相关系数绝对值的平均数大小来确定。

假设反映现象某一侧面的同类指标有 k 个，计算这 k 个指标的相关系数矩阵的绝对值 $\boldsymbol{R}$，有

$$\boldsymbol{R}=\begin{bmatrix} |r_{11}| & |r_{12}| & \cdots & |r_{1k}| \\ |r_{21}| & |r_{22}| & \cdots & |r_{2k}| \\ \vdots & \vdots & & \vdots \\ |r_{k1}| & |r_{k2}| & \cdots & |r_{kk}| \end{bmatrix}$$

分别计算每个指标与其他 $k-1$ 个指标相关系数的平均值 $\bar{r}_j$

$$\bar{r}_j=\frac{\sum\limits_{i\neq j}|r_{ij}|}{k-1}\quad (i,j=1,2,\cdots,k) \tag{10-1}$$

比较 $\bar{r}_j$ 的大小，与 $\bar{r}_j$ 最大值对应的那个指标可以作为同类指标中的典型指标，因为该指标与其余指标的关系最为密切。如果需要选取的指标不止一个，则在剩余的指标中继续选取时，就应该选取与典型指标相关系数最小的一个，因为与典型指标相关系数大的指标可以由典型指标来替代。

二、数据预处理方法

由于不同指标的类型、计量单位不一致，因此，在建立了评价指标体系、收集完数据之后，还不能立即对各评价对象的指标值进行综合汇总，而必须先对收集来的数据进行预处理，把各个指标实际值转化为具有可比性的指标评价值，才可进行综合汇总。数据预测处理即是对指标规范化，首先要对评价指标的类型进行统一，其次还要使评价指标无量纲。

(一) 评价指标类型一致化

评价指标一般有三种类型，即正指标、逆指标和适度指标。正指标的取值越大越好，逆指标的取值越小越好，而适度指标的取值越接近某一理想数值越好。在对各指标进行综合时，必须确保各指标的类型相同，才能给最终的综合结果一个评判标准，即各评价对象的综合评价值是越大越好，还是越小越好。通常是将逆指标和适度指标转化为正指标，然后再进行无量纲处理，最后进行综合汇总。

若评价指标 x_j 为逆指标，各评价对象的指标值分别为 x_{ij}，$i=1,2,\cdots,n$，则令

$$x'_{ij}=\frac{1}{x_{ij}}(x_{ij}>0)\quad(i=1,2,\cdots,n)\tag{10-2}$$

或

$$x'_{ij}=\max_{1<i<n}|x_{ij}|-x_{ij}\quad(x_{ij}\text{ 可以是负值},i=1,2,\cdots,n)\tag{10-3}$$

或

$$x'_{ij}=\frac{1}{\max\limits_{1<i<n}|x_{ij}|+x_{ij}}\quad(x_{ij}\text{ 可以是负值},i=1,2,\cdots,n)\tag{10-4}$$

以上各式中的 x'_{ij} 分别是对各评价对象的逆指标 x_j 进行转化后生成的正指标值。

若评价指标 x_j 为适度指标，各评价对象的指标值分别为 $x_{ij}(i=1,2,\cdots,n)$，设该适度的理想值为 a，则 x_{ij} 与 a 的距离越小越好，因此，x_{ij} 与 a 的距离 $|a-x_{ij}|$ 的取值越小越好，即相当于一个逆指标，可令

$$x'_{ij}=\frac{1}{|a-x_{ij}|}\quad(i=1,2,\cdots,n)\tag{10-5}$$

x'_{ij} 的取值越大，表示 x_{ij} 越符合要求，则 x'_{ij} 是对各评价对象的适度指标 x_j 进行转化后生成的正指标值。

(二) 评价指标无量纲化

评价指标之间的计量单位和数量级一般来说是不同的，即指标间存在不可比性，这就使得各指标的综合汇总没有实际意义。假设我们以身高和体重两项指标来衡量儿童生长发育的情况，身高以米为单位，体重以公斤为单位，那么首先两个指标单位不一致，不能综合汇总。其次，体重的数值通常为两位整数，差距也都在数公斤以上；而身高的数值以米为单位，一般不超过 2 米，相差也通常小于 0.1 米，若直接进行综合，则体重的数值将明显起更主要的作用。因此，为了避免由各项指标单位不同以及数值的数量级之间的差异所导致的不合理现象

的发生，在综合汇总前要去掉指标量纲的影响，即确定指标评价值和实际值之间的函数关系，把指标实际值转化为可比的无量纲的指标评价值，这个过程就称为评价指标无量纲化。指标无量纲化的一个基本前提是：在无量纲化前后，各评价对象在某项指标上的排序应保持不变。下面介绍几种常用的指标无量纲化的方法。

1. 相对化处理法

对评价指标进行相对化的无量纲处理，需要事先确定一个对比的基准，然后计算指标实际值与基准值之比，所得结果通常用百分数表示，以此作为指标的评价值。在进行相对化处理之前，必须先对指标类型进行一致化处理，即将逆指标和适度指标转化为正指标，则相对化处理后得到的指标评价值越大越好。

设 x_{ij} 为第 i 个评价对象第 j 个指标的实际值，x'_j 为第 j 个指标的对比基准值，x'_{ij} 为经过相对化处理后第 i 个评价对象第 j 个指标的无量纲评价值，则有

$$x'_{ij} = \frac{x_{ij}}{x'_j} \quad (i = 1,2,\cdots,n;j = 1,2,\cdots,m) \tag{10-6}$$

式中：对比基准值 x'_j 可以是衡量事物发展变化的一些特殊指标值，如该指标在各评价对象中的平均值、最大值或该指标的国际先进水平、历史最高水平、计划规定的水平以及指标的基期水平等。

若第 j 个指标为逆指标未转化为正指标，则相应的相对化理论公式应为

$$x'_{ij} = \frac{x'_j}{x_{ij}} \quad (i = 1,2,\cdots,n;j = 1,2,\cdots,m) \tag{10-7}$$

相对化处理的另一种形式是将指标实际值转化为在指标值总和中所占的比重，也称比重法，即以指标值总和作为对比的基准计算指标的评价值，主要公式有

$$x'_{ij} = \frac{x_{ij}}{\sum_{i=1}^{n} x_{ij}} \quad (j = 1,2,\cdots,m;x_{ij} > 0) \tag{10-8}$$

或

$$x'_{ij} = \frac{x_{ij}}{\sum_{i=1}^{n} x_{ij}^2} \quad (j = 1,2,\cdots,m) \tag{10-9}$$

式(10-8)适用于各指标实际值均为正数的情况，且评价值之和满足 $\sum_{i=1}^{n} x'_{ij} = 1$。式(10-9)适用于指标实际值有负值的情况，各评价值之和满足 $\sum_{i=1}^{n} (x'_{ij})^2 = 1$。逆指标先取负数，再按式(10-9)无量纲化。

用相对化方法进行无量纲化所得的指标评价含义明确，便于做出评价。以

指标值总和作为对比基准适用于对总量指标进行无量纲化处理，所得的结果表明各被评对象某项指标值在所有评价对象中所占的比重，显然，指标评价值x'_{ij}越接近于1越好。而相对指标和平均指标由于求和没有实际意义，因而适宜用平均数、计划数或理想值等作为对比基准。容易看出，$x'_{ij}>1$，说明相应的被评价对象在某个评价项目上优于平均水平或超额完成计划等；$x'_{ij}<1$，则情况相反。需要注意的是，如果用基期水平作为对比的基准，则衡量的是现象的发展状况，因而，只适用于被评价对象自身的历史纵向比较；而用平均数、计划数、最优值等作为比较的基准，则既可在评价对象间进行横向比较，也可进行评价对象自身的纵向比较。无论用什么作为对比的基准，只要是正指标，则x'_{ij}的数值大者为优。但在综合评价时应注意，对所有评价指标应采用同一种对比基准进行无量纲化处理。

2. 功效系数处理法

功效系数处理法是根据多目标规划的原理，对各项评价指标分别确定一对满意值和不允许值，以满意值为上限，以不允许值为下限，分别计算评价对象各项指标接近、达到或超过满意值的程度，即功效系数，并转化为相应的功效评分值，作为指标的评价值。用相对化处理法进行指标无量纲化时存在一个问题，即无法使各指标评价值的变动范围保持一致，这为指标间的比较带来一些不便，而用功效系数法进行无量纲处理可以使指标评价值在我们希望的范围内变化。

一般用d_{ij}表示第i个评价对象j个指标的功效系数，并以$M_j=\max\limits_{i}\{x_{ij}\}$作为$j$个指标的满意值，$m_j=\max\limits_{i}\{x_{ij}\}$作为$j$个指标的不允许值，则

$$d_{ij}=\frac{x_{ij}-m_j}{M_j-m_j}\quad(i=1,2,\cdots,n;j=1,2,\cdots,m)\tag{10-10}$$

式(10-10)是对正指标而言的功效系数公式，满足$0\leqslant d_{ij}\leqslant 1$。当$x_{ij}$达到最佳值$M_j$时，$d_{ij}=1$；当$x_{ij}$达到最差值$m_j$时，$d_{ij}=0$。$x_{ij}$离最佳值$M_j$越近，$d_{ij}$越接近于1；反之，越接近于零。

对于逆指标，如果还未进行正指标化处理，则相应的功效系数计算公式应为

$$d_{ij}=\frac{M_j-x_{ij}}{M_j-m_j}\quad(i=1,2,\cdots,n;j=1,2,\cdots,m)\tag{10-11}$$

式(10-11)同样满足$0\leqslant d_{ij}\leqslant 1$。由于逆指标的取值越小越好，所以当$x_{ij}$取得最小值$m_j$时，$d_{ij}=1$；当$x_{ij}$取得最大值$M_j$时，$d_{ij}=0$。$x_{ij}$离最佳值$m_j$越近，$d_{ij}$越接近于1；反之，越接近于零。

可见，我们可以从d_{ij}值的大小来比较第i个评价对象接近于第j项指标满意值的程度，d_{ij}值越大越理想。通过式(10-10)和式(10-11)进行无量纲化，当指标实际值达到最差状态时，功效系数值为0，这可能给指标评价值的综合带来不便，为

解决这个问题,可以采用改进的功效系数法,相应的计算公式为

正指标:

$$d_{ij}=\frac{x_{ij}-m_j}{M_j-m_j}\times 40+60\quad (i=1,2,\cdots,n;j=1,2,\cdots,m)\qquad (10\text{-}12)$$

逆指标:

$$d_{ij}=\frac{M_j-x_{ij}}{M_j-m_j}\times 40+60\quad (i=1,2,\cdots,n;j=1,2,\cdots,m)\qquad (10\text{-}13)$$

根据改进的功效系数法进行无量纲化,则 d_{ij} 的取值在 60～100 之间,当 x_{ij} 为不允许值时,d_{ij} 等于 60;当 x_{ij} 取满意值时,d_{ij} 等于 100。在一般情况下,大部分指标值都处在允许状态至满意状态之间,相应的指标评价值就为 60～100,这和我们以 60 为及格、100 为满分的评分习惯相符,简明直观,适用性强。

3. 标准化处理法

当评价指标的实际值呈正态分布时,可利用指标的均值和标准差对数据进行标准化处理,使之转化为服从均值为 0、标准差为 1 的标准正态分布的无量纲指标评价值。一般习惯用 z_{ij} 表示第 i 个评价对象第 j 个指标标准化后的评价值,则标准化公式如下:

$$z_{ij}=\frac{x_{ij}-\overline{x}_j}{\sigma_j}\quad (i=1,2,\cdots,n;j=1,2,\cdots,m)\qquad (10\text{-}14)$$

式中:$\overline{x}_j$ 和 σ_j 分别表示第 j 个指标的均值和标准差。

采用标准化法进行指标的无量纲处理,所得的指标评价值 z_{ij} 总是分布在 0 的两侧,当指标实际值大于均值时,所得的评价值大于 0;反之则小于 0。并且实际值离均值越远,所得评价值的绝对值越大。事实上,z_{ij} 的绝对值表明了指标实际值与均值的距离对比平均离差(标准差)的倍数,根据正态分布的理论,指标实际值与均值的离差大于 3 倍标准差的概率仅为 0.27%,即大部分指标评价值 z_{ij} 都落在 [—3,3]的区间内。

对正指标而言,z_{ij} 值越大越好。对于逆指标,若事先未正指标化,则可以令以确保不同指标评价值的类型一致化,便于综合汇总。

标准化处理法与相对化处理法及功效系数法最大的不同在于:第一,它利用了原始数据的所有信息;第二,它要求样本容量较大。

下面举例说明以上三种无量纲处理方法的应用。

例如,1998 年 33 个国家和地区反映现代化程度的指标体系及相关数据如表 10-1 所示。

表 10-1 1998 年 33 个国家(地区)现代化评价指标数据

国家（地区）	人均 GNP /美元	农业占 GDP 比重/%	第三产业占 GDP 比重/%	非农业劳动力占总劳动力比重/%	城市人口占总人口比重/%	平均预期寿命/岁	成人识字率/%	大学生占适龄人口比重/%	千人拥有医生数/人
中国	3 051	20.4	30.1	0.525	31.1	70.1	82.8	6	2
中国香港	20 763	0.1	84.1	0.996 9	100	78.6	92.9	28	1.3
印度尼西亚	2 407	16.7	39.9	0.550 4	38.8	65.5	85.7	7	0.2
日本	23 592	1.9	60.3	0.947 3	78.5	80	99	43	1.8
韩国	13 286	5.8	51.2	0.882 4	80.4	72.6	97.5	60	1.1
马来西亚	7 699	12.6	42	0.812	55.9	72.2	86.4	11	0.5
菲律宾	3 725	20.6	47.3	0.601 2	56.8	68.6	94.8	35	0.6
新加坡	25 295	0.2	65.2	0.997 9	100	77.3	91.8	39	1.7
斯里兰卡	2 945	22.4	51.1	0.584 3	23	73.3	91.1	5	4.2
泰国	5 524	9.6	49.5	0.487 5	21	68.9	95	21	2.9
土耳其	6 594	17.4	54.7	0.565 8	72.9	69.3	84	18	1.5
南非	8 296	4.2	62.2	0.86	52.9	53.2	84.6	19	0.6
加拿大	22 814	2.8	64.5	0.965 1	76.9	79.1	99	90	2.1
墨西哥	7 450	5.5	68.6	0.802 1	74	72.3	90.8	16	1.2
美国	29 240	1.8	62.2	0.973 3	76.8	76.8	99	81	2.6
阿根廷	1 728	6	71.8	0.984 9	89.3	73.1	96.7	42	2.7
巴西	6 460	8.3	65.6	0.758 1	80.1	67	94.5	12	1.3
委内瑞拉	2 706	4.2	62.3	0.892 1	86.3	72.6	92	25	2.4
白俄罗斯	6 314	16	44	0.8	70.6	68.1	99.5	44	4.3
保加利亚	4 683	14.5	57	0.87	69	71.3	98.2	41	3.5
捷克	12 197	4.3	58	0.953 5	74.6	74.1	99	23	2.9
法国	21 214	2.3	71.5	0.95	75.2	78.2	99	52	2.9
德国	22 026	1.1	44.2	0.971 7	87.1	77.3	99	45	3.4
意大利	20 365	2.8	66.4	0.91	66.8	78.3	98.3	43	5.5
荷兰	22 325	3.1	70	0.968 1	89.2	78	99	50	2.6
波兰	7 543	5.6	61.6	0.808 9	64.8	72.7	99.7	24	2.3
罗马尼亚	5 572	19.5	36.1	0.600 3	55.7	70.2	97.9	23	1.8
俄罗斯	6 180	7.5	55.7	0.86	77	66.7	99.5	41	4.6
西班牙	15 960	3.5	25.1	0.929 3	77.2	78.1	97.4	51	4.2

续表

国家（地区）	人均GNP/美元	农业占GDP比重/%	第三产业占GDP比重/%	非农业劳动力占总劳动力比重/%	城市人口占总人口比重/%	平均预期寿命/岁	成人识字率/%	大学生占适龄人口比重/%	千人拥有医生数/人
英国	30 314	1.8	66.7	0.983 5	89.4	77.3	99	50	1.6
乌克兰	3 130	13.8	48.4	0.738 8	67.8	69.1	99.6	42	4.5
澳大利亚	31 795	3.2	70.6	0.952 4	84.7	78.3	99	76	2.5
新西兰	6 084	6.8	67.2	0.914 8	85.6	77.1	99	59	2.1

分别用三种不同的无量纲方法进行数据预处理。

表 10-2 是用相对化方法无量纲化得到的指标评价值。其中，对比基准值采用的是高收入国家 1997 年的平均值。评价指标中，农业占 GDP 的比重取值越小越好，为逆指标，采用式(10-7)进行相对化处理；其余指标用式(10-6)进行相对化处理，如我国人均 GNP 的评价值$=\frac{3\ 051}{22\ 930}=13.31\%$；我国农业占 GDP 比重的评价值$=\frac{2}{20.4}=9.8\%$。限于篇幅，表 10-2 中仅列出部分国家相对化处理后的指标评价值。从表 10-2 中可以看出，10 年前，我国除了平均预期寿命、成人识字率、千人拥有的医生数等少数指标评价值较高外，其余指标评价值均较低，说明当时我们的现代化水平距国际高标准还有较大的差距。

表 10-2 部分国家利用相对化方法计算的指标评价值 x_{ij} 示例表

项目	人均GNP/美元	农业占GDP比重/%	第三产业占GDP比重/%	非农业劳动力占总劳动力比重/%	城市人口占总人口比重/%	平均预期寿命/岁	成人识字率/%	大学生占适龄人口比重/%	千人拥有医生数/人
基准值 x_j'	22 930	2	63	0.96	76	77	94.5	58	2.5
中国	13.31	9.80	47.78	54.80	40.92	91.04	84.92	10.36	80.00
日本	102.89	105.26	95.71	98.88	103.29	103.90	101.54	74.14	72.00
斯里兰卡	12.84	8.93	81.11	60.99	30.26	95.19	93.44	8.62	168.00
美国	127.52	111.11	113.97	101.60	101.05	99.74	101.54	139.66	104.00
乌克兰	13.65	14.49	76.83	77.12	89.21	89.74	102.15	72.41	180.00

表 10-3 是用改进的功效系数法得到的指标评价值。对于每个评价指标，分别取样本国中的最大值为满意值 M_j，最小值为不允许值 m_j，列于表中前两行；对于

正指标和逆指标(本例中为农业占 GDP 比重)分别用公式(10-12)和公式(10-13)计算指标评价值。例如:

$$\text{我国人均 GNP 的功效系数评分值} = 40 \times \frac{3\,051 - 2\,407}{29\,240 - 2\,407} + 60 = 60.96$$

$$\text{我国农业占 GDP 比重的功效评价值} = 40 \times \frac{22.4 - 22.4}{22.4 - 0.1} + 60 = 63.59$$

表 10-3 部分国家利用改进的功效系数法计算指标评价值 d_{ij} 示例表

项目	人均 GNP /美元	农业占 GDP 比重/%	第三产业占 GDP 比重/%	非农业劳动力占总劳动力比重/%	城市人口占总人口比重/%	平均预期寿命/岁	成人识字率/%	大学生占适龄人口比重/%	千人拥有医生数/人
满意值 M_j	29 240	22.4	84.1	0.997 9	100	80	99.7	90	5.5
不允许值 m_j	2 407	0.1	25.1	0.487 5	21	53.2	82.8	5	0.2
中国	60.96	63.59	63.39	62.94	65.11	65.11	60.00	60.47	73.58
日本	91.58	96.77	83.86	96.03	89.11	89.11	98.34	77.88	72.08
斯里兰卡	60.80	60.00	77.63	67.59	61.01	61.01	79.64	60.00	90.19
美国	100.00	96.95	91.66	98.07	88.25	88.25	98.34	95.76	78.11
乌克兰	61.08	75.43	75.80	79.69	83.70	83.70	99.76	77.41	92.45

表 10-4 是利用标准化法进行无量纲处理得到的指标评价值。其中,标准差和平均数分别根据表 10-1 中各指标的样本数据计算得出,列于表中前两行。对于正指标和逆指标(本例中为农业占 GDP 比重),分别用式(10-14)和式(10-15)计算各指标的标准化评价值。举例如下:

$$\text{我国人均 GNP 的功效系数评分值} = \frac{3\,051 - 12\,190.21}{8\,084.72} = -1.13$$

$$\text{我国农业占 GDP 比重的功效评价值} = \frac{8.07 - 20.4}{6.71} = -1.84$$

从表 10-4 中的结果可以看出,1998 年,我国各项指标的标准化评价值均小于零,说明当时各项指标值均低于被评价各国的平均水平,而且第三产业占 GDP 的比重、城市人口占总人口的比重以及成人识字率等指标的标准化评价值小于-2,而根据正态分布理论可知,仅有不到 2.5%的国家这两项指标值处于如此低的水平,可见那时我们在这两项现代化指标上与发达国家的差距还非常远。而美国所有现代化指标的标准评价值均大于零,说明均高于平均水平,而且人均 GNP 和大学生入学率两项指标的标准评价值均大于 2,说明在这两项指标上,美国处于各国的领先水平,仅有不到 2.5%的国家超过它。

表 10-4 部分国家利用标准化法计算的指标评价值 z_{ij} 示例表

项目	人均GNP/美元	农业占GDP比重/%	第三产业占GDP比重/%	非农业劳动力占总劳动力比重/%	城市人口占总人口比重/%	平均预期寿命/岁	成人识字率/%	大学生占适龄人口比重/%	千人拥有医生数/人
标准差 σ_j	8 084.72	6.71	13.00	0.16	19.45	5.43	5.49	21.08	1.30
平均数 $\overline{x}_j$	12 190.21	8.07	56.82	0.83	70.59	72.89	94.87	37.03	2.41
中国	−1.13	−1.84	−2.06	−1.94	−2.03	−0.51	−2.20	−1.47	−0.31
日本	1.41	0.92	0.27	0.75	0.41	1.31	0.75	0.28	−0.47
斯里兰卡	−1.14	−2.14	−0.44	−1.57	−2.45	0.08	−0.69	−1.52	1.38
美国	2.11	0.94	1.15	0.91	0.32	0.72	0.75	2.09	0.15
乌克兰	−1.12	−0.85	−0.65	−0.58	−0.14	−0.70	0.86	0.24	1.61

从以上三种无量纲处理方法的结果可以看出，不同方法计算所得的指标评价值的含义不同，数值也不一样，但不影响评价对象在各评价指标上的排序。然而，在对各指标评价值进行综合时，不同的无量纲方法可能得出不同的评价结果。一般来说，各种无量纲方法均有其较适用的指标综合评价模型，通常用指标综合法或用 TOPSIS 法进行综合时，多采用相对化方法进行数据无量纲化；用功效系数法进行综合时，采用改进的功效系数计算指标的评价值；而利用多元统计方法进行综合评价时，多采用标准化方法进行指标的无量纲处理。

第三节 评价指标权数的确定及结果的综合

一、评价指标权数的确定

对评价指标体系中各指标的实际值 x_{ij} 进行类型一致化和无量纲化处理后，就得到了评价对象各指标的评价值 x'_{ij}。（x'_{ij} 表示第 i 个被评价对象第 j 项指标的评价值）。由于不同的评价指标相对于某种评价目的而言，其相对重要性不同，因此，必须对各指标评价值赋予不同的权数后再进行综合。用 w_j 表示第 j 项指标的权数，w_j 一般用相对数表示，且满足 $0<w_j<1$，$\sum_{j=1}^{m} w_j=1$（m 为评价指标的个数）。指标权数的确定对综合评价结果起着至关重要的作用。相同的综合评价模型，各指标的权数取值不同，就可能得出完全不同的评价结果，因此，指标权数的确定需谨慎。

在实际操作中，指标权数的确定主要有两类方法：一类是利用专家的知识和经验来确定，通常称为主观赋权法；另一类是通过对评价指标实际观测值的统计分析来确定，不依赖于主观的意见，称之为客观赋权法。

（一）主观赋权法

1. 专家意见法

专家意见法也称德尔菲(Delphi)法，其特点在于集中专家的经验与意见，确定各指标的权数，并在不断的反馈和修改中得到比较满意的结果。其基本程序是：

(1)准备必要的背景材料，如综合评价的目的、指标体系的构成、样本的选取等供专家确定指标权数时参考，但对背景材料一律不加分析，以免影响专家们的独立思考。

(2)选择对所研究问题有专长和实际工作经验的专家组成专家组，并尽量使专家间彼此不产生影响。

(3)制定征询表，进行反复征询。第一轮，把背景材料和征询表寄给专家，让专家确定各指标的权数；第二轮，用一定的统计方法把第一轮的结果进行汇总整理，把统计分析的信息反馈给专家们，让他们据此审核自己第一轮的意见，可以坚持，也可以修改；第三轮，对专家们第二轮的修改结果进行统计处理并再次反馈给专家们，让他们审核自己第二轮的意见。这种征询工作一般进行三至五轮，当专家们取得大体一致的意见时就停止征询，把最后的征询结果整理出来，确定各指标的权数。

在整个专家征询过程中，对征询结果的统计处理是专家意见法的重要组成部分，它提供有用的综合信息，揭示专家意见的集中程度和协调程度。在一般的统计处理中，用算术平均数表示每轮专家意见的集中程度，用变异系数表示专家意见的协调程度。设指标体系中有 m 个指标，专家人数为 n，在某轮征询中，用 w_{ij} 表示第 i 个专家赋予第 j 个指标的权数，$\overline{w}_j$ 则表示某轮征询中不同的专家对第 j 个指标赋权的平均数，而第 j 个指标权数的变异系数为

$$V_{w_j} = \frac{\sigma_{w_j}}{\overline{w}_j} = \frac{\sqrt{\sum_{i=1}^{n} \frac{(w_{ij} - \overline{w}_j)^2}{n}}}{\overline{w}_j} \quad (j = 1,2,\cdots,m) \tag{10-15}$$

式中：V_{w_j} 表示专家们对第 j 个指标权数意见的协调程度。当各指标权数的变异系数逐轮减少时，说明专家的意见趋于一致；当某一轮征询中变异系数小于给定的标准时，就可以用各位专家对第 j 个指标赋权的平均数 $\overline{w}_j$ 作为该指标在综合评价中的权数的估计值。

2. 层次分析法

运用层次分析法(analytical hierarchy process，AHP)确定权数是一种在定性分析基础上结合定量分析的赋权方法。设有 m 个评价指标，它们对某个评价目的的重要程度可以分别用权数 $w_1, w_2, \cdots, w_m$ 来表示，在这里，权数向量 $w=(w_1, w_2, \cdots, w_m)'$ 是未知的，可以利用层次分析法来求解，具体步骤如下。

(1)建立判断矩阵。

将 m 个评价指标关于评价目的的重要程度按表 10-5 所示的比例标度进行两

两比较，所得的结果用 a_{ij} 表示，则 a_{ij} 的赋值即表示第 i 个指标与第 j 个指标重要程度之比 (w_i/w_j) 的估计值。将指标重要程度两两比较的结果用矩阵表示，就形成判断矩阵 $\mathbf{A}$。

$$\mathbf{A}=\begin{bmatrix}\frac{w_1}{w_1} & \frac{w_1}{w_2} & \cdots & \frac{w_1}{w_m}\\ \frac{w_2}{w_1} & \frac{w_2}{w_2} & \cdots & \frac{w_2}{w_m}\\ \vdots & \vdots & & \vdots\\ \frac{w_m}{w_1} & \frac{w_m}{w_2} & \cdots & \frac{w_m}{w_m}\end{bmatrix}=\begin{bmatrix}a_{11} & a_{12} & \cdots & a_{1m}\\ a_{21} & a_{22} & \cdots & a_{2m}\\ \vdots & \vdots & & \vdots\\ a_{m_1} & a_{m_2} & \cdots & a_{m_m}\end{bmatrix} \tag{10-16}$$

矩阵 $\mathbf{A}$ 中的元素满足 $a_{aj}>0, a_{ji}=\frac{1}{a_{ij}}(i,j=1,2,\cdots,m)$。第一行的各元素 a_{ij} 分别表示第一个指标与其他指标的相对重要程度之比，其余各行元素的含义依此类推。

严格来说，判断矩阵 $\mathbf{A}$ 中的元素还应满足一致性条件，即

$$a_{ij}=a_{ik}/a_{jk} \text{ 或 } a_{ij}a_{jk}=a_{ik}(i、j、k=1,2,\cdots,m) \tag{10-17}$$

否则，就可能出现指标 i 比指标 j 重要，指标 j 比指标 k 重要，而指标 i 却比指标 k 不重要的矛盾情况。

在实际操作中，判断矩阵可以用前面介绍的专家意见法确定。让专家根据表 10-5 的赋值标准对评价指标两两间的相对重要程度做出判断，生成判断矩阵 $\mathbf{A}$ 的具体数值，以此为基础计算权数向量 w 中各指标的权数。

表 10-5 指标间重要性等级比例标度参考表

a_{ij} 的赋值标准	指标 i 与指标 j 的重要性等级
1	指标 i 与指标 j 同样重要
3	指标 i 比指标 j 稍微重要
5	指标 i 比指标 j 明显重要
7	指标 i 比指标 j 强烈重要
9	指标 i 比指标 j 极端重要
1/3	指标 i 比指标 j 稍不重要
1/5	指标 i 比指标 j 明显不重要
1/7	指标 i 比指标 j 强烈不重要
1/9	指标 i 比指标 j 极端不重要
2、4、6、8、1/2、1/4、1/6、1/8	指标 i 与指标 j 相比介于以上两相邻标度之间的情况

(2)计算权数向量。

对判断矩阵 **A** 中各行元素求几何平均值,得

$$\bar{a}_i = \left(\prod_{j=1}^{m} a_{ij}\right)^{1/m} \quad (i = 1,2,\cdots,m) \tag{10-18}$$

再对 $\bar{a}_i(i=1,2,\cdots,m)$进行相对化处理,即可得指标 i 的权数,即

$$w_i = \frac{\bar{a}_i}{\sum_{i=1}^{m} \bar{a}_i} \quad (i = 1,2,\cdots,m) \tag{10-19}$$

专家意见法和层次分析法都属于主观赋权的范畴。层次分析法虽然是个定量的求解过程,但其判断矩阵仍建立在主观判断的基础上,而且是整个求解权数向量过程的关键。由主观赋权法确定出的权数真实与否,在很大程度上取决于专家的知识、经验和偏好,为了避免权数的确定受到这种主观因素的影响,我们下面介绍另一种赋权方法:客观赋权法。

(二) 客观赋权法

客观赋权法是根据对各评价指标的实际观测值进行统计分析,从中提取有用的信息来判别指标的效用价值从而确定指标权数的方法。例如,根据某一指标观测值差异程度的大小来确定该指标的权数,通过考虑某指标与其他指标间的相关程度或某指标观测数据的可靠性程度来对指标赋权等。比较常用的一类客观赋权法的基本思想是:某指标的权数应是该指标在各个被评价对象中取值的变异程度的度量。如果一个指标对所有被评价对象而言取值相差不大,那么该指标所能提供的评价信息就是极少的,其重要性就相对下降,因为对被评价对象来说,有没有这个指标,对评价结果的影响非常小。在更极端的情况下,如果某项评价指标对所有被评价对象而言是完全相同的,则无法区分优劣,那么该指标对评价结果就不起任何作用。相反,如果某项指标对被评价对象而言完全不同,而且差异较大,那么该指标就能做到完全区分被评价对象,从而其对评价结果的重要程度也就大大提高了。熵值法和变异系数法就是以上述思想为基础来确定指标权数的。

1. 熵值法

在信息论中,熵是对系统不确定性的一种度量,在工程技术、社会经济理论中得到应用,可以用来衡量总体离散程度的大小。当系统处于 n 种不同状态,每种状态出现的概率为 $p_i(i=1,2,\cdots,n)$时,该系统的熵定义为

$$e = -\sum_{i=1}^{n} p_i \ln p_i \quad \left(0 \leqslant p_i \leqslant 1, \sum p_i = 1\right) \tag{10-20}$$

当系统的 n 种不同状态以等概率出现时,$p_i = 1/n(i=1,2,\cdots,n)$,此时,熵值最大,$e=\ln n$;当系统只有一种状态出现时,$p_i=1$,此时,熵值最小,$e=0$。

我们可以利用公式(10-20)的熵值公式来判断某个指标的变异程度，变异程度越大，说明该指标提供的评价信息越多，对综合评价的影响就越大，就应赋予越大的权数。假设有 n 个被评价对象，m 个评价指标，则用熵值法确定指标权数的步骤如下：

(1)分别计算 n 个被评价对象在第 j 项指标下取值的比重。

$$p_{ij} = x_{ij} / \sum_{i=1}^{n} x_{ij} \quad (i = 1,2,\cdots,n)\left(x_{ij} \geqslant 0, \sum_{i=1}^{n} x_{ij} > 0\right) \tag{10-21}$$

若某个指标的取值出现负数，则应先进行非负化处理，可以对每个指标值进行平衡，如加上一个大于最小负值绝对数的正数保证指标值大于零，由于我们的目的是体现指标值之间的差异，所以对指标值平移后不会影响对差异的衡量。为方便起见，仍记非负化后的指标值为 x_{ij}。

(2)计算第 j 项指标的熵值。

在式(10-21)中，p_{ij} 满足 $0 \leqslant p_{ij} \leqslant 1$，$\sum p_{ij} = 1(i = 1,2,\cdots,n)$，因此，可以利用式(10-20)稍加改进，计算第 j 项指标的熵值：

$$e_j = -k \sum_{i=1}^{n} p_{ij} \ln p_{ij} (\text{取 } k = 1/\ln n, \text{为常数})(j = 1,2,\cdots,m) \tag{10-22}$$

当所有被评价对象在第 j 项指标上取值 $x_{ij}(i=1,2,\cdots,n)$ 完全相等、没有差异时，各评价对象在第 j 项指标下取值的比重相等，即 $p_{ij}=1/n$，此时，第 j 项指标的熵值取到最大值，即 $e_j=k\ln n=1$；当被评价对象在第 j 个指标下的取值差异越大，即 $p_{ij}(i=1,2,\cdots,n)$ 的差别越大时，相应的熵值越小。

(3)计算指标 x_j 的差异性系数。

对于第 j 项指标，各评价对象的指标值 x_{ij} 的差异越大，熵值 e_j 就越小，该指标对综合评价的作用就越大。因此定义差异性系数为

$$g_j = 1 - e_j \quad (j = 1,2,\cdots,m) \tag{10-23}$$

g_j 越大，说明第 j 项指标对综合评价结果的影响越大，应赋予越大的权数。

(4)确定指标权数。

对各评价指标的差异性系数进行相对化处理，即得各指标的权数：

$$w_j = \frac{g_j}{\sum_{j=1}^{m} g_j} \quad (j = 1,2,\cdots,m) \tag{10-24}$$

显然，差异性系数 g_j 越大的指标，其权数 w_j 也越大。

例如，根据表 10-1 中的数据，用熵值法确定各指标的权数。

(1)计算各指标实际值之和 $\sum_{i=1}^{n} x_{ij}(j = 1,2,\cdots,m)$，所得结果列于表 10-6 中

第二行。

(2)对每个指标分别计算各国指标值的比重 p_{ij} 及其自然对数 $\ln(p_{ij})$，再求各国比重与自然对数乘积之和 $\sum_{i=1}^{n} p_{ij}\ln(p_{ij})(j=1,2,\cdots,m)$，见表 10-6 中第三行。

(3)表 10-1 所列国家个数为 33，因此取 $k=\ln n=\ln 33=0.286$，再根据公式(10-22)计算各指标的熵值 e_j，如第一个指标人均 GNP 的熵值为

$$e_1=-k\sum_{i=1}^{n} p_{i1}\ln p_{i1}=-0.286\times(-3.277)=0.937$$

同理，可计算其余 9 个指标的熵值，结果见表 10-6 第四行。

(4)计算各指标的差异性系数 $g_j=1-e_j(j=1,2,\cdots,m)$，结果列于表 10-6 中第五行。可以看出，人均 GNP 与农业占 GDP 比重两项指标的差异性最大，而平均预期寿命和成人识字率两项指标的差异性非常小，说明各国在这两项指标上已非常接近。因此，在进行现代化水平综合评价时，更应考虑各国水平差距大的指标。

(5)对各国的差异性系数进行相对化处理，所得结果即为各指标的权数，见表 10-6 最后一行。

对计算出的权数进行分析，人均 GNP、农业占 GDP 比重及大学生占适龄人口比重三个指标的权数之和已接近 75%，说明这三个指标在各国现代化评价中的作用之大。而平均预期寿命和成人识字率两项指标的权数之和仅为 5%，说明这两个指标无足轻重。

表 10-6　用熵值法确定的现代化评价指标权数

项目	人均 GNP /美元	农业占 GDP 比重/%	第三产业占 GDP 比重/%	非农业劳动力占总劳动力比重/%	城市人口占总人口比重/%	平均预期寿命/岁	成人识字率/%	大学生占适龄人口比重/%	千人拥有医生数/人
$\sum_{i=1}^{n} x_{ij}$	402 277	266.3	1 875.1	27.3976	2 329.4	2 405.3	3 130.7	1 222	79.4
$\sum_{i=1}^{n} p_{ij}\ln(p_{ij})$	−3.277	−3.154	−3.469	−3.452	−3.494	−3.495	−3.328	−3.343	−3.343
e_j	0.937	0.902	0.992	0.995	0.987	0.999	0.999 5	0.952	0.956
g_j	0.063	0.098	0.008	0.005	0.013	0.001	0.000 5	0.048	0.044
w_j	0.225	0.350	0.029	0.020	0.045	0.003	0.002	0.172	0.156

2. 变异系数法

变异系数法也是一种根据各项指标观测值所提供的信息量大小来确定指标权数的方法。用变异系数法确定各指标权数的一般步骤如下：

(1)计算第 j 个指标在 n 个被评价对象中取值的平均数和标准差：

$$\overline{x}_j = \frac{\sum_{i=1}^{n} x_{ij}}{n} \quad (j = 1,2,\cdots,m) \tag{10-25}$$

$$\sigma_j = \sqrt{\frac{\sum_{i=1}^{n} (x_{ij} - \overline{x}_j)^2}{n}} \quad (j = 1,2,\cdots,m) \tag{10-26}$$

(2)计算第 j 个指标的变异系数

$$V_j = \frac{\sigma_j}{\overline{x}_j} \quad (j = 1,2,\cdots,m) \tag{10-27}$$

(3)对各指标的变异系数进行相对化处理,即得各指标的权数:

$$w_j = \frac{V_j}{\sum_{j=1}^{m} V_j} \quad (j = 1,2,\cdots,m) \tag{10-28}$$

显然,变异系数大的指标,相应的权数也较大,体现了变异程度大、提供信息多的指标在综合评价中的重要程度也较大。

例如,根据表 10-1 中的数据,用变异系数法确定各指标的权数。

根据式(10-26)~式(10-28)所列的步骤计算各指标的权数,结果列于表 10-7 中。

表 10-7 用变异系数法确定的现代化评价指标权数

项目	人均GNP/美元	农业占GDP比重/%	第三产业占GDP比重/%	非农业劳动力占总劳动力比重/%	城市人口占总人口比重/%	平均预期寿命/岁	成人识字率/%	大学生占适龄人口比重/%	千人拥有医生数/人
$\overline{x}_j$	12 190.1	8.07	56.82	0.83	70.59	72.89	94.87	37.03	2.41
σ_j	8 084.72	6.71	13.00	0.16	19.45	5.43	5.49	21.08	1.30
V_j	0.663	0.831	0.229	0.189	0.276	0.075	0.058	0.569	0.539
w_j	0.193	0.242	0.067	0.055	0.080	0.022	0.017	0.166	0.157

与熵值法相比,用变异系数法确定的权数虽然不一样,但同样体现了在各国间差异较大的人均 GNP、农业占 GDP 比重及大学生占适龄人口比重等指标在评价中较其他指标的相对重要性,而各国间差异较小的平均预期寿命和成人识字率两项指标同样被赋予较小的权数。这说明两种赋权法都是根据指标所提供评价信息的多少来确定评价指标的相对重要程度,所得结果较客观、科学。

通过上面的例子可以看出,客观赋权法正是通过实际的样本观测数据来确定指标权数的,从而避免了主观赋权法可能产生的随意性。但应该注意到,对于同一个评价指标体系，若选取的样本（被评价对象）不一样，或者说增加了新的评价对象，则由于数据的不同，即使用同一种客观赋权法，也可能得出不同的赋权结果，这就使得不同条件下得出的评价结果不具有可比性。

二、评价结果的综合

评价结果的综合就是要通过一定的数学模型把评价对象多个指标的评价值合成一个整体性的综合评价值，以便对评价对象做出综合评判。概括地说，就是要构造综合评价模型：

$$y_i = f(w, x_i) \quad (i = 1, 2, \cdots, n) \tag{10-29}$$

式中：y_i 为第 i 个被评价对象的综合评价值；$w=(w_1, w_2, \cdots, w_m)'$ 为 m 个指标的权数向量；$x_i=(x_{i1}, x_{i2}, \cdots, x_{im})'(i=1,2,\cdots,n)$ 为第 i 个被评价对象 m 个指标的评价值向量（经过指标类型一致化和无量纲化处理）。则根据 y_i 值的大小，可以对被评价对象的整体状况进行综合评价，也可在评价对象间进行排序或分类。

综合评价模型有多种，下面仅介绍几种常用的综合方法。

（一）算术加权综合法

算术加权综合法也称加法模型，是指对各指标评价值进行加权算术平均求综合评价值，即

$$y_i = \sum_{j=1}^{m} w_j x_{ij} \quad (i = 1, 2, \cdots, n) \tag{10-30}$$

如果指标评价值 x_{ij} 都正指标化了，则综合评价值 y_i 越大越好，可以通过各评价对象 y_i 值的大小进行评判。

算术加权综合法具有两个重要的特性：首先，该方法更适用于各评价指标间相互独立的场合，若指标间不独立，则加权求和的结果必然导致各指标所提供的评价信息的重复，也就难以反映客观实际；其次，用该方法求综合评价值可使各指标评价值间得到线性补偿，即只要有一个指标评价值足够大，而不管其他指标评价值的大小，都可以使最终的综合评价结果取得较理想的数值，这可能导致综合评价结果无法准确反映评价对象的均衡发展状况。

（二）几何加权综合法

几何加权综合法也称乘法模型，是指对各指标评价值进行加权几何平均求综合评价值，即

$$y_i = \sqrt[\sum w_j]{\prod_{j=1}^{m} x_{ij}^{w_j}} \quad (i = 1, 2, \cdots, n) \tag{10-31}$$

若指标评价值 x_{ij} 都正指标化了，则综合评价值，越大越好。

相对于算术加权综合法，几何加权综合法的适用场合正好相反，它适用于各指标间有较强关联的场合，这是由乘积运算的性质所决定的；另外，几何加权综合法中更突出评价指标中评价值小的指标的作用，只要有一个指标评价值接近于零，则无论其他指标评价值有多大，则被评价对象的综合评价值也将迅速趋于零，这说明几何加权综合法更能体现被评价对象整体均衡发展的状况。

例如，分别用算术加权综合法和几何加权综合法，对表 10-2 中用相对化法得到的指标评价值和表 10-3 中用功效系数法得到的指标评价值进行综合，求表中五国现代化水平的综合评价值，并进行比较（在此例中我们采用表 10-7 中用变异系数法确定的指标权数进行加权）。

表 10-2 中各国的指标评价值是以高收入国家各指标的平均值作为基准对比得来的，因此，最后综合的结果也就说明了各国现代化水平相对于高收入国家现代化水平的实现程度。表 10-3 中各国的指标评价值是用改进的功效系数法计算得来的，以分值表示，因此最后的综合结果也用分值表示。

以中国为例，对表 10-2 中的相对化指标评价值进行算术加权平均，得 $y_{中国} = 13.31\% \times 0.193 + 9.8\% \times 0.242 + \cdots + 10.34\% \times 0.166 + 80\% \times 0.157 = 32.15\%$，说明当年我国的现代化综合水平仅达到发达国家平均水平的 32.15%，处于较低的水平。

根据表 10-3 中我国的功效系数评价值进行几何加权平均求综合评价值，得 $y_{中国} = 60.96^{0.193} \times 63.59^{0.242} \times 63.39^{0.067} \times \cdots \times 60.47^{0.166} \times 73.58^{0.157} = 64.15$（分），同样说明了当年我国的现代化水平距理想状态 100 分的差距还很远。

其余各国的综合评价值依次列于表 10-8 中，从表中五国的综合评价结果看，两种指标无量纲法和两种指标综合法都得出了相同的现代化水平排序结果，说明我国当年的现代化程度还处于较低水平，与世界先进水平的差距还较大。

表 10-8　部分国家现代化水平综合评价结果

国家	相对化指标评价值的算术加权综合评价值 y_i/%	排名	功效系数指标评价值的几何加权综合评价值 y_i/分	排名
中国	32.15	5	64.15	5
日本	93.07	2	86.42	2
斯里兰卡	47.34	4	66.40	4
美国	116.24	1	92.65	1
乌克兰	66.66	3	76.18	3

➢思考与练习

1. 什么是综合评价法？其作用有哪些？

2. 在评价指标选取时，怎样运用定性的方法对指标进行筛选？

3. 常用的评价指标无量纲化的方法都有哪些？

4. 对评价指标进行客观赋权的方法都有哪些？并对各种方法做简要的介绍。

5. 什么是算术加权综合法？算术加权的两个重要特性是什么？

6. 某学生前半年每月用于购买书籍的支出如下表所示，试用标准化法对下表的数据进行无量纲化处理。

月　份	1	2	3	4	5	6
支出/元	65	67	63	69	68	63

7. 已知某城市2004～2007年度电冰箱需求量资料如下表所示，试用改进的功效系数法对下表的数据进行无量纲化处理。

年　度	2004	2005	2006	2007
需求量/千台	45	55	65	70

8. 某公司2003～2007年度营销费用支出见下表，试用变异系数法确定该公司的营销费用支出的权数。

年　度	2003	2004	2005	2006	2007
支出/万元	910	1 086	1 190	1 460	1 440

9. 现有某科研机构研究与开发能力的评价指标数据，任选方法确定各指标的权数，并用算术加权评价法计算出综合评价值。

评价指标	数值
科技人员占职工的比重/%	10
课题完成率/%	25
成果推广率/%	10
人均技术转让收入/万元	30
人均发表论文著作字数/万字	10

参 考 文 献

冯士雍等. 1996. 抽样调查理论、方法与实践. 上海：上海科学技术出版社

郭志刚. 1999. 社会统计分析方法——SPSS软件应用. 北京：中国人民大学出版社

何晓群. 2000. 回归分析与经济数据建模. 北京：高等教育出版社

黄良文等. 1991. 应用抽样方法. 北京：中国统计出版社

贾俊平. 2006. 统计学. 北京：中国人民大学出版社

姜诗章. 2006. 统计学教程. 北京：清华大学出版社

李金昌等. 2007. 统计学. 北京：机械工业出版社

刘德智. 2007. 统计学. 北京：清华大学出版社

卢纹岱. 2000. SPSS for Windows统计分析. 北京：电子工业出版社

马庆国. 2005. 应用统计学. 北京：科学出版社

缪柏其. 2002. 管理统计学. 北京：中国科学技术大学出版社

袁卫等. 2007. 统计学. 北京：高等教育出版社

曾五一. 2006. 统计学. 北京：北京大学出版社

张少杰等. 1996. 新编统计学. 哈尔滨：黑龙江教育出版社

[美]汉伯格 M. 1991. 决策统计分析. 北京：中国统计出版社

[美]琳达·B. 鲍克，伊夫·P. 菲尔德. 2004. 自填式问卷调查和邮寄问卷调查. 李大伟译. 北京：中国劳动社会保障出版社

附　　录

附录 1　正态分布函数的数值表

$$N(0,1)\Phi(z)=\frac{1}{\sqrt{2\pi}}\int_{-\infty}^{z}\mathrm{e}^{-\frac{z^2}{2}}\mathrm{d}z$$

z	0.00	0.01	0.02	0.03	0.04	0.05	0.06	0.07	0.08	0.09
0.0	0.500 0	0.504 0	0.508 0	0.512 0	0.515 9	0.519 9	0.523 9	0.527 9	0.531 9	0.535 9
0.1	0.539 8	0.543 8	0.547 8	0.551 7	0.555 7	0.559 6	0.563 6	0.567 5	0.571 4	0.575 3
0.2	0.579 3	0.583 2	0.587 1	0.591 0	0.594 8	0.598 7	0.602 6	0.606 4	0.610 3	0.614 1
0.3	0.617 9	0.621 7	0.625 5	0.629 3	0.633 1	0.636 8	0.640 6	0.644 3	0.648 0	0.651 7
0.4	0.655 4	0.659 1	0.662 8	0.666 4	0.670 0	0.673 6	0.677 2	0.680 8	0.684 4	0.687 9
0.5	0.691 5	0.695 0	0.698 5	0.701 9	0.705 4	0.708 8	0.712 3	0.715 7	0.719 0	0.722 4
0.6	0.725 7	0.729 1	0.732 4	0.735 7	0.738 9	0.742 2	0.745 4	0.748 6	0.751 8	0.754 9
0.7	0.758 0	0.761 2	0.764 2	0.767 3	0.770 4	0.773 4	0.776 4	0.779 4	0.782 3	0.785 2
0.8	0.788 1	0.791 0	0.793 9	0.796 7	0.799 5	0.802 3	0.805 1	0.807 8	0.810 6	0.813 3
0.9	0.815 9	0.818 6	0.821 2	0.823 8	0.826 4	0.828 9	0.831 5	0.834 0	0.836 5	0.838 9
1.0	0.841 3	0.843 8	0.846 1	0.848 5	0.850 8	0.853 1	0.855 4	0.857 7	0.859 9	0.862 1
1.1	0.864 3	0.866 5	0.868 6	0.870 8	0.872 9	0.874 9	0.887 0	0.879 0	0.881 0	0.883 0
1.2	0.884 9	0.886 9	0.888 8	0.890 7	0.892 5	0.894 4	0.896 2	0.898 0	0.899 7	0.901 5
1.3	0.903 2	0.904 9	0.906 6	0.908 3	0.909 9	0.911 5	0.913 1	0.914 7	0.916 2	0.917 7
1.4	0.919 2	0.920 7	0.922 2	0.923 6	0.925 1	0.926 5	0.927 9	0.929 2	0.930 6	0.931 9
1.5	0.933 2	0.934 5	0.935 7	0.937 0	0.938 2	0.939 4	0.940 6	0.941 8	0.943 0	0.944 1

续表

z	0.00	0.01	0.02	0.03	0.04	0.05	0.06	0.07	0.08	0.09
1.6	0.945 2	0.946 3	0.947 4	0.948 5	0.949 5	0.950 5	0.951 5	0.952 5	0.953 5	0.954 5
1.7	0.955 4	0.956 4	0.957 3	0.958 2	0.959 1	0.959 9	0.960 8	0.961 6	0.962 5	0.963 3
1.8	0.964 1	0.964 9	0.965 6	0.966 4	0.967 1	0.967 8	0.968 6	0.969 3	0.969 9	0.970 6
1.9	0.971 3	0.971 9	0.972 6	0.973 2	0.973 8	0.974 4	0.975 0	0.975 8	0.976 2	0.976 7
2.0	0.977 3	0.977 8	0.978 3	0.978 8	0.979 3	0.979 8	0.980 3	0.980 8	0.981 2	0.981 7
2.1	0.982 1	0.982 6	0.983 0	0.983 4	0.983 8	0.984 2	0.984 6	0.985 0	0.985 4	0.985 7
2.2	0.986 1	0.986 5	0.986 9	0.987 1	0.987 5	0.987 8	0.988 1	0.988 4	0.988 7	0.989 0
2.3	0.989 3	0.989 6	0.989 8	0.990 1	0.990 4	0.990 6	0.990 9	0.991 1	0.991 3	0.991 6
2.4	0.991 8	0.992 0	0.992 2	0.992 5	0.992 7	0.992 9	0.993 1	0.993 2	0.993 4	0.993 6
2.5	0.993 8	0.994 0	0.994 1	0.994 3	0.994 5	0.994 6	0.994 8	0.994 9	0.995 1	0.995 2
2.6	0.995 3	0.995 5	0.995 6	0.995 7	0.995 9	0.996 0	0.996 1	0.996 2	0.996 3	0.996 4
2.7	0.996 5	0.996 6	0.996 7	0.996 7	0.996 9	0.997 0	0.997 1	0.997 2	0.997 3	0.997 4
2.8	0.997 4	0.997 5	0.997 6	0.997 7	0.997 7	0.997 8	0.997 9	0.998 0	0.998 0	0.998 1
2.9	0.998 1	0.998 2	0.998 3	0.998 4	0.998 4	0.998 4	0.998 5	0.998 5	0.998 6	0.995 3
3.0	0.998 7	0.998 7	0.998 7	0.998 8	0.998 8	0.998 8	0.998 9	0.998 9	0.998 9	0.999 0
3.1	0.999 0	0.999 0	0.999 1	0.999 1	0.999 2	0.999 2	0.999 2	0.999 2	0.999 3	0.999 3
3.2	0.999 3	0.999 3	0.999 4	0.999 4	0.999 4	0.999 4	0.999 4	0.999 5	0.999 5	0.999 5
3.3	0.999 5	0.999 5	0.999 6	0.999 6	0.999 6	0.999 6	0.999 6	0.999 6	0.999 6	0.999 7
3.4	0.999 7	0.999 7	0.999 7	0.999 7	0.999 7	0.999 7	0.999 7	0.999 7	0.999 8	0.999 8
3.5	0.999 8	0.999 8	0.999 8	0.999 8	0.999 8	0.999 8	0.999 8	0.999 8	0.999 8	0.999 8
3.6	0.999 8	0.999 9	0.999 9	0.999 9	0.999 9	0.999 9	0.999 9	0.999 9	0.999 9	0.999 9
3.7	0.999 9	0.999 9	0.999 9	0.999 9	0.999 9	0.999 9	0.999 9	0.999 9	0.999 9	0.999 9
3.8	0.999 9	0.999 9	0.999 9	0.999 9	0.999 9	0.999 9	0.999 9	1.000	1.000	1.000
3.9	1.000	1.000	1.000	1.000	1.000	1.000	1.000	1.000	1.000	1.000

附录 2　t 分布临界值表

$$p[\,|\,t(v)\,|>t_{\alpha}(v)\,]=\alpha$$

单侧 双侧	α=0.10 α=0.20	0.05 0.10	0.025 0.05	0.01 0.02	0.005 0.01
v=1	3.078	6.314	12.706	31.821	63.657
2	1.886	2.920	4.303	6.965	9.925
3	1.638	2.353	3.182	4.541	5.841
4	1.533	2.132	2.776	3.747	4.604
5	1.476	2.015	2.571	3.365	4.032
6	1.440	1.943	2.447	3.143	3.707
7	1.415	1.895	2.365	2.998	3.499
8	1.397	1.860	2.306	2.896	2.355
9	1.383	1.833	2.262	2.821	3.250
10	1.372	1.812	2.228	2.764	3.169
11	1.363	1.796	2.201	2.718	3.106
12	1.356	1.782	2.179	2.681	3.055
13	1.350	1.771	2.160	2.650	3.012
14	1.345	1.761	2.145	2.624	2.977
15	1.341	1.753	2.131	2.602	2.947
16	1.337	1.746	2.120	2.583	2.921
17	1.333	1.740	2.110	2.567	2.898
18	1.330	1.734	2.101	2.552	2.878
19	1.328	1.729	2.093	2.539	2.861
20	1.325	1.725	2.086	2.528	2.845

续表

单侧 双侧	α=0.10 α=0.20	0.05 0.10	0.025 0.05	0.01 0.02	0.005 0.01
21	1.323	1.721	2.080	2.518	2.831
22	1.321	1.717	20.74	2.508	2.819
23	1.319	1.714	2.069	2.500	2.807
24	1.318	1.711	2.04	2.492	2.797
25	1.316	1.708	2.060	2.485	2.787
26	1.315	1.706	2.056	2.479	2.779
27	1.314	1.703	2.052	2.473	2.771
28	1.313	1.701	2.048	2.467	2.763
29	1.311	1.699	2.045	2.462	2.756
30	1.310	1.697	2.042	2.457	2.750
40	1.303	1.684	2.021	2.423	2.704
50	1.299	1.676	2.009	2.403	2.678
60	1.296	1.671	2.000	2.390	2.660
70	1.294	1.667	1.994	2.381	2.648
80	1.292	1.664	1.990	2.374	2.639
90	1.291	1.662	1.987	2.368	2.632
100	1.290	1.660	1.984	2.364	2.626
125	1.288	1.657	1.979	2.357	2.616
150	1.287	1.655	1.976	2.351	2.609
200	1.286	1.653	1.972	2.345	2.601
∞	1.282	1.645	1.960	2.326	2.576

附录3　F分布临界值表

$$p[F(v_1, v_2) > F_\alpha(v_1, v_2)] = \alpha$$

(a) $\alpha=0.05$

v_2 \ v_1	1	2	3	4	5	6	8	10	15
1	161.4	199.5	215.7	224.6	230.2	234.0	238.9	241.9	245.9
2	18.51	19.00	19.16	19.26	19.30	19.33	19.37	19.40	19.43
3	10.13	9.55	9.28	9.12	9.01	8.94	8.85	8.79	8.70
4	7.71	6.94	6.59	6.39	6.26	6.16	6.04	5.96	5.86
5	6.61	5.79	5.41	5.19	5.05	4.95	4.82	4.74	4.62
6	5.99	5.14	4.76	4.53	4.39	4.28	4.15	4.06	3.94
7	5.59	4.74	4.35	4.12	3.97	3.87	3.73	3.4	3.51
8	5.32	4.46	4.07	3.84	3.69	3.58	3.44	3.35	3.22
9	5.12	4.26	3.86	3.63	3.48	3.37	3.23	3.14	3.01
10	4.96	4.10	3.71	3.48	3.33	3.22	3.07	2.98	2.85
11	4.84	3.98	3.59	3.36	3.20	3.09	2.95	2.85	2.72
12	4.75	3.89	3.49	3.26	3.11	3.00	2.85	2.75	2.62
13	4.67	3.81	3.41	3.18	3.03	2.92	2.77	2.67	2.53
14	4.60	3.74	3.34	3.11	2.96	2.85	2.70	2.60	2.46
15	4.54	3.68	3.29	3.06	2.90	2.79	2.64	2.54	2.40
16	4.49	3.63	3.24	3.01	2.85	2.74	2.59	2.49	2.35
17	4.45	3.59	3.20	2.96	2.81	2.70	2.55	2.45	2.31
18	4.41	3.55	3.16	2.93	2.77	2.66	2.51	2.41	2.27
19	4.38	3.52	3.13	2.90	2.74	2.63	2.48	2.38	2.23

续表

v_2 \ v_1	1	2	3	4	5	6	8	10	15
20	4.35	3.49	3.10	2.87	2.71	2.60	2.45	2.35	2.20
21	4.32	3.47	3.07	2.84	2.68	2.57	2.42	2.32	2.18
22	4.30	3.44	3.05	2.82	2.66	2.55	2.40	2.30	2.15
23	4.28	3.42	3.03	2.80	2.64	2.53	2.37	2.27	2.13
24	4.26	3.40	3.01	2.78	2.62	2.51	2.36	2.25	2.11
25	4.24	3.39	2.99	2.76	2.60	2.49	2.34	2.24	2.06
26	4.23	3.37	2.98	2.74	2.59	2.47	2.32	2.22	2.07
27	4.21	3.35	2.96	2.73	2.57	2.46	2.31	2.20	2.06
28	4.20	3.34	2.95	2.71	2.56	2.45	2.29	2.19	2.04
29	4.18	3.33	2.93	2.70	2.55	2.43	2.28	2.18	2.03
30	4.17	3.32	2.92	2.69	2.53	2.42	2.27	2.16	2.01
40	4.08	3.23	2.84	2.61	2.45	2.34	2.18	2.08	1.92
50	4.03	3.18	2.79	2.56	2.40	2.29	2.13	2.03	1.87
60	4.00	3.15	2.76	2.53	2.37	2.25	2.10	1.99	1.84
70	3.98	3.13	2.74	2.50	2.35	2.23	2.07	1.97	1.81
80	3.96	3.11	2.72	2.49	2.33	2.21	2.06	1.95	1.79
90	3.95	3.10	2.71	2.47	2.32	2.20	2.04	1.94	1.78
100	3.94	3.09	2.70	2.46	2.31	2.19	2.03	1.93	1.77
125	3.92	3.07	2.68	2.44	2.29	2.17	2.01	1.91	1.75
150	3.90	3.06	2.66	2.43	2.27	2.16	2.00	1.89	1.73
200	3.89	3.04	2.65	2.42	2.26	2.14	1.98	1.88	1.72
∞	3.89	3.00	2.60	2.37	2.21	2.10	1.94	1.83	1.67

(b) $\alpha=0.01$

v_2 \ v_1	1	2	3	4	5	6	8	10	15
1	4 052	4 999	5 403	5 625	5 764	5 859	5 981	6 065	6 157
2	98.50	99.00	99.17	99.25	99.30	99.33	99.37	99.40	99.43
3	34.12	30.82	29.46	28.71	28.24	27.91	27.49	27.23	26.87
4	21.20	18.00	16.69	15.98	15.52	15.21	14.80	14.55	14.20
5	16.26	13.27	12.06	11.39	10.97	10.67	10.29	10.05	9.72
6	13.75	10.92	9.78	9.15	8.75	8.47	8.10	7.87	7.56
7	12.25	9.55	8.45	7.85	7.46	7.19	6.84	6.62	6.31
8	11.26	8.65	7.59	7.01	6.63	6.37	6.03	5.81	4.52
9	10.56	8.02	6.99	6.42	6.06	5.80	5.47	5.26	4.96
10	10.04	7.56	6.55	5.99	5.64	5.39	5.06	4.85	4.56
11	9.65	7.21	6.22	5.67	5.32	5.07	4.74	4.54	4.25
12	9.33	6.93	5.95	5.41	5.06	4.82	4.50	4.30	4.01
13	9.07	6.70	5.74	5.21	4.86	4.61	4.30	4.10	3.82
14	8.86	6.51	5.56	5.04	4.69	4.46	4.14	3.94	3.66
15	8.86	6.36	5.42	4.89	4.56	4.32	4.00	3.80	3.52
16	8.53	6.23	5.29	4.77	4.44	4.20	3.89	3.69	3.41
17	8.40	6.11	5.19	4.67	4.34	4.10	3.79	3.59	3.31
18	8.29	6.01	5.09	4.58	4.25	4.01	3.71	3.51	3.23
19	8.18	5.93	5.01	4.50	4.17	3.94	3.63	3.43	3.15
20	8.10	8.85	4.94	4.43	4.10	3.87	3.56	3.37	3.09
21	8.02	5.78	4.87	4.37	4.04	3.81	3.51	3.31	3.03
22	7.95	5.72	4.82	4.31	3.99	3.76	3.45	3.26	2.98
23	7.88	5.66	4.76	4.26	3.94	3.71	3.41	3.21	2.93
24	7.82	5.61	4.72	4.22	3.90	3.67	3.36	3.17	2.89
25	7.77	5.57	4.68	4.15	3.85	3.63	3.32	3.13	2.85
26	7.72	5.53	4.64	1.14	3.82	3.59	3.29	3.09	2.81

续表

v_2 \ v_1	1	2	3	4	5	6	8	10	15
27	7.68	5.49	4.60	4.11	3.78	3.56	3.26	3.06	2.78
28	7.64	5.45	4.57	4.07	3.75	3.53	3.23	3.03	2.75
29	7.60	5.42	4.54	4.04	3.73	3.50	3.20	3.00	2.73
30	7.56	5.39	4.51	4.02	3.70	3.47	3.17	2.98	2.70
40	7.31	5.18	4.31	3.83	3.51	3.29	2.99	2.80	2.52
50	7.17	5.06	4.20	3.72	3.41	3.19	2.89	2.70	2.42
60	7.08	4.98	4.13	3.65	3.34	3.12	2.82	2.63	2.35
70	7.01	4.92	4.07	3.60	3.29	3.07	2.78	2.59	2.31
80	6.96	4.88	4.04	3.56	3.26	3.04	2.74	2.55	2.27
90	6.93	4.85	4.01	3.53	3.23	3.01	2.72	2.52	2.42
100	6.90	4.82	3.98	3.51	3.21	2.99	2.69	2.50	2.22
125	6.84	4.78	3.94	3.47	3.17	2.95	2.66	2.47	2.19
150	6.81	4.75	9.94	3.45	3.14	2.92	2.63	2.44	2.16
200	6.76	4.71	3.88	3.41	3.11	2.89	2.60	2.41	2.13
∞	6.63	4.61	3.78	3.32	3.02	2.80	2.51	2.23	2.04